Hans Gutekunst

Neumark –
aus der Geschichte der kleinsten Stadt Thüringens

Hans Gutekunst

Neumark –
aus der Geschichte der kleinsten Stadt Thüringens

Die Jahre 1833 und 1881 im Belegbuch der Gemeinde

Bibliographische Information der Deutschen
Nationalbibliothek: Die Deutsche Nationalbibliothek
verzeichnet diese Publikation in der Deutschen
Nationalbibliografie; destaillierte bibliografsche Daten sind im
Internet über http://dnb.dnb.de abrufbar

Herstellung und Verlag

BoD Books on Demand, Norderstedt

9 783739 221694

Einleitung und Hinweise

Als mir mein Freund bei einem Besuch in Weimar während eines wie immer reichlichen Abendessens das Belegbuch „Belege zur Gemeinde-Rechnung von Neumark pro 1881", dem in Fadenheftung lückenhaft Belege des Jahres 1833 beigelegt waren, zeigte, war mein Interesse sofort geweckt. Wie das Buch in den Besitz meines Freundes gelangt war, konnte er nicht mehr nachvollziehen.

Sein Hauptaugenmerk war auf die Schrift gerichtet, mit der die Belege verfasst waren: die Kurrentschrift. Da ich die Schrift noch aufgrund meiner, durch Familienkorrespondenz der Großelterngeneration geschulten Fähigkeit lesen konnte, übernahm ich die Aufgabe, die Belege zu „übersetzen".

Während dieser Arbeit an den Belegen tauchten in diesen neben Familiennamen, die meinem Freund und mir während unserer Kindheit und Jugend in Neumark „täglich Brot" waren, Ortsbezeichnungen und Rechtsbegriffe auf, die nicht sofort einzuordnen waren.

So entstanden der Wunsch nach und die Notwendigkeit zu einer intensiveren Beschäftigung mit der Geschichte Neumarks im 19. Jahrhundert und der im Belegbuch enthaltenen Informationen.

Dies bedeutete, dass im Verlauf der Arbeit klar wurde: Eine nur auf die Jahre 1833 und 1881 angelegte Untersuchung musste ohne die Darstellung zeitlich weiter in die Vergangenheit reichender Zusammenhänge lückenhaft bleiben. Damit eröffnete sich eine weiteres Dilemma: Sollte die Arbeit, wie ursprünglich konzipiert, eine mehr oder weniger amüsante, anekdotische Darstellung sein oder eher eine historiographische. Hinsichtlich dieser Frage gelang keine konsequente und auch nicht immer befriedigende Lösung, so dass der Leser mit beiden stilistischen Möglichkeiten konfrontiert wird.

Das Belegbuch der Stadt Neumark enthält die Belege zu Einnahmen und Ausgaben des Jahres 1881. Die Belege 6-19 und 119-142 des lückenhaft vorhandenen Belegbuchs 1833 wurden in der bei epubli erschienenen Ausgabe der Arbeit unter gleichem Titel nicht berücksichtigt. Vorliegende, überarbeitete Fassung der Arbeit konzentriert sich auf das Jahr 1881, weil vollständig erhalten. Belege des Jahres 1833 werden im Anschluss an Kap. 14 mit Anmerkungen versehen wiedergegeben. Die überwiegende Anzahl der Belege liegt handschriftlich und in unterschiedlicher Form vor: vom kleinen Zettel bis zum amtlichen DIN A4- Vordruck.

Die verwendete Schriftform ist die deutsche Kurrentschrift[1], die übliche Verkehrsschrift im gesamten deutschen Sprachraum bis zur Mitte des 20. Jahrhunderts. Grundlegend für die Formen der Buchstaben waren die Veröffentlichungen von Johann Heinrigs (1809) und Carl Hennig(1817).[2] Die Bezeichnung dieser auch im Belegbuch verwendeten Schreibschrift als Sütterlin [Schrift] führt insofern in die Irre, als Ludwig Sütterlin – um eine Erleichterung des Schreibens bemüht- , die Buchstabenform der deutschen Kurrentschrift vereinfachte, die dann als Sütterlinschrift zu Beginn des 20. Jahrhunderts [Preußen 1915] die Kurrentschrift ablöste.[3]

Einige Belege, meist amtliche Schreiben, sind zudem teilweise in der deutschen Normalschrift geschrieben (Unterschriften, Titel usw.), ein Beweis für die Unsicherheit im Hinblick auf die zu verwendende Schriftform.

---

[1] lat.currere: laufen; vgl. auch Sturm, Heribert: Einführung in die Schriftkunde, München-Pasing 1955

[2] in: http://deutsche-schrift.beepworld.de/schriftgeschichte.htm. (Stand 16.02.2013)

[3] vgl.Sütterlin, Ludwig: Neuer Leitfaden für den Schreibunterricht. Berlin 1926

Abkürzungen in den Belegtexten werden des inhaltlichen Verständnisses wegen in Klammern hinter der Abkürzung ergänzt, Begriffe, deren Verwendung und Bedeutung, weil veraltet, dem Leser das Verständnis erschweren könnten, werden als Anmerkungen auf der jeweiligen Seite erläutert und im Anhang als Glossar zusammengefasst. Quellenangaben zum Glossar werden der jeweiligen Worterklärung nachgestellt und nicht mehr im Quellenverzeichnis erwähnt. Verweise auf Belege werden grundsätzlich in runden Klammern gegeben. Hinsichtlich eines einfacheren Auffindens von Ortsbezeichnungen und Personennamen werden im Orts- und Personenregister Namen und Ortsbezeichnungen, die sich auf den Text beziehen, mit normalen Ziffern im Druck ausgewiesen, die sich auf die Belege beziehenden kursiv und fettgedruckt wiedergegeben.

Mein Dank gilt den Institutionen, die mir direkten Zugang zu Quellen ermöglichten oder in anderer Form behilflich waren und meinem ehemaligen Lehrer Dr. Eberhard Naake (Weimar) für seine Anregungen. Besonderen Dank meinem Freund Hans Gleichmann (Weimar) und Christa May (Neumark), die mir bei Recherchen zu topographischen Gegebenheiten Neumarks mit ihren Erinnerungen unentbehrlich waren, Heidrun Gleichmann für die Erhaltung meines physischen Wohlergehens während meiner Aufenthalte in Weimar und meiner Tochter Sarah für ihre Hilfe bei der formalen Gestaltung der Arbeit.

Berlin, den 15.11.2013

H.Gutekunst

Inhaltsverzeichnis

Das Interesse an Neumark 11

1. Die Einnahmen und Ausgaben der Gemeinde Neumark 1881 18

1.1 Einnahmen..19
1.1.1. Die Decimationskasse (11b) 22
1.1.2. Fehlende Einnahmen: die Kaduzitäten..................24
1.2. Ausgaben 27
1.2.1. Steuern und Abgaben..27
1.2.2. Das Heberegister 32
1.2.3. Bezirkslastenbeitrag 33
1.2.4. Ab- und Zuschreibgebühr 34
1.2.5. Sporteln 36
1.2.6. Zuordnungsschwierigkeiten 36

2. Stadtregierung, Verwaltung und Ämter 37

2.1. Der Bürgermeister Theodor Thiele..........................41
2.2 Gemeinderat und Wahlen 47
2.3. Wie korrekt ist die Führung des Belegbuchs? 50
2.4. Die Bürgerschaft..53
2.5. Das Handwerk 56

3. Die Sprache der Belege..61

3.1. Zeichensetzung...61
3.2. Zahlen 62
3.3. Rechtschreibung..62
3.4. Grammatik und Dialekt 65
3.5. Stil..65
3.6. Fazit 67

4. Schule und Unterricht in Neumark...................................69

4.1. Schulferien..71

4.2. Die Industrieschule 72
4.3. Fortbildungsschule 75
4.4. Der Unterricht/Die Inhalte 77
4.5. Die Lehrer 81
4.5.1. Lehrer der I. Schule A. Weißhuhn 83
4.5.2. Lehrer der II. Schule Wunderlich 89

5. Recht und Gesetz 91

5.1. Kriminalfälle 91
5.2. Die Landarme Marie Barthel 95
5.3. Neumark gegen Schrötersche Erben (112) 99
5.3.1. Der Rezess 102
5.3.2. Die Generalkommission 103
5.3.3. Die Kameral - Kommission 104
5.3.4. Auseinandersetzungsplan 107

6. Der Pfarrer, die Kirche, die Glocken und anderes Kirchliche 108

7. „Militärische Vorgänge" in und um Neumark 115

8. Neumark feiert 120

8.1. Tanz 120
8.2. Der Johannistag 121
8.3. Der Sedanstag 124

9. Ereignisse und Personen 126

10. Straßen, Wege, Gassen 134

10.1. Friedrich Hülle – ein Sisyphos im Dienste Neumarks 135

11. Preise und Lebenshaltungskosten 143

12. Verschwundenes 146

12.1. Die Brunnen 146

12.2. Die Straßenbeleuchtung 147
12.3. Neumark als Amt und Gerichtsort 153
12.4. Die Feldgeschworenen 159
12.5. Die „Flachsriese“ (Flachsröste) 164
12.6. Das Brauhaus 166
12.7. Das Armenhaus 168

13. Topographie 168

14. Belege zur Gemeinde = Rechnung von Neumark pro 1881 187

15. Belegbuch 1833 256

16. Die Belege 1833 im Vergleich zum Belegbuch 1881 314

17. Anhang 315

17.1 Glossar 315
17.2 Ortsregister 319
17.3 Personenverzeichnis 1881 320
17.4 Personen- und Ortsverzeichnis 1833 324
17.5 Literatur und Quellenverzeichnis 326

Das Interesse an Neumark

Fragt man den mit der Topographie Thüringens nicht näher Befassten danach, ob er den Ort Neumark kenne, wird man davon ausgehen müssen, dass er entschieden verneint.

Auch die zusätzliche Information, dass es sich um das Neumark bei Weimar und die bevölkerungsmäßig kleinste Stadt Thüringens[1] handelt, ruft beim Gesprächspartner unter Umständen ein gewisses, jedoch kein größeres Interesse hervor.

So steht der Fragende – in diesem Fall der Verfasser – vor einem Problem: Wie kann man bei dem Uninteressierten Neugier auf ***das*** Neumark wecken und eventuell sogar Interesse an einem, ihm unbekannten Städtchen im Jahre 1881?

Vielleicht ist es nur das emotionale Engagement des Erzählers, das das Interesse des Gesprächspartners und im vorliegenden Fall des Lesers weckt.

Neumark liegt mit ca. 500 Einwohnern nach dem Zusammenschluss Teichels (Kreis Rudolstadt) zur Stadt Remda-Teichel im Jahr 1997[2] als nun kleinste Stadt Thüringens und zweitkleinste Stadt Deutschlands im Quellgebiet der im Tal von Ost nach West fließenden Vippach. Das ehemals im Quellgebiet bestehende Ried und die Herbstwiesen ermöglichten das Gedeihen zahlreicher seltener Arten von Pflanzen wie Trollblume, Sibirische Schwertlilie usw., denen durch die Agrarwirtschaft der DDR mittels Melioration und Wiesenumbruch sowie durch Einbringen von Gülle der in Neumark konzentrierten

---

[1] http://de.wikipedia.org/wiki/Liste_der_kleinsten_Staedte_in_Deutschland_nac... (Stand 29.06.2013)

[2] http:de.wikipedia.org/wiki/Teichel

Schweinemast die Lebensgrundlage entzogen wurde (vgl. auch Kap.13).
Die landschaftlichen Gegebenheiten der näheren Umgebung Neumarks, besonders in der Luftbildaufnahme zu beobachten, sind durch landwirtschaftlich genutzte Flächen geprägt, in die einige wenige Einsprengsel von Wald-/ Buschbestand eingelagert sind.
Wenn es nun nicht unbedingt die Landschaft ist, die Neumark attraktiv macht, so sind es doch die Geschichte und das Stadtbild, welches sich über Jahrhunderte fast unverändert erhalten hat, die Neumark zu etwas Besonderem machen.
Von einer frühen Besiedlung der Landschaft im Nordwesten Neumarks zeugen steinzeitliche Oberflächenfunde: Steingeräte und Schnurkeramik. Im Süden der heutigen Stadt befand sich eine Siedlung der Römischen Kaiserzeit, die – nach den dort gefundenen Scherben- noch im 8.- 10. Jahrhundert bewohnt war. Zwischen dieser Siedlung im Süden der Stadt, dem teilweise wüst und teilweise in das spätere Stadtbild einbezogenen Niederdorf, und dem im Norden Neumarks ehemals bestehenden Oberdorf (heute wüst) entwickelte sich im Anschluss an eine spätmittelalterliche Herrenburg (1281 – munitio Novum Forum) die heute existierende Stadt als Marktflecken, der 1325 von den Herren von Allerstedt[1] zur Stadt (stat) erhoben wurde. Die Entwicklung wird durch die sich ändernden Bezeichnungen Neumarks verdeutlicht: 1248 ist Neumark ***villa*** (Dorf), 1281 ***munitio*** (befestigter Ort), 1424 ***villa seu oppidum*** (Dorf oder kleine Stadt), 1326 ***stat*** (Stadt).[2]

---

[1] Die Herren von Allerstedt sind auch als Herren von Neumark in der Literatur erwähnt.

[2] vgl. Der Landkreis Weimar. Eine Heimatkunde – Städte und Gemeinden 2, Weimarer Schriften 1982, S. 35.

Das Stadtbild Neumarks ist, wenn man von Weimar über den Ettersberg kommt, durch den von weitem schon zu erkennenden Kirchturm geprägt. Er schließt sich an die im 30 jährigen Krieg zerstörte und 1688 - 1691 wieder aufgebaute Kirche St.Johannes an und beeindruckt durch seine, für den ländlichen Raum ungewöhnliche Höhe von 69 Metern und den auf dreigeschossigem Mauerwerk aufsitzendem schlanken Spitzhelm. In der Stadtkirche selbst befinden sich außer einem eindrucksvollen Taufstein aus dem 16. Jahrhundert keine weiteren beachtenswerten Kunstdenkmäler.

Eine größere Anzahl von Grabplatten in der Kirche zeugen von den ehemals in Neumark begüterten und/ oder ansässigen Adelsfamilien.[1]

Nach Rüdiger Bier handelt es sich um die Familien von Techwitz, Rietesel, von Rockhausen und von Wurmb (auch Wurm, Worm); der zur Geschichte Neumarks dort ansässige ehemalige Volksschullehrer Georg Niemitz[2] spricht von nur 3 Familien. Die Familie Rietesel ist die Familie, die bei weitem die größte Zeitspanne in Neumark auch ansässig und mit der Stadt verbunden war. Hiervon zeugt die große, von der Familie gestiftete Glocke des Turms, auf der sich auch ein, dem Wappen des Ratssiegels von 1651 ähnelndes befindet. Das Wappen mit der Inschrift „VERNEVERT S[Siegel] DES RATHS ZV NEVMARCK“ wurde bis 1951 im Stadtsiegel geführt.

---

1 Rüdiger Bier : 1500 Jahre Geschichte und Geschichten um die herrschaftlichen Sitze Kirchscheidungen und Burgscheidungen und weitere Nachrichten von Burgen, Schlössern und Rittergütern an Saale und Unstrut vom Anbeginn des Thüringerreiches bis heute, Eigenverlag im Rittergut Kirchscheidungen 2011

2 Niemitz, Georg: Zur Geschichte der Kirche in Neumark. In: Der Heimatfreund, 7/8 1956, Weimar, S. 246.

	Im Wappen ist eine, von zwei aufgerichteten grünen Pflanzenstängeln gerahmte Burg mit offenem Tor dargestellt. Die Pflanzenstängel symbolisieren die Waidpflanze, die, für die Herstellung des blauen Farbstoffs im Mittelalter bis weit in die Neuzeit auch in Neumark angepflanzt und genutzt, zusammen mit anderen landwirtschaftlichen Produkten die wirtschaftliche Basis der Bevölkerung bildete. Einige der in der Waidbearbeitung verwendeten großen Waidsteine sind heute als Reminiszenzen an die wirtschaftliche Vergangenheit Neumarks aufgestellt.[1]

Eine Darstellung Neumarks im Zuge des „ Vermessen[s] d[es] Weimarer Land[es][2], durch die Weimarer Allgemeine als Nachbardorf des mit dreifacher Bevölkerungszahl und 3 km entfernten, der Verwaltungsgemeinschaft Berlstedt zugehörigem „Kuriosum" gibt neben positiv zu interpretierenden Aussagen wie einem „winzige[n] Städtchen mit ländlichem Charakter" in weiteren Anmerkungen ein eher

---

[1] vgl. Ulle, Hartmut: Neues Thüringer Wappenbuch Bd.1,Erfurt 1997, S. 85.

[2] Weimarer Allgemeine, 11. Juni 2013

negatives Bild von einem dahinsiechenden Patienten: „Der alte Landgasthof [ehemaliger Ratskeller] rottet [...] vor sich hin [...], auf dem alten Gutshof [...] findet man Bauland, wo neue Einfamilienhäuser entstehen, [...] das Pfarrhaus steht zum Verkauf".

Es sind dies Feststellungen, die zwar der Realität entsprechen, jedoch einen Zustand beschreiben, der von einer Entwicklung hin zu einer eher negativen Einstellung gegenüber dem kulturellen Erbe dieses „Kuriosums" zeugt.
Sprechen für den Niedergang des Gaststättenbetriebs im ehemaligen Ratskeller noch die geringe Einwohnerzahl und wirtschaftliche Erwägungen, wurde durch den in den letzten Jahren vorgenommenen Abriss von Stall- und Wohngebäuden im Südosten des Gutsgeländes der Charakter eines geschlossenen Ensembles zerstört und durch den Blick irritierende, wahllos in das jetzt freies Gelände gesetzte Neubauten ergänzt. Auch hier könnte noch das Argument der die Finanzkraft der Eigentümer übersteigenden Erhaltungskosten der alten Gemäuer ins Feld geführt werden.
Die letzte, oben erwähnte Anmerkung des Artikels zum Ist-Zustand Neumarks verdient hinsichtlich des kulturellen Erbes der Stadt besondere Aufmerksamkeit.Es sind nicht nur die emotionalen Beziehungen des Verfassers, der seine Kindheit und Jugend bis zum 17.Lebensjahr im Pfarrhaus erlebte, es ist die Gefahr, die im Verkauf des Hauses, als einem mit der Geschichte Neumarks eng verbundenen Gebäudes liegt. Im Pfarrhaus zu Neumark wurde am 6. November 1866 der wohl berühmteste Sohn der Stadt geboren: Paul Schreckenbach Pfarrer und Verfasser historischer Romane.[1]

---

[1] Zum Leben und Wirken Paul Schreckenbachs vgl. Mühlner, Waldemar : Paul Schreckenbach. In : Mitteldeutsche Lebensbilder

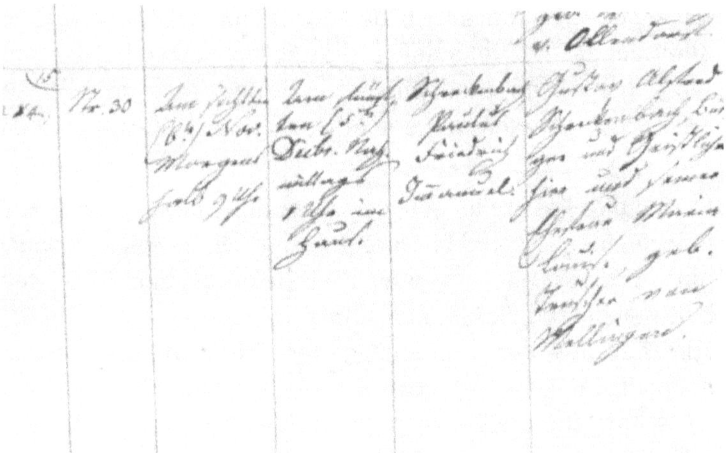

Auszug aus dem Taufregister im Kirchenbuch Neumarks: Taufeintrag Paul Schreckenbach

Paul Schreckenbach lebte 5 Jahre in Neumark, bis der als Pfarrer tätige Vater in Zwätzen bei Jena mit einer Pfarrstelle betraut wurde. Paul Schreckenbach, Kind einer alten Pastorenfamilie und geprägt durch das historische Interesse des Vaters und dessen Nebentätigkeit als Verfasser geschichtlicher Erzählungen, studierte Theologie und Geschichte in Halle und Marburg, wurde 1894 mit der Dissertation „Luther und der Bauernkrieg“ zum Dr. phil promoviert und war ab 1896 in Klitzschen bei Torgau bis zu seinem Tod am 27. Juni 1922 als Pfarrer tätig.

Bd.II, Lebensbilder des 19.Jahrhunderts, Magdeburg 1927, S. 477-490.

„Dort [in Klitzschen] in stiller Abgeschlossenheit vom Großstadttreiben lebte er seinem Amte, seinen Studien, seinen literarischen Arbeiten [...].[1]
Sein Werk besteht zum Großteil aus gut recherchierten historischen Romanen, insbesondere zu Abläufen und Gestalten mitteldeutscher/ thüringischer Geschichte, die ihn zu einem gefragten Autor des ausgehenden 19. und beginnenden 20. Jahrhunderts machten. Einige seiner Romane werden auch heute noch verlegt.
Es stellt sich die Frage, was nach einem Verkauf des Pfarrhauses in Neumark mit dem Haus selbst und dem Ensemble geschieht, dessen integraler Bestandteil das Pfarrhaus ist. Sieht der Besucher späterer Tage anstelle des Pfarrhauses einen Neubau oder sogar mehrere, nachdem die, das Ensemble ergänzenden zwei Stallgebäude abgerissen wurden, oder geht der neue Eigentümer behutsam mit einem, das Stadtbild über Jahrhunderte prägenden Gebäudekomplex um? Nimmt die untere Denkmalschutzbehörde ihre Aufgaben in Neumark wahr, nachdem in den Jahren nach dem 2. Weltkrieg in der Bundesrepublik alt im Zuge einer Gewinnmaximierung Abrissorgien kulturhistorisch wertvollen Gebäudebestandes stattfand und in der DDR aufgrund fehlender Mittel und ideologischer Verblendung ein Gleiches geschah ? Die fehlende finanzielle Ausstattung verhinderte glücklicherweise in den neuen Ländern einen umfassenden Abriss, sodass nach der Vereinigung beider deutscher Staaten die Möglichkeit bestand und auch genutzt wird, historisch und kulturell Bedeutsames zu erhalten.
Eventuell – die Hoffnung stirbt zuletzt - sieht der Besucher Neumarks an einem, vom neuen Eigentümer in der Substanz

---

[1] Mühlner, a.a.O., S.486.

erhaltenen und modernem Lebensgefühl angepassten Pfarrhaus eine von der Gemeinde / Kirchgemeinde gestiftete Gedenktafel für den Sohn der Stadt Paul Schreckenbach. So könnte es sich lohnen, „das kleine Kuriosum“ zu besuchen und im neu eröffneten Gasthaus zu nächtigen, welches in der folgenden Untersuchung zum Belegbuch als ehemaliger Ratskeller seine Rolle spielt.

1. Die Einnahmen und Ausgaben der Gemeinde Neumark 1881

Aufgabe des Belegbuchs ist die genaue Aufzeichnung von Einnahmen und Ausgaben mittels quittierter Belege, um den Haushalt der Gemeinde zu dokumentieren.
Die vorliegende Arbeit maßt sich nicht an, eine tiefschürfende Untersuchung des Finanz- und Steuersystems des Großherzogtums Sachsen-Weimar-Eisenach unter Einbeziehung der Teile des Systems vorzunehmen, in die Neumark als Stadt oder Gemeinde einbezogen ist. Trotzdem soll der Versuch unternommen werden, in der Gegenüberstellung von Einnahmen und Ausgaben einigen, für die Jetztzeit interessanten Einzelheiten nachzugehen.

1.1 Einnahmen

Zweck	Summe
- Auktionen : Weiden, Gras, Kirsch,Windbruch,Hafer (1, 2, 3, 4, 8)	306,20 M
- Strafgelder (5)	11,00 „
- Tanzscheine (6)	22,00 „
- Verkauf Lehm	22,40 „
- Decimationskasse(11b)	8,59 „
- Kapitalrenten(12)	132,50 „
- Jagdpacht(12)	300,00 „
- Pachtgelder (12)	3.060,00 „
Summe	3.862,69 Mark

Ausgaben

Zweck	Summe
- Steuern auf: Kapitalrenten, Pachtgelder, Jagdpacht, Grundstückstausch (12)	101,27 Mark
- Bezirkslastenbeitrag (120)	6,24 „
- Grundsteuer (12)	55,41 „
- Zuschreibgebühr (12)	6,00 „
- Versicherungen (12)	29,96 „
- Heberegister (12)	14,00 „
- Gehalt Bürgermeister/ Zinsrenteinnehmer (14,15)	315,00 „
- Lohn und Zinsrente Bürgermeister(13a, 13b)	99,80 „
- Rechnungsführer(16)	75,00 „
- Gemeindeschreiber(17)	45,00 „
- Gemeindediener(18, 19, 20)	236,70 „
- Hebamme (24)	15,00 „
- Spritzenamt (68)	6,00 „
- Feldgeschworene (45,66)	29,50 „
- Schulbeitrag (85, 86)	80,00 „
- Lehrer Weißhuhn (83, 84)	393,25 „
- Schulmaterialien, Sportgeräte (87, 88, 89, 90, 92)	53,89 „
- Industrieschule (128)	24,00 „
- Schulbücher, Reinigung Schule (94 -99)	72,92 „
- Pfarrer, Pfarrei (81, 82)	49,80 „
	25,50 „

- Glockenläuten (127, 132)	87.91 „
- Grundstücksangelegenheiten (113, 114, 115,116)	
- Anwaltskosten, Gerichtsgebühren,Gerichtsvollzieher(111,	291,09 „
112, 113)	6,70 „
- Wegegelder (21, 22, 23, 124)	6,00 Mark
- Betreuung Wenzel (100)	82,65 „
- Zinsen, Armenlegat (99, 102-104)	74,88 „
- Brot Barthel, Thiele (101)	4,00 „
- Auszahlung Einquartierungen(117)	93,95 „
- Handwerkerleistungen(28,29, 67, 69 , 73-77, 91)	77,70 „
- Wegearbeiten/Material (25, 26, 27, 52, 53,57, 62)	22,76 „
- Pflanz- Dacharbeiten(30,34)	50,10 „
- Arbeiten Hülle(36, 44, 46-51, 54, 55, 58-61,65)	19,66 „
- Annoncen (105a, 105b, 105c, 106, 107, 108)	49,71 „
- Apotheke (71)	20,16 „
- Petroleum Braunitz(72)	28,50 „
- Brände, Feuerwehreinsatz(70, 79, 80, 133)	118,64 „
- Diverses (118, 121-126, 130, 131, 133)	
	2.568,55 Mark
Summe	

Der Teil der Einnahmen, der Ergebnis von Auktionen ist, wird von gemeindeeigenen Grundstücken erwirtschaftet, die , aus der Allmende hervorgegangen, nicht der Veräußerung an Privatpersonen unterlagen und sich auch noch heute in Gemeindebesitz befinden: Holzeinschlag aus dem Wald, Gras von Straßen-, Chaussegräben oder nicht für Ackerbau geeigneten Grundstücken (z.B.Riet), Früchte von Obstbäumen und Weidenruten, also von Bäumen, die sich auf solchen Flächen befinden.
Weitere Einnahmequellen sind Strafgelder (5), soweit deren Einziehung noch zu den der Gemeinde verbliebenen hoheitlichen Rechten gehören, der Verkauf von Materialien, die von gemeindeeigenem Land gewonnen werden (z.B. Lehm) oder Gelder für die Ausstellung amtlicher Bescheinigungen (6).

Die im Jahr 1881 eingenommenen Pachtgelder sind der größte Posten der Einnahmen der Stadt: verpachtetes Gemeindeland (12) und Jagdpacht (12).

Interessant sind die Belege, die sich auf die Einnahme aus „Kapitalrenten" (12) beziehen und auf eine Verwicklung der Stadt in Finanzgeschäfte deuten:
Eine Frau Fiedler erhält für das Jahr 1880-1881 19,50 Mark "Inderesse" (102)[1], Karl Kahle 37,50 Reichsmark „Interesse zu 5% vom 1 Juli 1880 bis dahin 1881 auf ein Kapital von 750 Reichsmark"(103)[2] und Lehrer Weißhuhn für ein Jahr 1,65 Mark auf das Schulkapital von 41,25 Mark zu 4% Zinsen"(101). Die unterschiedlichen Zinssätze von 4% und 5% lassen sich durch unterschiedlich geltende Zinssätze bei Abschluss der Verträge oder durch die Höhe des eingelegten Kapitals erklären. Diese Erklärung und die Frage danach, warum der Lehrer Weißhuhn die Zinsen des Lebertschen Armenlegats (99b) in Höhe von 24 Mark auf ein Kapital von 600 Mark erhält (vgl.unten) treten zurück hinter der Feststellung, dass die Stadt Neumark Gelder (Kapital) zur Verfügung hat(Kapitalrenten), für die sie Steuern entrichten muss (12).
In welcher Form oder aus welchem Grund (Investitionen, Schuldenabbau) die Gemeinde das Kapital aufgenommen hat ist nicht sicher. Wenn es sich um das Kapital der oben

---

[1] Interesse =Zinsen, „Man nennt Interesse die Zinsen, welche vom Entleiher an den Ausleiher bezahlt werden, weil sie es sind, an welchem dem gelegen ist, der sein Geld verborgt." In: Brockhaus Bilder-Conversations-Lexikon, Bd.2 Leipzig 1838,S.451

[2] Karl Kahle demonstriert neben dem Lehrer Wunderlich(86) als Einziger im gesamten Belegbuch mit der Verwendung des Begriffs 'Reichsmark' einen Hauch von Bewußtsein von der inzwischen vollendeten Einigung deutscher Einzelstaaten zum Deutschen Reich unter den preußischen Hohenzollern.

erwähnten Privatpersonen handelt, muss die Gemeinde, da sie ja die Zinsen auf das von Ihnen verwaltete Kapital an die Geldgeber auszahlt, mit diesem Geld ohne Verlust operieren können.

1.1.1. Die Decimationskasse (11b)

Mit dem Begriff „Decimationskasse“ konfrontiert das Belegbuch mit einem Begriff, den es sich lohnt, näher zu betrachten.

Exkurs[1]

Decimation[2] als Einnahme des Zehnt (auch Zehent) bezieht sich auf die Abgabepflicht des Bauern an den Grundherren/ Grundbesitzer und ist seit dem Hochmittelalter bekannt.

Ursprünglich ist der Zehnt eine Naturalabgabe, die den zehnten Teil der Ernte eines verpflichteten Grundstücks betrifft. Dies kann sowohl der „große Zehnt“ von allen Getreidearten, Heu oder Wein, als auch der „kleine Zehnt“ sein, der auf Baumfrüchte und Gemüse erhoben wird.
Um pfiffigen Bauern eine Minderung der Abgaben an den Grundherren unmöglich zu machen, unterschied man in dem dem Rechtstitel zugrundeliegenden Regelungen zwischen dem normalen „Natural-oder Garbenzehnt“, der auf das ungedroschene Korn (Garben) erhoben wurde, und dem „Sackzehnt“ auf gedroschenes Korn. Parallel hierzu existiert

---

[1] vgl.hierzu Kruenitz, D.Johann Georg: Oekonomische Encyklopädie oder allgemeines System der Staats- Stadt-Haus u. Landwirthschaft in alphabetischer Ordnung, 1773-1858. In: www.kruenitz1.uni-trier.de (Stand 08.02.2013)
[2] Lat. decem, decimae = 10

der „Blutzehnt“, der sich auf junges Vieh und Produkte des Viehs (Eier, Milch) bezieht.[1]
Der Zehnt „wird theils mit Rücksicht auf seinen Ursprung, theils mit Rücksicht auf die zur Erhebung berechtigten Person in geistlichen oder Kirchen-Zehent und in weltlichen Zehent“[2] unterschieden.
Der Kirchenzehnt dient dem Unterhalt der im Dienst der Kirche stehenden Personen, so in Sachsen der Kirchen- und Schuldiener; der weltliche Zehnt ist eine Abgabe an eine weltliche Person. Die mit der Bauernbefreiung einhergehende Ablösung auch des Zehnt „kann bei geistlichem Zehnt nur mit gegenseitiger Einwilligung und unter Zustimmung der vorgesetzten Behörde eintreten.“[3] In Preußen, wo der Zehnt ursprünglich dem Unterhalt des Pfarrers diente, konnte er jedoch auch von jeder anderen Person erworben und besessen werden.
Die Decimationskasse Neumarks mit dem äußerst geringen Eingang von 8,59 Mark für das Jahr 1880-1881 steht so als Relikt einer bäuerlichen Abhängigkeit, die 1881 schon nicht mehr existent zu sein schien. Die Stadt/Gemeinde bezieht eine von einem in ihrem Besitz befindlichen Grundstück oder aus anderen Zehntrechten stammende ‘umgemünzte‘ Abgabe. Hier könnte es sich am ehesten um eine Ablösung eines geistlichen Zehnts handeln. Die ursprünglich durch die Kirche zu leistenden Aufgaben wie Bedienung des Glockengeläuts , Instandhaltung der Kirche (vgl.unten) oder die Bezahlung der Kirchen-und Schuldiener, die nach

---

[1] Ein Neubruchzehnt (Noval-Rottzehnt) wird auf urbar gemachtes Land erhoben, ohne dass es bisher Erträge brachte

[2] Kruenitz, Oekonomische Encyklopädie, a.a.O

[3] Kruenitz,. a.a.O

sächsischem Recht durch Einnahmen aus dem Kirchenzehnt geleistet wurde, werden von der Gemeinde übernommen.

1.1.2. Fehlende Einnahmen: die Kaduzitäten

Einige Einnahmen fehlen der Stadt Neumark durch die in Beleg 134 aufgeführten Erlasse und Kaduzitäten (134).
Kaduzität bezeichnet „Hinfälligkeit [...] eines Verfallenen, ein wüst liegendes Grundstück, von welchem die darauf haftende Steuern nicht entrichtet werden“[1]. Im Falle Neumarks handelt es sich um Außenstände, die durch „Zahlungsunvermögen des Schuldners“[2] nicht der Gemeindekasse zugeführt werden können und wegen ihrer „Uneinbringlichkeit“[3] verloren sind. Die Erlasse und Kaduzitäten in Höhe von 225,15 Mark, die von den 25 im Beleg genannten Steuerpflichtigen zu leisten gewesen wären, beziehen sich sowohl auf wüst liegende Grundstücke, deren Besitzer nicht mehr in Neumark ansässig, nicht mehr auffindbar oder gestorben sind, als auch auf Steuerpflichtige, denen „laut Beschluss der Gemeinde“ die Zahlung der Steuerschuld erlassen wird, weil sie dazu nicht in der Lage sind.[4]

---

[1] Meyers Großes Konversations-Lexikon Bd.10, Leipzig 1907, S. 416
[2] a.a.O.
[3] a.a.O.
[4] Die Kaduzität des unter 1.genannten Heinrich Reichmann beläuft sich seit 1864 auf 30 Mark.

134

Abschrift

der Schulkasse an Rückständen.

1.	Heinrich Reichmann	Rest pro	1864.	30 M.	– Pf.
2.	Friederike Koch	„ „	1870 – 1876.	2 „	33 „
3.	Minna Menge	„ „	– – 1873.	– „	16 „
4.	Friedrich Braunroth	„ „	1871 – 1877	45 „	25 „
5.	Christoph Vollandt	„ „	1871	1 „	50 „
6.	Friederike Gebhardt	„ „	1867 – 1870	5 „	96 „
7.	Christian Fück	„ „	1870 – 1872	16 „	75 „
8.	[illegible]	„ „	1871	– „	59 „
9.	Heinrich Förster	„ „	1871 – 1872	– „	68 „
10.	Therese Thiele	„ „	1871.	1 „	13 „
11.	Witwe Knischel	„ „	1871 – 1872	3 „	89 „
12.	Witwe Müller Erben	„ „	1872.	– „	50 „
13.	Karl Vollandt	„ „	1872	– „	28 „
14.	Karl Theodor Vollandt	„ „	1870.	– „	31 „
15.	Mey's Erben	„ „	1871	1 „	20 „
16.	Caroline Koch	„ „	1871 – 1872	4 „	15 „
17.	Marie Holzheim	„ „	1870 – 1872	2 „	5 „
18.	Dorothea Greiling	„ „	1870 – 1872	11 „	20 „
19.	Karl Braunroth	„ „	1872	1 „	– „
20.	Emma Thiele	„ „	1877.	– „	21 „
21.	Albert Häuslein	„ „	1873.	9.	9 „
22.	Dorothea Holzheim	„ „	1875 – 1877.	22.	24 „
23.	Karl Wächter	„ „	1874 – 1876	15.	– „

Latus. 175 M. 27 Pf.

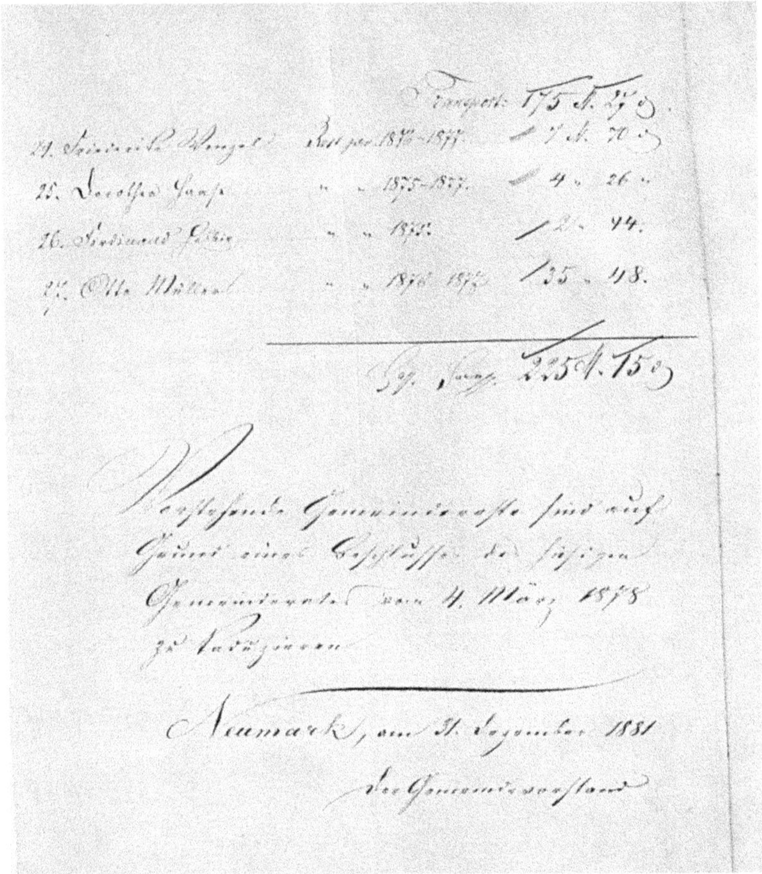

Transport 175 fl. 27

24. Friederike Wenzel Rest pro 1876–1877 7 fl. 70

25. Dorothea Haas " " 1875–1877 4 " 26 "

26. Ferdinand [illegible] " " 1877 2 " 44

27. Otto Müller " " 1876 1877 35 " 48

Summe 225 fl. 15

Vorstehende Gemeinderechte sind auf Grund eines Beschlusses des hiesigen Gemeinderates vom 4. März 1878 zu [illegible]

Neumarkt, am 31. Dezember 1881

Der Gemeindevorstand

Beleg 134: Erlasse und Kaduzitäten 1881

1.2. Ausgaben

Die Ausgaben der Stadt lassen sich, zum Teil schon der Anordnung im Belegbuch zu entnehmen, grob in Ausgaben einteilen:

- für Steuern, Abgaben, Lasten, Gehälter(Entlohnungen) gemeindebezogener Aufgaben als Angehöriger des Stadtrats, Lehrer,Hebamme,Gemeindediener,Feldgeschworener,Gemeindeschreiber, Inhaber des Spritzenamtes, Steuereinnehmer
- für Erhaltung der Infrastruktur durch Wege-Straßenbau, Materialien, Handwerkerleistungen
- die Schule betreffende wie Säuberung, Unterrichts-Lehrmaterialien
- für Anwalts- und Gerichtskosten, Sporteln usw
- für Kosten in kirchlichen Angelegenheiten.

1.2.1. Steuern und Abgaben

Neumark, Stadt mit Stadtrecht, der Struktur, der Bevölkerungszahl und den Belegen des Belegbuches nach zu urteilen eher ein Dorf, zählt sich vom Selbstverständnis her zu den Landgemeinden.

Als Gemeinde (Kommune) hat Neumark als „öffentlich-rechtlicher Verband“[1] die Aufgabe, die Interessen der Gemeinde hinsichtlich des „Schul-, Armen- und Feuerlöschwesen[s]“[2], der Instandhaltung der Wege und Straßen und der Beleuchtung zu berücksichtigen. Gleichzeitig muss sie die ihr vom Staat übertragenen Aufgaben wie Polizeigewalt, standesamtliche und Steuererhebungen übernehmen.

---

[1] vgl. Brockhaus Kleines Konversations-Lexikon Bd.1, Leipzig 1911, S. 659.

[2] a.a.O

Ohne an dieser Stelle auf die Ämterhierarchie Neumarks im Jahr 1881 (s.u.) und auf die Zuordnung der Gemeindeordnung zu Neumark als Stadt oder dörfliche Gemeinde einzugehen, lohnt es sich, auf dem Hintergrund von Belegen die von den Bürgern Neumarks zu leistenden Steuern und Abgaben in der Beziehung zum Gemeindevermögen zu untersuchen.
Das Gemeindevermögen[1] besteht in der Hauptsache aus den der Gemeinde gehörenden Gemeindegütern/Allmendegütern wie Land, Wald und Wasser. Hinzu kommen die Einnahmen aus „Brau-und Ausschankgerechtigkeiten, Wassernutzung und Hutungsgerechtigkeiten"[2], die Neumark 1881 laut Belegbuch nicht mehr zur Verfügung stehen. Wenn diese Einnahmen zur Gestaltung eines ausgeglichenen Haushalts der Gemeinde nicht reichen, ist sie berechtigt, eine „Gemeindeumlage" zu erheben. Für 1881 ist im Belegbuch eine solche Gemeindeumlage erwähnt: Der Steuereinnehmer Wunderlich sieht eine solche in Beleg 129 vor.
Die Gemeindeumlage ersetzt nicht eine bestehende „Kommunalsteuer", die der Deckung gewöhnlicher Ausgaben der Gemeinde dient, zumal ein Teil ehemals staatlich-herrschaftlicher Aufgaben auf die Gemeinden übertragen wurde:
„Die vom Staat veranlagten Realsteuern sind in der Regel mindestens zu dem gleichen und höchstens zu einem, um die Hälfte höheren Prozentsatz zur Kommunalsteuer

---

[1] vgl.Pierers Universal-Lexikon, Bd. 7, Altenburg 1859, S. 120-128.
[2] Hutung: das Weiden des Viehs; Hutungsgerechtigkeit: Verpflichtung des Eigentümers eines Grundstückes nach besonderem Recht „einem Dritten das Weiden des Viehs auf seinem Grundstück [zu] gestatten." Pierer, Bd.8, S. 647.

heranzuziehen, als [wenn] Zuschläge zur Staatseinkommenssteuer erhoben werden."[1]
Die Gemeindeumlage hat sich nach dem Zweck, dem sie dienen soll, zu richten und ist, wenn sie der Gemeinde insgesamt dient, von allen Bürgern zu leisten.[2]
Die Gemeindeumlage nähert sich hier der Erhebung eines „Gemeinde-Zuschlags" nach der preußischen Städteordnung von 1856:
„In der Art und Weise, wie die Gemeinden ihre Bedürfnisse decken können, enthalten §4 und §49 der Städte-Ordnung vom 15.Mai 1856 bestimmte Vorschriften, welche durch eine Instruktion vom 31. Juli 1856 näher erörtert worden seien[...]. Die Städte-Ordnung gestattet die Erhebung eines Gemeinde-zuschlags zur Staats- Einkommensteuer. In diesem Falle müssen aber auch die unteren Klassen, welche zur Staats – Einkommensteuer nicht herangezogen werden,mit dem Zuschlag belegt werden, und sei es deshalb erforderlich,in denjenigen Städten, wo die Klassensteuer nicht bestehe, eine fingirte Einschätzung zu derselben vor zu nehmen [...]".[3]
Obwohl sich obiger Text auf die ehemals bevölkerungsreichste Stadt des Deutschen Bundes, Köln, bezieht, beinhaltet das Steuerrecht des Großherzogtums Sachsen-Weimar-Eisenach ähnliche Regeln.

---

[1] Finanzarchiv: Zeitschrift für das gesamte Finanzwesen. Bd.21. [Hrsg.Georg Schanz[, J.C.Mohr 1904, S. 762.
[2] Pierer a.a.O.
[3] Verhandlungen der Stadtverordnetenversammlung zu Köln vom Jahre 1868 nebst den Budgets der Stadtgemeinde, der Armenverwaltung und der städtischen Elementarschulen für 1869. Herausgegeben von dem Königlichen Oberbürgermeister-Amte zu Köln, Du Mont- Schauberg, S. 249

Die Gemeindeordnung berechtigt auch für „außerordentliche Fälle die Contrahirung (Einzug) von Gemeindeschulden“[1]. Auf diese Mittel verzichtet der Gemeinderat Neumarks, indem die Außenstände erlassen werden (134), weil der Aufwand des Einzugs zu groß oder der Einzug nicht mehr möglich ist (s.unter Kaduzitäten).

Das Recht auf unentgeltliche Gemeindedienste (Reihendienste[2]) wie Wachdienste (Nachtwächter), Dienste bei Gemeindeversammlungen, Hand- und Spanndienste bei Bauten und Wegebau und Hilfe bei Bränden oder Überschwemmungen fordert die Gemeinde Neumark im Jahr 1881 nicht mehr ein; sie entlohnt im Gegenteil gewisse Dienste wie die Stellung von Gespannen und Transport von Materialien zum Wegebau, Reparaturen von gemeindeeigenen Gebäuden oder den Wachdienst durch den Gemeindediener und Nachtwächter (s.u.). Eine Kommunal- oder Bürgerwehr, zu deren Diensten Gemeindeangehörige ebenfalls ohne Entlohnung verpflichtet werden können, gibt es 1881 in Neumark nicht mehr; Brände löscht die freiwillige Feuerwehr.

Eine Übersicht über die von den Bürgern Neumarks im Jahr 1881 zu leistenden Abgaben/Steuern stellt sich folgendermaßen dar:

1. Die Steuern oder „Schatzungen“ für Bauern und Pächter nach dem Reinertrag von Ackerflächen nach Abzug gutsherrlicher Lasten[3] werden zu einer

---

[1] Pierer a.a.O.

[2] Dienstleistungen, die von Gemeindemitgliedern „der Reihe nach“ eingefordert werden können

[3] Neues Archiv für Preußisches Recht und Verfahren sowie für Deutsches Privatrecht, eine Quartalsschrift, Dritter Jahrgang 1.Heft. Arnsberg 1836, S. 541.

2. Grundsteuer, die einer Vereinheitlichung des Steuersystems dient, die wiederum zur
3. Realsteuer oder Staatseinkommensteuer wird.
4. Eine Gemeindeumlage oder ein Gemeindezuschlag zur Staatseinkommensteuer kann erhoben werden
5. Ein Bezirkslastenbeitrag betrifft die Gesamtgemeinde und wird u.U. über die Gemeindeumlage auf die Steuerpflichtigen umgewälzt.

Die Besteuerung erfolgt nach den vorhandenen Heberegistern/Heberollen. Sofern jedoch – das Steuersystem und Finanzwesen hatte 1881 nicht den Umfang und die Differenzierung des Jahres 2012 – die Bemessung der Steuer durch fehlende objektive Merkmale nicht möglich war, konnte der Steuerpflichtige selbst eine Einschätzung seines Einkommens mittels „Fassion“[1] vornehmen.

In Neumark existieren im Jahr 1881 Steuerpflichtige, die nicht nach dem Heberegister erfasst werden können und die deshalb ein Steuerbekenntnis anfertigen müssen.

Karl Mohr rechnet in Beleg 116 „10 Stück Fassionen a St. 10 Pf“ ab. Dies bedeutet, dass er die Fassionen den Steuerpflichtigen zur Selbsterklärung austeilt, die ein Handwerk betreiben oder die neben Landbesitz einem Beruf nachgehen, der eine zusätzliche steuerliche Bemessung erforderlich macht.

In Neumark gibt es 1881 noch 6 Handwerksbetriebe und einen Apotheker/Posthalter, so dass noch 3 Personen fehlen, die anhand des Belegbuchs nicht identifizierbar sind.

Oder geht Karl Mohr davon aus, dass sich mindestens zwei Steuerpflichtige es sich doch überlegen und die Fassionen

---

[1] Fassion: Bekenntnis, Angabe.In: Meyers Großes Konversations-Lexikon. Bd.6.Leipzig 1906. S. 350; ebenso http://wwwzeno.org/nid/200075263X , (Stand 10.02.2013)

korrekt ausfüllen, nachdem im ersten Anlauf einige Angaben 'vergessen' wurden?
Der Lehrer der II.Schule, Wunderlich, eher mit Kenntnissen der Mathematik und des Steuerrechts ausgestattet als mit denen der Rechtschreibung, zeichnet als Steuereinnehmer in den Belegen verantwortlich, in denen es um Berechnungen von Steuern geht oder um Erstellung von Listen zur Steuererhebung.

1.2.2. Das Heberegister1

Mit der Aufstellung des Heberegisters, auch Heberolle, „behufs der Gemeindeumlage" (129) ist Wunderlich als Inhaber der „beauftragten Hebestelle" (86) mit einem, dem heutigen Finanzbeamten ähnlichen Amt beauftragt. Mit dem Begriff ist ein Zusammenhang mit den aus dem Mittelalter stammenden Steuer-und Abgabeverpflichtungen hergestellt.
Das Heberegister (Heberolle) „gehör[t] [...] zu den von der Grundherrschaft veranlassten Güterverzeichnissen, in [denen] die Leistungen, welche die Unterthanen ihrer Herrschaft schuldig sind, verzeichnet stehen"[2].
Mit der Ablösung der Bauern aus der Gutsutertänigkeit dienten diese Register als Grundlage für die auf Grundstücke zu erhebenden Steuern/Abgaben.
Diese Heberegister sind jedoch nicht mit der Errichtung von Hebestellen (Barrieren) zu identifizieren, die von einzelnen Gemeinden noch bis in die zweite Hälfte des 19. Jahrhunderts

---

[1] Abgeleitet vom mittelhochdeutschen „heben, Abgabe erheben, entnehmen".In:http://www.bogdigital.de/id/heberolle_heberegister/stichwort.html (Stand:09.02.2013

[2] Pierers Universal-Lexikon Bd.8. Altenburg 1859, S. 129.

eingerichtet wurden, um Wegegeld für die Instandhaltung der gemeindeeigenen Wege zu schöpfen.[1]

1.2.3. Bezirkslastenbeitrag

Beleg 120 führt den mit dem Steuerrecht des 19.Jahrhunderts nicht vertrauten Bürger Neumarks in einen Dschungel, den er guten Gewissens den das Belegbuch Führenden überlassen konnte, weil nicht persönlich betroffen- eine Art Mehrwertsteuer des 19.Jahrhunderts.
Aus der Gemeindekasse werden an den Kasseverwalter des Großherzoglichen Direktors des I. Verwaltungsbezirks 6,24 Mark „als Bezirkslasten-Beitrag aufs Jahr 1881 und zwar 1/5 Pf. von der im Jahr 1880 zu entrichten gewesenen Staatseinkommensteuer von 3121 M. 46 Pf. richtig anher gezahlt[...]".(120)
Bezirkslasten, hier auf Städte bezogen, sind Lasten [Kosten] wie „Thor- und Turmwacht"[2], die der Staat ehemals zu tragen hatte, da in den Städten sich viele Gebäude befanden, die dem Fiskus/Aerar gehörten. Im Laufe des 19.Jahrhunderts wurden diese bisher staatlichen Aufgaben wegen der Reduzierung staatlicher Stellen / Gebäude im Stadtgebiet auf die Gemeinden übertragen, der Staat entlastet. Schon vor dieser Entwicklung war die Bezahlung von Hebammen und Gemeindeärzten zur Gemeindeangelegenheit geworden, wie auch in Neumark (s.u.).
In Preußen sollten die Bezirkslasten, die mit der Grundsteuer reguliert und darauf bezogen wurden, „wenigstens 1/5 des wirklichen Reinertrags erreichen, [da die Bezirkslasten] mit

---

[1] vgl.http://www.lommersweiler.net/lommersweiler/geschichte/1858-eric...(Stand 08.02.2013)
[2] Verhandlungen der zweiten Kammer der Ständeversammlung des Königreichs Baiern. Amtlich bekannt gemacht, Bd.III. München 1819

den vielen Gemeinden ganz abgehenden Gemeindegrundstücken keine Verbindung haben."[1] Auch hier wirkten wie in anderen Bereichen die preußischen Reformen vorbildgebend auf andere Staaten des Deutschen Bundes wie das Großherzogtum Sachsen-Weimar-Eisenach.
Im Großherzogtum wurde die Berechnung nach der Staatseinkommensteuer des Vorjahres vorgenommen und nicht wie in Preußen auf die Grundsteuer direkt bezogen.
In welcher Höhe diese, in Beleg 120 für das Jahr 1880 mit 3121,46 Mark ausgewiesene Staatseinkommensteuer für das Jahr 1881 in Neumark ausfiel, ist dem Belegbuch nicht zu entnehmen.

1.2.4. Ab- und Zuschreibgebühr

Hinsichtlich der von der Gemeinde Neumark zu zahlenden Gebühren ist die in Beleg 12 erwähnte „Zuschreibgebühr" für „ein Fleck(?) von Heyer getauscht"[2] als Begriff von Interesse.
Die auch als Abschreibgebühr bezeichnete Gebühr fällt bei Grundstückstausch oder anderen Veränderungen im Besitz von Grundstücken an, wird in den Staaten des Deutschen Reiches gleichermaßen erhoben und entspricht den Gebühren, die in der Bundesrepublik bei Veränderungen im Grundbuch zu leisten sind:
„Die Ab- und Zuschreibgebühr steht der itemweise[3] Ab-und Zuschreibgebühr bei der Grundsteuer gleich. Dieselbe muß von jeder vorfallenden Veränderung bezahlt werden, und es

---

[1] Neues Archiv für Preußisches Recht und Verfahren sowie für Deutsches Privatrecht. Eine Quartalsschrift Dritter Jahrgang 1.Heft.Arnsberg 1836

[2] „Hinterm Fleck" ist eine Gemarkungsbezeichnung der Flurkarte im Anschluss an „hinter der Ringmauer" im Westen der Stadt.Hier sind einige Grundstücke/ Parzellen eingezeichnet.

[3] Item –lat. Adverb – ebenso, ebenfalls

gibt ganz gleichviel, ob hierbei ein förmliches Ab- und Zuschreiben, oder eine bloße Abänderung der Namen der Eigenthümer, oder nur ein Löschen des Steueransatzes in den Geländesteuercarastern statt hat."[1] Für das Herzogtum Nassau bleibt diese Gebühr auch in den „Folgejahren fortbestehen und wird bei Besitzveränderungen [...] von dem erwerbenden Gutsbesitzer [und] von dem Inhaber entrichtet"[2]. Im Königreich Bayern sind „die Zuschreibgebühren denen abzufordern, welche die Grundstücke wirklich in`s Lehen und Besitz erhalten"[3].
Fraglich bleibt, ob die für einen Grundstückstausch anfallenden Gebühren des Belegs 12 im Zusammenhang mit den Kosten stehen, die die Gemeinde in der „Grundstückszusammenlegungssache von Neumark" (115, zu 115) an die Kasseverwaltung der Großherzoglich Sächsischen General- Kommission zu zahlen hat. Aufgrund der Anordnung der Belege im Belegbuch nach Beleg 112 (Gemeinde Neumark gegen Schrötersche Erben) besteht auch die Möglichkeit, dass die zu zahlenden Gebühren mit diesem, einen Erbfall in Grundstücksangelegenheiten betreffenden Vorgang im Zusammenhang stehen (vgl. dort). Für diese Streitsache hat die Gemeinde dem Rechtsanwalt Voigt zusätzlich die verauslagten Gerichtsgebühren von 80 Pfennigen zu erstatten.

---

[1] Sammlung der landesherrlichen Edicte und Verordnungen des Herzogthums Nassau. 3. Bd., enthaltend die in den Jahren 1817 bis 1823 einschließlich erschienenen Verordnungen und Edicte,.Wiesbaden 1824, S. 252.

[2] Verordnungsblatt des Herzogthums Nassau. Bd. 15, S. 68.

[3] Darstellung der sämmtlichen Provincial= und Statuar Rechte des Königreiches Bayern § 65. Augsburg 1836, S. 1109.

1.2.5. Sporteln1

Die Gemeinde ist ebenfalls verpflichtet-und kommt dieser Verpflichtung auch nach-, Gebühren an das Großherzoglich Sächsische Amtsgericht in Weimar zu zahlen (111), die im Sportelbuch eingetragen und der Gemeinde quittiert werden. Die Aufgaben des Sportelbuchs, einer Sammlung der für gerichtliche und Amtshandlungen geleisteten Entgelte, werden laut § 170 des Regierungsblattes des Großherzogtums für das Jahr 1840 folgendermaßen definiert:
„Jedes Sportelbuch soll sechs verschiedene Kolumnen enthalten zur Angabe von: 1. der Liquidationsnummer 2. des Zahlungspflichtigen und der Angelegenheit 3. des Sportelbetrages 4. der Separat-Gebühren 5. der Verläge 6. der Zahlungsbemerkungen."[2]
Beleg 111 enthält keinen Hinweis auf die Angelegenheit, um die Gebühren einer Amtshandlung zuordnen zu können.

1.2.6. Zuordnungsschwierigkeiten

Zu Belegen, die Auszahlungen an Gemeindeangehörige wegen Transport oder anderen Leistungen für das Militär betreffen und die als Einnahme als Belege 7 und 9 vorhanden sind, fehlen entsprechende Auszahlungsbelege. Da die durch die Gemeindekasse an die Betroffenen auszuzahlenden Summen (34,23 Mark vom XI. Armeekorps und 25 Mark vom IV. Armeekorps) erst im Spätjahr angewiesen wurden, besteht

---

[1] Heyse, Johann Christian August: Allgemeines verdeutschendes und erklärendes Fremdwörterbuch. Berlin 1903, S. 748.; Sporteln pl. Lat.-gerichtliche Nebengebühren, Schreibgelder, Nebeneinkünfte 4www. regionalgeschichte.net/Rat.html.(Stand 25.02. 2013)

[2] Regierungsblatt für das Großherzogthum Sachsen-Weimar – Eisenach auf das Jahr 1840, 24. Jahrgang, Weimar 1840

die Möglichkeit, dass die Auszahlungen 1882 vorgenommen und im Belegbuch dieses Jahres dokumentiert wurden.
Ein Beleg jedoch verursacht Kopfschmerzen: Der Landarmenverband übernimmt die der Gemeinde entstandenen Kosten für die Landarme Marie Barthel in Höhe von 46,82 (10). Als einziger Beleg, der Kosten für die Gemeinde ausweist, ist die Bezahlung des Bäckers Klemm für geliefertes Brot, dies aber in Höhe von 74,88 Mark an die Marie Barthel und an die Witwe Thiele (101).Bei korrekter Division erhält die Landarme 9,38 Mark zu wenig in Form von Brot.
Wo ist der Rest des Geldes geblieben?

2. Stadtregierung, Verwaltung und Ämter

Informationen zur Verwaltung der Stadt Neumark befinden sich, der Natur der Sache entsprechend, im Belegbuch in nur begrenztem Maße. Zum Verständnis lohnt es sich die historische Entwicklung der Stadtregierung und Verwaltung sowohl Neumarks als auch die der Stadt allgemein bis zum Jahr 1881 zu betrachten.
Seit der Erhebung Neumarks im Jahr 1326 zur „stat" durch die Herren von Allerstedt steht an der Spitze der Bürgerschaft ein Schultheiß, der zu Beginn des 15. Jahrhunderts durch einen Rat ersetzt wird. Dieser Rat besteht aus 2 Ratsmeistern (Bürgermeistern), 2 Kämmerern, einem sitzenden und zwei ruhenden Räten. In größeren Städten bestand der mit dem Bürgermeister in Zusammenarbeit wirkende Rat „ in der Regel aus 24 Ratsmännern/Ratsherren"[1], von denen jeweils 12 dem

---

[1] Denecker, Dietrich: Göttingen – Geschichte einer Universitätsstadt Bd.1- von den Anfängen bis zum Ende des Dreißigjährigen Krieges. Göttingen 1987, S. 223.

sitzenden (regierenden) und 12 dem ruhenden (alten) Rat angehörten. Die Ratsherren waren, ob sitzend oder ruhend, Mitglieder des Rats. Neuer und alter Rat „wechselten sich jährlich in der Amtsführung ab“[1]. Der bisher amtierende Rat wählte nach Ablauf seiner einjährigen Amtszeit den bisher ruhenden Rat aus dem Vorjahr zum neuen Rat als Nachfolger.
Die auch in Neumark jährlich stattfindende Wahl des Stadtrates musste vom Landesherren, seit 1531 vom Stadtherren, dem jeweiligen Besitzer des Ritterguts in Neumark, bestätigt werden.
Die geringe Einwohnerzahl Neumarks begrenzte die Zahl der zu wählenden Räte auf drei, von denen nur einer jährlich sitzend, d.h. aktives Ratsmitglied war.
Eine andere Darstellung der Zusammensetzung des Stadtrates findet sich im „Thüringer Bauernspiegel“ von 1929: „Die Stadt selbst wurde bis zur Neuordnung [1854] durch einen Oberbürgermeister, einen Unterbürgermeister und einen Kämmerer regiert, denen die sog. „Ratverwandten“ nebst Ratsschreiber zur Seite standen.“[2] Unter den in einer Anmerkung genannten drei ersteren für die Jahre 1735 - 1750 befindet sich von den 1881 im Belegbuch existierenden Familiennamen lediglich der Name „Kahle“.[3]
Eine Gegenüberstellung des Personalbestandes des Rates der Stadt Neumark aus den Jahren 1803 und 1812 belegen diese Beständigkeit im Personal des Stadtrates über 10 Jahre und führen anhand der genannten Personen direkt in das Jahr 1881.

---

[1] Denecker, a.a.O.
[2] Beiträge zur älteren Geschichte Neumarks(Landkreis Weimar) (mit familiengeschichtlichem Material) (Tr.). In: Thüringer Bauernspiegel. 6.Jahrgang 1929, S. 322-24.
[3] Information des Pfarrers Henschel aus Berlstedt an den Verfasser des Artikels Tr.

Stadtrath zu Neumark (1803)	Stadtrath zu Neumark (1812)
Heinrich Wilhelm Helbig – Burgemeister Johann Andreas Helbig - Burgemeister Johann Christian Zeuner - Beysitzer Zweiter Beysitzer vacat[1] Johann Christian John - Cämmerer Heinrich Andreas Müller - Cämmerer Johann Ernst Vollandt - Viertels-Vorsteher Johann Gottlob Thiele - Viertels-Vorsteher Johann Gottlob Reifarth - Viertels-Vorsteher[2]	Herr Heinrich Wilhelm Helbig –Bürgermeister Herr Johann Andreas Helbig - Bürgermeister Herr Johann Christian Zeuner - Beisitzer Herr Johann Christian John - Beisitzer Herr Heinrich Andreas Müller – Cämmerer Herr Johann Christoph Berghold – Cämmerer Herr Johann Ernst Vollandt-Viertels-Vorsteher Herr Johann Gottlob Thiele-Viertels-Vorsteher Herr Johann Gottlob Reifarth-Viertels-Vorsteher[3]

In der Gegenüberstellung wird nicht nur der oben beschriebene Wechsel der Personen in der Ratsmitgliedschaft und die Beständigkeit des die Ratsmitgliedschaft innehabenden Personenkreises deutlich, es taucht auch der

---

[1] Lat. vacare – frei sein von etwas

[2] Hochfürstlich S. Weimar und Eisenachischer Hof- und Adreßkalender auf das Jahr 1803, Jena

[3] Herzoglich S.Weimarischer und Eisenachischer Hof- und Adreßkalender auf das Schaltjahr 1812, Jena, S. 29.

Begriff der „Viertels-Vorsteher“ auf, der für Neumark seit Beginn des 17.Jahrhunderts bekannt ist.[1]

Exkurs

Der aus der augustäischen Neuordnung der Stadtgebiete Roms stammende Begriff der vom Volk (plebs) gewählten Viertelsvorsteher (vico magistri) ist in Rom für einzelne Quartiere zuständig und wurde in die mittelalterliche Stadtordnung vieler Städte übernommen. Die Stadt Neumark übernimmt diese Gepflogenheit und führt sie bis mindestens 1812 fort. Seit dem späten Mittelalter „war die Bevölkerung[...] in vielen [...] Städten in vier Stadtviertel gegliedert.“[2] Diese Gliederung der Stadt in Viertel folgte der Teilung der Stadt durch die sich im Zentrum kreuzenden Hauptstraßen, bezeichnet aber oft als Stadtviertel „ein überschaubares [...] soziales Bezugssystem, das sich sowohl räumlich/geografisch als auch von der sozialen oder ethnischen Struktur seiner Bewohner her von anderen Stadtvierteln abgrenzt“[3]. Die Stadtviertel bildeten die Grundlage für Feuerschutz- und Verteidigungsorganisation und andere Aufgaben(z.B. die Armenpflege in Zusammenarbeit mit dem zuständigen Pfarrer) kommunaler Selbstverwaltung und wurden durch die "Viertelsvorsteher repräsentiert"[4].

Welchen Prinzipien die Zuordnung von Viertelsvorstehern im Stadtgebiet Neumarks folgten, ist nicht bekannt, könnte jedoch im Zusammenhang mit der Mitwirkung der Gemeinde in Finanzangelegenheiten stehen (vgl. unten).Der Begriff

---

[1] Deutsches Städtebuch , Bd. II a.a.O.

[2] Hauschmidt, Alwin: 700 Jahre Rietberg 1289-1989, Beiträge zur Geschichte.Rietberg 1989, S. 56.

[3] de.wikipedia.org/wiki/Stadtviertel

[4] Hauschmidt, a.a.O.

Viertelsvorsteher bezieht sich in Neumark, da nur 3 Vertreter gewählt sind, auf ein Drittel der Bürger des Stadtgebietes.
Die für Neumark bestehenden Satzungen der Stadt von 1510 und die Stadtordnung von 1841[1] bilden zusammen mit der für das Großherzogtum Sachsen-Weimar-Eisenach am 28.Januar 1854[2] gegebenen Gemeindeordnung die Grundlage für eine genauere Untersuchung der verwaltungsgeschichtlichen Entwicklung Neumarks, die im Zusammenhang mit dem Arbeitsthema nicht geleistet werden kann.

2.1. Der Bürgermeister Theodor Thiele

Bei einer Gesamtschau der dieser Arbeit vorliegenden Quellen zur Besetzung des Stadtrats in Neumark des 19.Jahrhundert bestätigt sich die oben festgestellte Kontinuität hinsichtlich der Namen/Familien Neumarks, die im Personalbestand des Stadtrats auftauchen.
Die Familien Thiele und Reifarth, die in den Stadträten der Jahre 1803 und 1812 noch mit Viertelsvorstehern vertreten waren, stellen im Jahr 1881 den Bürgermeister (Theodor Thiele) und einen der Feldgeschworenen (Michael Reifart). Wenn, was dem Belegbuch nicht zu entnehmen ist, M. Reifart als Feldgeschworener aufgrund eines sich im Lauf der Zeit eingeschlichenen Schreibfehlers des Nachnamens (vgl.unten –t- /-th-) nicht auch Ratsmitglied ist, scheint die Familie aus der Reihe der Neumarker Familien gefallen zu sein, die in der Ämterhierarchie Neumarks einen ständigen Sitz im Stadtrat innehatten.

---

[1] Deutsches Städtebuch a.a.O,

[2] Kronfeld,C.: Landeskunde des Großherzogthums Sachsen-Weimar-Eisenach.Zweither Teil Topographie des Landes.Weimar. 1879, S. 27.

Der Familie Thiele gelang es jedoch mit Theodor Thiele an die Spitze der Ämterhierachie zu gelangen. Bürgermeister Neumarks ist Theodor Thiele auch 1879, wie die von ihm annoncierte „Danksagung“ anlässlich der Kirchenrenovierung belegt. (vgl. S. 135)
Wie die meisten seinem Schutz empfohlenen Mitbürger entstammt er einer (sicher) wohlhabenden Bauernfamilie. Dies belegen die unten angeführten, von ihm unterzeichneten Belege.
Seine Existenzgrundlage bildet also einerseits die Landwirtschaft und damit zusammenhängende Nebeneinkünfte im Dienst der Gemeinde, andererseits die Einkünfte aus seinem Amt als Bürgermeister und anderen Ämtern. Seine Einnahmen stellen sich laut Belegbuch folgendermaßen dar:

Einnahmen	Summe
1. Besoldung als Bürgermeister und Standesbeamter(14)	300,00 Mark
2. Besoldung als fiskalischer Zinsrenteinnehmer(15)	15,00 Mark
3. Lohn und Zinsrente(13a)	49,90 Mark
4. Lohn und Zinsrente(13b)	49,90 Mark
5. Steinlieferungen(57)	15,00 Mark
6. Verkauf von Kirschbäumen(33)	8,80 Mark

Gesamt : 438,60 Mark

Ergeben sich bei der Betrachtung der Einkünfte als Bürgermeister und Standesbeamter keine Fragen, bedarf seine Besoldung „für die fiskalische Zinsrenten Einnahme“ (15) einer genaueren Erklärung.

Der Zins[1] wird als „[eine] im Allgemeinen regelmäßig wiederkehrende Abgabe [bezeichnet], welche von einer Person als solcher oder wegen des Besitzes und der Nutzung eines Grundstücks, an welchem die Verpflichtung zur Leistung haftet, entrichtet werden muß“[2].
In der Verbindung des Begriffs Zins mit dem Begriff Rente erhält der Begriff Zinsrente eine weitere Bedeutung. Eine Rente[3] kann als festes Einkommen aus einem angelegten Kapital in Häuser (Mieten) oder Grundstücke (Pacht) bezogen werden. Die oft mit dem Besitz eines Grundstücks verbundene Zahlung einer Rente ist entweder mit der Auflösung grundherrschaftlichen Besitzes und dessen Kauf entstanden oder durch Rentenkauf, „indem der Besitzer des Grundstücks (Rentenverkäufer) sich zur Zahlung einer [...] Rente (Zins, Gült, Grundzins) an den Rentenkäufer und an dessen Rechtsnachfolger gegen Empfang eines Kapitals verpflichtet.“[4] D.h. der Besitzer eines Grundstücks verpflichtet sich vertraglich, einem Kapitalgeber, der u.U. mit seinem Kapital erst den Kauf des Grundstücks ermöglicht hat, zu jährlichen Zahlungen – der Zinsrente, das, was man heute Hypothek nennt.
Theodor Thiele scheint demnach als Inhaber des Amts eines Zinsrenteinnehmers mit der Verwaltung des der Gemeinde von Privatpersonen (102, 103) geliehenen Kapitals und Auszahlung der jährlich anfallenden Zinsen aus der Gemeindekasse befasst gewesen zu sein. Interessant wären hier die vertraglichen Vereinbarungen zwischen Stadt und Privatperson.

---

[1] lat. census
[2] Pierers Universal- Lexikon Bd. 19. Altenburg 1865, S. 643.
[3] ital. rendita
[4] http .//peter-hug.de/lexika/zinsrente.(Stand : 09.02.2013)

Als Empfänger von Lohn und Zinsrente (13a, 13b) ist Th.Thiele also nach obiger Darstellung Kapitalgeber der Stadt, die sich u.U. durch Eintragung Thieles ins Grundbuch stadteigener Grundstücke Kapital verschaffte. Inhalt der vertraglich festgelegten Renten-/Zinspflicht „aus Weisthümern[1], Leih- und Gültbriefen[2], Zinsbrief, Heberolle, Grund –und Zinsbüchern“[3] ist in diesem Falle nicht mehr möglich.
Die Auszahlung der Zinsrente geschieht „bei größeren Leistungen gewöhnlich in zwei jährlichen Terminen: Ostern und Walpurgis oder Michaelis, auch Johannis und Martini oder Weihnachten“[4]. Dieser Gewohnheit folgend, zahlt Th.Thiele sich am 4.April (Ostern) und an Michaeli (30.September) aus. Nicht nur die Auswahl von zwei Terminen zur Auszahlung bestätigt, dass es sich um größere Leistungen handelt, sondern auch ein Vergleich mit Beleg 103. Laut diesem Beleg erhält Karl Kahle 37,50 Reichsmark auf ein Kapital von 750 Reichsmark zu 5%. Eine jährliche Zinszahlung von 99,80 Mark Zinsrente an Theodor Thiele zu einem angenommenen Zinssatz von 5%, bedeutet, dass Th.Thiele selbst oder als Erbe ein Kapital von 2495 Mark zur Verfügung gestellt hat- eine recht ansehnliche Summe.
Die übrigen Einnahmen des Bürgermeisters beziehen sich auf Tätigkeiten, die im Zusammenhang mit seiner Tätigkeit als Landwirt stehen.

---

[1] Mittelalterliche Aufzeichnungen der Hof- und Dorfrechte, In: Götzinger, E.: Reallexicon der Deutschen Altertümer.Leipzig 1885, S. 1080-1081

[2] Gültbrief, auch Gultbrief: Urkunde über zu zahlende Schulden, für die ein Grundrecht haftet, in:www.rzuser.uni-heidelberg.de/cd2/drw/e/gu/ltrb/gultbrief.htm: (Stand 5.2.2013)

[3] Pierers Universal-Lexikon, a. a.O. S. 646.

[4] http .//peter-hug.de/lexika/zinsrente.(Stand : 09.02.2013)

Am 2. September 1881 liefert er 2,5 Ruthen Steine zu Arbeiten an den Krautheimer Weg und an die Vippachedelhäuser Chaussee a Ruthe 6 Mark (33) und für die Lieferung von „44 Stück Kirschbäume“ (33) erhält er 8,80 Mark, wobei nicht klar ist, ob er nur für den Transport der Bäume bezahlt wird, also Zwischenhandel betreibt, oder selbst eine Baumschule auf einem seiner Äcker unterhält. Da ein weiterer Beleg über Ankauf von Kirschbäumen fehlt, trifft eher letztere Annahme zu, so dass der Eindruck einer wohlsituierten Familie Thiele noch verstärkt wird.
Die oben beschriebene Unsicherheit des Bürgermeisters hinsichtlich Rechtschreibung belegt z.B. nochmals die eigenhändig formulierte Quittung (122), in der er über „vierzen Mark“ attestiert.
Die enthebt ihn aber nicht der Aufgabe, sich als Bürgermeister der Lektüre der „Weimarischen Zeitung“ (geliefert von H.Böhlau-Weimar), dem „Regierungsblatt“ und dem „Reichsgesetzblatt“ (105a, 105b, 105c) zu widmen.
An dieser Stelle soll untersucht werden, ob und inwieweit der Bürgermeister seine Stellung als Stadtoberhaupt ausgenutzt hat, um sich oder seiner Familie/Verwandtschaft Vorteile- auch geldlicher Art- gegenüber der nicht mit dem Belegbuch befassten Bevölkerung verschaffte.
Grundsätzlich von einem korrekten Handeln des Bürgermeisters ausgehend, zumal der Gemeinderechnungsführer Karl Mohr als Verantwortlicher fungierte, stellen sich anhand einiger Belege doch Fragen, zu deren Beantwortung letztendlich Quellen/Zeugenaussagen fehlen.
Neben der schon erwähnten Bevorzugung von ihm in der Hierarchie nahestehenden Personen wie z.B. dem Lehrer Weißhuhn durch ein gegenüber dem Gemeindediener höheren Wegegeld nach Weimar oder der Erstattung des

Wegegeldes für den Bürgermeisterstellvertreter Karl Seifarth zur Musterung nach Weimar (124) taucht ein erstes Verdachtsmoment im Zusammenhang mit Beleg 57 auf: Julius Walther bekommt für die Lieferung einer Ruthe Steine 5,50 Mark, während Th.Thiele sich für eine Ruthe 6 Mark erstatten lässt (52).

Eine besondere Rolle spielen in diesem Zusammenhang die Witwe Ernestine Thiele und der "Thielische Acker".

Die Witwe Thiele, obwohl nicht als Landarme eingestuft (siehe unten), erhält ebenso wie die Landarme Marie Barthel auf Kosten der Gemeinde vom Bäcker Richard Klemm 468 Pfund Brot im Jahr 1881 geliefert, was immerhin einen Wert von 74,88 Mark darstellt (101).

Der Acker der Thiele Witwe wird „lt. Acort (Anweisung) der Gemeinde" (119) durch Adalbert Göring auf Kosten der Gemeinde bestellt und, wenn es sich um denselben Acker handelt, durch Ausbringen von „1½ l Hafersamen auf den Thielischen Acker"(122) durch den Gemeinderechnungsführer Karl Mohr für eine reichliche Ernte vorbereitet.

Da jedoch Karl Vollandt am 28. August 1881 „auf der Wittwe Thiele ihren Acker" (8) bei der Hafer-Auktion die gesamte Ernte für 109,00 Mark ersteigert und die Einnahmen im Belegbuch erscheinen,sieht es so aus, dass es sich hierbei sogar um eine wohltätige Handlung zugunsten der Gemeinde durch die Familie Thiele handelt. Diese Annahme verliert jedoch an Bedeutung, indem die Witwe Thiele ein Jahr lang unentgeltlich Brot geliefert bekommt.Die Einnahmen der Gemeinde von 109,00 Mark würden somit durch Brotlieferung, Feldbestellung und Hafersamen um 92,88 Mark geschmälert.

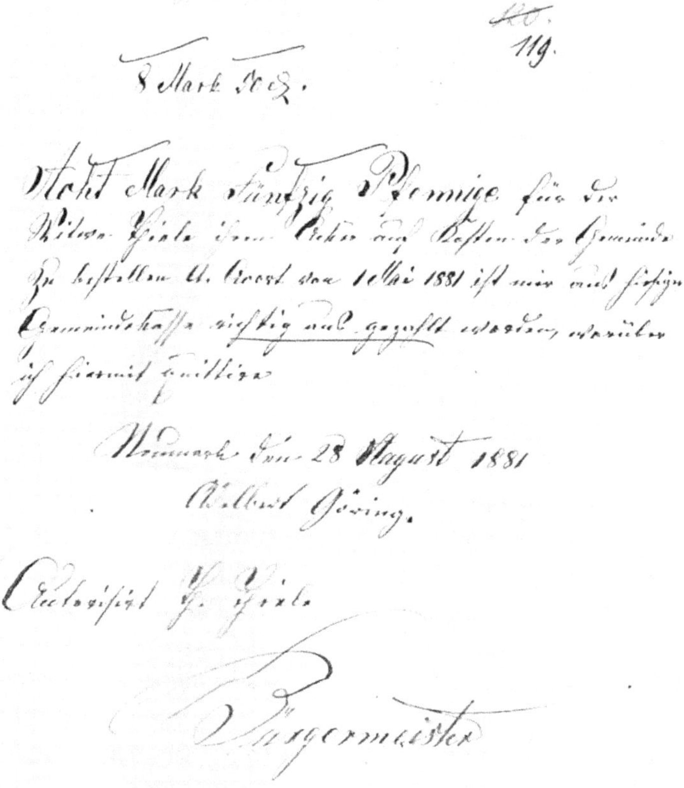

119.

8 Mark 50 ₰.

Acht Mark fünfzig Pfennige für die Wittwe Thiele den Acker auf Kosten der Gemeinde zu bestellen lt. Accord vom 1 Mai 1881 ist mir aus hiesiger Gemeindekasse richtig und gezahlt worden, worüber ich hiermit quittire

Neumark den 28 August 1881
Adalbert Göring.

Attestirt Th. Thiele

Bürgermeister

Beleg 119: Adalbert Göring bestellt auf Kosten der Gemeinde den Acker der Witwe Thiele

2.2 Gemeinderat und Wahlen

Für das Jahr 1881 werden nicht, wie es noch für 1812 dokumentiert ist, 2 gleichberechtigte Bürgermeister genannt, sondern ein Bürgermeister (Theodor Thiele) und ein

Bürgermeisterstellverteter (Karl Seifarth). Die Verschiebung der Befugnisse auf nur einen Bürgermeister wird deutlich, indem Th. Thiele grundsätzlich alle Belege autorisiert oder attestiert. Andere Ratsmitglieder werden nicht explizit genannt, sind im Belegbuch jedoch eventuell als Empfänger einer Auszahlung aus der Gemeindekasse angeführt. Es ist anzunehmen, dass der Stadtrat Neumarks im Jahr 1881 eine ähnliche Zusammensetzung der Ämter aufweist, wie der von 1812, jedoch um die Viertelsvorsteher reduziert und in den Aufgabenbereichen geschmälert.
Nach der am 22. Februar 1850 erlassenen und aufgrund der restaurativen, nachrevolutionären Entwicklung in Deutschland revidierten Gemeindeordnung des Großherzogtum Sachsen- Weimar- Eisenach vom 18. Januar 1854 können die Bürger die Gemeindevertreter wählen, welche wiederum die Gemeindebeamten wählen.
Die jährlichen Wahlen für den Stadtrat fanden auch 1881 statt, ohne dass ein genauer Zeitpunkt anzugeben ist. Lehrer Wunderlich quittiert in Beleg 129 die Auszahlung „ für Anferdigung der Stim[m]liste zur Gemeinderaths-Wahl aufgrund der Stammrollen“. In die Stimmliste werden, da sie anhand der Stammrollen angefertigt werden, also lediglich steuerlich erfasste, männliche Gemeindemitglieder eingetragen.[1] Laut Beleg 130 bedient sich der Bürgermeister aus der Gemeindekasse für „Papier zum Militärstammrollen, Wahlzettel [...].“
„Die Heitzung der Schätzungsstube“ (118) am 12. Januar 1880 durch den Gastwirt und Fleischer Müller verweist u.U. auf

---

[1] Frauen erhalten erst im Jahr 1918 das Wahlrecht und dürfen es erstmals bei den Wahlen zur deutschen Nationalversammlung am 30. November 1919 ausüben.

eine Wahl, die 1881 ungefähr zur gleichen Zeit stattgefunden haben dürfte.
An anderer Stelle genannte Beamte unterstützen den Stadtrat in seiner Arbeit: Lehrer Weißhuhn als Gemeindeschreiber [Stadtschreiber], Lehrer Wunderlich als Steuereinnehmer, die Feldgeschworenen K. Seifarth, M. Reifart und die mit polizeilicher Gewalt ausgestatteten Gemeindediener Lange und Schäler.

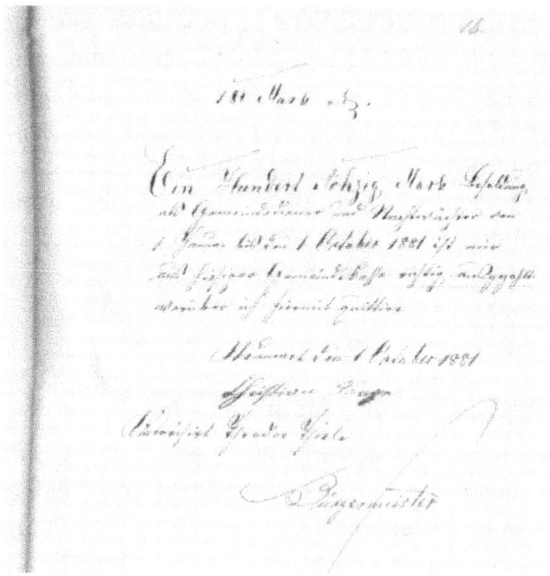
180 Mark

Ein Hundert Achtzig Mark [illegible]

[illegible] 1 Januar [illegible] 1 October 1881 [illegible]

[illegible] den 1 October 1881

[illegible]

Bürgermeister

Beleg 18: Empfangsbestätigung über Besoldung als Gemeindediener und Nachtwächter durch Christian Lange

Die Gemeindeordnung bestimmt, dass „[d]er Gemeindevertretung [...] daher in Zeiträumen nicht allein ein Etat über sämmtliche Ausgaben und Einnahmen (s.dort) vorzulegen, sondern auch ebenso nach Verlauf des

Zeitraumes der gehörige Nachweis über die erfolgte Verwendung zu liefern [ist]"[1].
Die jährlich anstehenden Wahlen und die Überprüfung des Finanzgebarens des Stadt-/Gemeinderates könnten auch u.U. Entscheidungen im Stadtrat zu Erlassen von Steuerschulden (Kaduzitäten) beeinflusst haben(134).
Die Gemeinde/Bürgerschaft Neumarks hat seit 1560 das Recht, sich mit 3 Gemeindevertretern an der jährlichen Rechnungslegung des Stadtrats zu beteiligen.[2] Diese drei Gemeindevertreter dürften die 1803 und 1812 als Angehörige des Stadtrats genannten Viertelsvorsteher sein. Damit wäre auch deren Aufgabenbereich als Vertreter eines Drittels der Bevölkerung bei der Überprüfung der Finanztransaktionen des Stadtrates und nicht als Beauftragte für Feuerschutz, am allerwenigsten für Verteidigung .Diese übernahmen sicher 1881 wie auch in den 50 er Jahren des 20. Jahrhunderts die Kinder und Jugendlichen als Neumarker „Samtärmel" gegen die z.B. „Thalborner Frösche".[3]

2.3. Wie korrekt ist die Führung des Belegbuchs?

Eine der Sache angemessene Vorgehensweise beim Führen des Belegbuchs besteht darin, die Auszahlung von Geldern vom Empfänger unterschreiben zu lassen und die Auszahlung durch eine Amtsperson- grundsätzlich den Bürgermeister- attestieren oder autorisieren zu lassen.

---

[1] Pierers Universal-Lexikon Bd. 7, Altenburg 1859, S. 120.

[2] Deutsches Städtebuch a.a.O.

[3] Neumarker Samtärmel als Anspielung auf die (angenommene) Überheblichkeit der „Stadtbewohner"; nach anderer Version als Bezug auf die von den Stadträten getragene Kleidung; ähnlich die Verballhornungen Ottmannshäuser „Holzknüppel", Dielsdorfer „Stehkragen"

Im Beleg 122 wird diese Regel durchbrochen: Der Bürgermeister formuliert und schreibt den Belegtext selbst und lässt Karl Mohr unterschreiben, als ob dieser nicht selbst schreiben könnte. Warum diese Regelverletzung?
Andere Belege genügen ebenfalls nicht der gewöhnlichen Vorgehensweise: Ist der Empfänger der Bürgermeister selbst, attestiert oder autorisiert der Gemeinderechnungsführer, wie in den Belegen 100 und 101 korrekt geschehen. Für die Lieferung von Steinen (57) quittiert Th.Thiele den Empfang des Geldes und autorisiert gleichzeitig die Auszahlung als Bürgermeister. Die gleiche Vorgehensweise findet sich bei Beleg 13b, indem er als Lohn und Zinsrenteinnehmer unterschreibt und autorisiert.
Die Belege 13a (Lohnund Zinsrente), 14 (Besoldung als Bürgermeister und Standesbeamter) und 15 (Besoldung als fiskalischer Zins- und Renteneinnehmer) unterschreibt er ohne Attestierung durch den Gemeinderechnungsführer.
Autorisiert der Bürgermeisterstellvertreter Karl Seifart noch in Beleg 131 die Entnahme von 25,95 Mark für Postportoauslagen durch den Bürgermeister, entnimmt dieser in Beleg 130 für Papier zu diversen Aktivitäten 15 Mark ohne Gegenzeichnung und ohne Belege für den Kauf dieses Papiers.
Eine „Wohltat“ des Bürgermeisters fordert jedoch zu einer Szene heraus(133):

(Die Spritzenmannschaft komt nach den Einsätzen zu Bränden in Ollendorf und Buttelstedt erschöpft und rauchgeschwärzt nach Neumark zurück):
***Bürgermeister**:“ Na, Leute, habt Ihr es geschafft? Setzt Euch! Hier ist Brot und Schnaps auf unsere Kosten.“*
***Spritzenmannschaft**: „Hoch, dreimal hoch dem Bürgermeister! Das ist ein Kerl.“*

(Szenenwechsel: Amtsstube des Bürgermeisters am 31.Dezember oder irgendwann im Januar 1882; Bürgermeister und Bürgermeisterstellvertreter Seifarth)

***Bürgermeister**: „Karl, was meinst Du, was ich für das Brot und den Schnaps nach den Einsätzen der Spritzenmannschaft in Ollendorf und Buttelstedt aus der Kasse entnehmen könnte?" (alternativ) „(...) für das vom Wirt gespendete Brot und den Schnaps(...)"*
***Karl Seifarth**: "Du, das weiß ich nicht."*
***Bürgermeister**: „ Na, sagen wir `mal 2,50 Mark.War ja nicht soviel."*

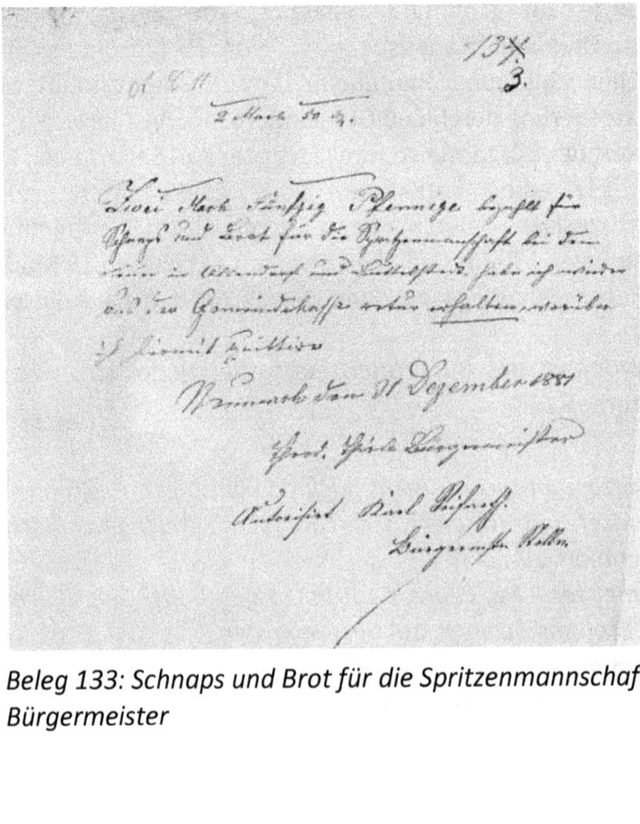
137
3.
2 Mark 50 ₰.
Zwei Mark fünfzig Pfennige [illegible]
[illegible]
[illegible] den 31 Dezember 1881
[illegible]

Beleg 133: Schnaps und Brot für die Spritzenmannschaft vom Bürgermeister

Am Ende noch einige „Schönheitsfehler“ in der Buchführung:
-Schmiedearbeiten, 1879 ausgeführt, werden 1880 ausgezahlt und 1881 im Belegbuch 1881 aufgeführt (69).
-Das XI.Armeekorps in Kassel weist dem Gemeindevorstand über den Direktor des I.Verwaltungsbezirks an, für „eine gehörige Abgewährung [Zahlung] der [...] Gelder (34,20) an die Empfangsberechtigten“, die dem Militär Quartier geboten hatten, zu sorgen. Laut dem am 3. Januar 1882 ausgestellten Schreiben ist die Auszahlung vorgesehen, wird aber im Jahr 1881 ins Belegbuch eingestellt.
-Der an H.Werner und K.Vollandt vom IV. Armeekorps in Magdeburg am 18.Oktober überwiesene Betrag von 25 Mark erscheint nicht im Belegbuch als von diesen quittierte Auszahlung.

2.4. Die Bürgerschaft

Die Stadt Neumark hat im Jahr 1880 492 Einwohner[1]. Damit dürfte sich die Einwohnerzahl im Jahr 1881 nicht erheblich von der des Jahres 1880 unterscheiden und nähert sich der des Jahres 2013. Abgelegen von den wichtigen Verkehrsrouten konnte Neumark keine Industrie oder größeres Gewerbe ansiedeln. Auch der Anschluss an die Eisenbahnlinie Großrudestedt - Weimar im Jahr 1887 konnte daran nichts ändern. So prägt der mittelalterliche Charakter einer Ackerbürgerstadt Neumark auch 1881.
Neben dem Gut mit „bedeutender Schafzucht: 1880 auf 315 ha“[2] herrschte mittelbäuerlicher Besitz vor. Dieser „mittelbäuerliche Besitz“ darf jedoch nicht darüber

---

[1] Städtebuch a.a.O

[2] http://vg-berlstedt.de/pages/orte-der- vgem/Neumark/geschichte php,(Stand: 4.2.2013)

hinwegtäuschen, dass innerhalb der Gemeinde sicher beträchtliche Unterschiede hinsichtlich des Einkommens bestanden.

Abzulesen ist dies zum Beispiel an den Belegen, die die Auktionen oder den Transport von Baumaterialien oder Militärgut betreffen. Geben die Belege auch keine direkten Hinweise auf den Besitz einzelner Personen / Familien an Ackerflächen, Nutzvieh oder Zugtieren, so legt die Zusammenschau unterschiedlicher Belege die Vermutung unterschiedlicher Einkommensverhältnisse nahe. Ein wichtiges Indiz für den Umfang und Wert bäuerlichen Wohlstands ist der Viehbestand und der Besitz an Zugtieren für die Feldarbeit oder Transport. Das Eigentum an Pferden bevorteilt den Besitzer gegenüber dem von z.B. Ochsen: Schnelligkeit, Schwere der zu transportierenden Last sprechen für den Einsatz von Pferden.[1]

Hierzu braucht man als Beweis auch nicht unbedingt das Märchen „Hans im Glück", in dem der vertrauensselige Knecht Hans nach sieben Jahren treuer Dienste den Lohn in Form eines kopfgroßen Goldstücks im Tausch von *wertvoll* zu *minderwertig* ein Pferd gegen eine Kuh eintauscht.[2]

Ein Blick in die Geschichte zeigt die Bedeutung, die der Besitz von Pferden für die Besitzer hatte.[3] Die zu Frondiensten

---

[1] Die Statistik für das Jahr 1879 gibt für Sachsen-Weimar auf je 100 Einwohner den Besitz von Pferden mit 5,3, den für Rindvieh mit 39,24 an: zitiert in: Kronfeld, C.: Landeskunde des Großherzogthums Sachsen-Weimar-Eisenach. Zweither Theil, Topographie des Landes, Weimar 1879, S. 20.

[2] Jakob und Wilhelm Grimm: Ausgewählte Kinder- und Hausmärchen, Stuttgart 1981

[3] vgl. Brauer, W.: Thüringische Dorfverfassung und Familienforschung. In: Thüringer Bauernspiegel, 6.Jahrgang 1929, S. 71.

verpflichteten Bauern hatten sowohl für den Grundherren als auch für die Gemeinde Dienste zu leisten. War der Bauer im Besitz einer größeren Anzahl von Ackerflächen, konnte er diese meist nur mit Pferden bewirtschaften und wurde so zum Anspänner im Gegensatz zu den Handfrönern, die Eigner weniger Ackerflächen waren.
Der Besitz von Pferden zeichnete begüterte Bauern aus, gleichzeitig waren sie damit auch verpflichtet, die Gespanne zu Frondiensten und Diensten für die Gemeinde einzusetzen. Dies veranlasste die Pferdebesitzer oft, sich der Verpflichtung durch den Verkauf der Pferde zu entledigen und ihren Acker gegen Lohn bearbeiten zu lassen. Der Schaden, der sowohl den Nutzern der Frondienste, den Grundherren, als auch dem Steueraufkommen entstand, veranlasste die Landesherren im Sinne der Grundherren dem entgegenzuwirken, indem z.B. „die Weimarische Landesordnung von 1589 [bestimmte], dass der Bauer, der 3 Hufen[1] Land habe, 4 Pferde, wer 1 ½ oder 2 Hufen habe, 2 Pferde halten müsse[...].[2]
So ist anzunehmen, dass für Fuhren zur Feuerbekämpfung durch die Neumarker Spritzenmannschaft wegen des Zeitdrucks hinsichtlich des Einsatzes oder Fuhren über weitere Strecken als bis in die Nachbarorte Pferde als Zugtiere erforderlich waren. Für die erwähnten Einsätze der Feuerwehr wurden Otto Koch und der Lehrer Wunderlich beauftragt, so dass für beide Personen Pferdebesitz angenommen werden kann .Hinsichtlich der Familie Vollandt ist dieser Besitz von Pferden nicht mehr zweifelhaft. Ohne auf

---

[1] Hufe:"1.eingehegtes Stück Ackerland 2. Acker von dem Betrag, daß er mit 1 Gespann Pferde bearbeitet werden kann und zur Ernährung einer Familie hinreicht 3. [...] unterschiedliches Feldmaß [...] am häufigsten 30 Morgen[...], in: Pierers Universal-Lexikon, Bd.8. Altenburg 1859, S. 578.

[2] Brauer, W. : Thüringische Dorfverfassung a.a.O.

das verwandtschaftliche Verhältnis der genannten Karl und Gustav Vollandt einzugehen, sind die von Gustav Vollandt erbrachten „Militärfuhren“ (121) und der von Karl Vollandt gestellte „Vorspann“ für das IV Armeekorps Hinweise auf den Besitz von Pferden. Hinzu kommt, dass Karl Vollandt bei der Auktion am 28.08.1881 „auf der Wittwe Thiele ihren Acker“ (8) für 109,00 Mark die gesamte Haferernte aufkauft.
Inwieweit der Transport von Bau-und Wegematerial zu den Straßenausbesserungsarbeiten oder Gebäudesanierungen des Jahres 1881 durch Christian Kahle nach Schloßvippach (25) oder durch Julius Walther (52) an den Krautheimer Weg Indizien für den Besitz an Pferden ist, bleibt fraglich.
Den oben Genannten und vielleicht auch der Mehrzahl der Bauern Neumarks gelingt es, durch mittelbäuerlichen Besitz ihre Existenzgrundlage zu sichern, wie auch den im Belegbuch genannten Handwerksbetrieben (vgl. unten). Hinzu kommen der Apotheker Richard Seifarth und der Lehrer Weißhuhn, die ohne Arbeit auf eigener Ackerfläche ihr Auskommen haben. Die in Beleg 72 quittierende Sidonie Braunitz ist u.U. als Lieferantin einer größeren Menge Petroleum an die Gemeinde neben dem Apotheker Seifarth ebenfalls als Geschäftsinhaberin zu bezeichnen.

2.5. Das Handwerk

Die Kurzdarstellung „Geschichte der Stadt Neumark“[1] stellt für die Stadt eine „überörtliche Bedeutung“ des Handwerks im 19.Jahrhundert fest und bezieht sich dabei auf die erste Hälfte des 19.Jahrhunderts. Das Handwerk, für 1858 werden 29 Betriebe genannt, wird hauptsächlich durch Weber

[1] http;//vg.berlstedt.de/pages/orte-der – vgem/Neumark/Geschichte.php. (Stand 4.2.2013)

ausgeübt. Die außerhalb der Stadt angelegte Flachsröste (vgl.dort) verweist auf diesen Schwerpunkt des Neumarker Handwerks. Der Niedergang des Weberhandwerks – auch in Neumark- wird durch das Erscheinen der in Großbritannien maschinell zu Niedrigstpreisen hergestellten Tuche auf dem Markt bewirkt. In einen größeren wirtschaftlichen Zusammenhang gestellt, läuft in Neumark der gleiche Prozess ab wie in Indien, wo das eigenständige Handwerk der Tuchherstellung durch die britische Konkurrenz ruiniert wird.
Ist im Jahr 1880 die Zahl der Handwerksbetriebe in Neumark auf 9 zurückgegangen, weist das Belegbuch für das Jahr 1881 nur noch 6 Betriebe auf, die als Handwerksbetriebe eindeutig Neumark zuzuordnen sind:
-als Schmiede Friedrich Geske (3,56,68,71,75,76,77), Karl Fulsche (5, 35, 69)
-als Fleischer der Gastwirt Friedrich Müller (6,118)
-der Brauer Lange (91)
-der Stellmacher Fr. Bachmann (92)
-der Tischlermeister Ferdinand Helbig (29, 134)

Es ist fraglich, ob der mit Schmiedearbeiten in der Schule beauftragte Wilhelm Reifarth (vgl.Beleg unten) mit seinem Betrieb in Neumark ansässig gewesen ist, da er nur mit einem Auftrag beschäftigt wurde.
Der im Belegbuch erwähnte „Restaurateur" (94) Karl (...) ist ohne handwerklichen Bezug nicht zuzuordnen. Ein Weber wird nicht mehr erwähnt. Die Anzahl der Handwerksbetriebe könnte sich durch Betriebe, die im Jahr 1881 nicht mit einem Auftrag der Gemeinde versehen wurden. erhöhen.

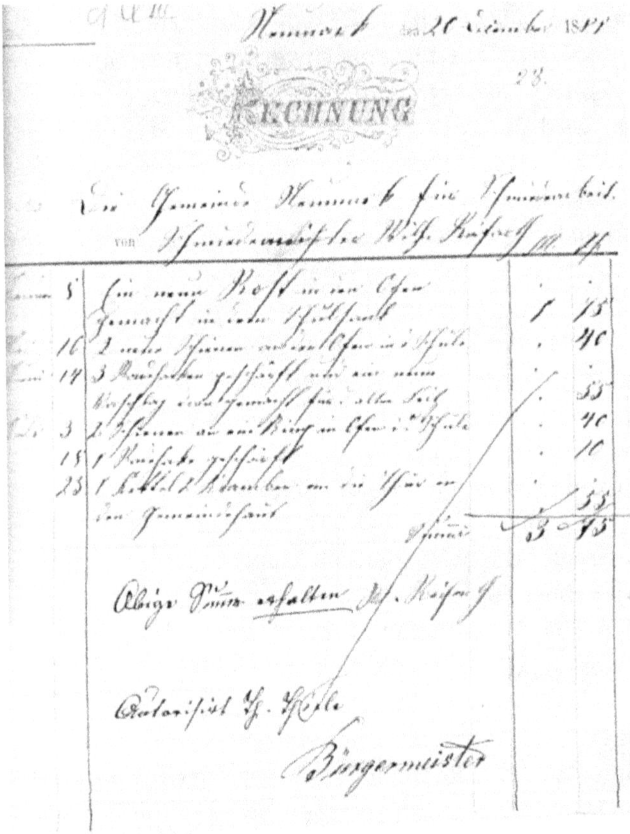

Beleg 28: Rechnung des Schmiedemeisters Wilhelm Reifarth vom 20.Dezember 1881

Hinweise auf in Neumark existierende Vermögensunterschiede lassen sich aus Belegen ablesen, die einen Zuverdienst durch Nebenerwerb betreffen. Die Existenz dieser Personen ist durch reinen Ackerbau nicht mehr gesichert oder nur unzureichend: August Vitzthum ergänzt in der Grasauktion (2) sein Viehfutter, verdient mit Reparaturen an den Dächern der Schule ein Zubrot (95) und nimmt gegen Entlohnung „Kanalausbesserungen am Großbrembacher Weg“ (62) vor. In der Personengruppe, die auf Nebenerwerb angewiesen ist, taucht der Name Necke mehrmals auf: Bei der Weidenauktion am 21. März „hinter dem Brauhaus und St. Michel“ (1)[1] sind 22 Bürger erfolgreich. Eduard Necke bietet jedoch mehrmals –insgesamt für 4,80 Mark -, so dass nicht auszuschließen ist, dass er durch Korbflechten einen Zuverdienst erwirbt, wie auch durch seine Funktion als Gemeindediener in den Monaten November und Dezember. Die Kreishebamme Auguste Necke (vgl. dort) muss sich zu ihrer jährlichen Entlohnung von 15,00 Mark als Reinigungskraft in der Schule verdingen und übernimmt die zeitweilige Betreuung eines Kindes gegen Bezahlung. Hermann Necke läutet die große Glocke gegen Entlohnung und sein Kauf von Weidenruten bei der Weidenauktion legt die Vermutung nahe, dass er wie Eduard Necke als Korbflechter tätig ist. Adolpf Schöps muss unter Umständen ebenfalls einem Nebenerwerb durch Korbflechten nachgehen. Er ist Höchstbietender bei der Weidenauktion mit einer Summe von 13,30 Mark. Möglicherweise dient jedoch der Kauf einer solchen Menge von Weidenruten auch der Herstellung eines Zaungeflechts. Die letzte in diesem Zusammenhang zu nennende Person ist Christian Lange: Als Gemeindediener und Nachtwächter(18) verdient er von Januar bis Oktober 180 Mark. Hinzu kommen Entlohnungen für Tätigkeiten, die zwar mit dem Amt des Gemeindedieners im Zusammenhang stehen, jedoch gesondert bezahlt werden, wie die Begleitung Gefangener an das Amtsgericht in Weimar.

---

[1] zur Lage des Brauhauses und St. Michel vgl.Kapitel Topographie

Interessant hinsichtlich unterschiedlicher Vermögen und gesellschaftlicher Stellung sind nicht nur Schlussfolgerungen aus dem Einsatz von Geldmitteln bei Auktionen oder hinsichtlich des Besitzes von Pferdegespannen, sondern auch die Höhe der Entlohnung von Dienstleistungen für die Gemeinde, besonders bei gleicher Tätigkeit. Auch versteckte Anspielungen in den Belegen deuten auf den Status Betroffener innerhalb der Gemeinde hin: Lehrer Weißhuhn bekommt als Wegegeld zur Besorgung von Lehrmitteln in Weimar 3 Mark, während der Gemeindediener Christian Lange für die Begleitung von Gefangenen an das Amtsgericht in Weimar – einer weitaus wichtigeren Dienstleistung – lediglich 1,50 Mark bekommt.
Den letzten jedoch „beißen die Hunde“: Adolpf Scheller, als letzter der Bieter bei der Weidenauktion auf der Liste mit 25 Pfennigen verzeichnet, bekommt als einziger in der Rubrik Bemerkungen den Eintrag „[macht] Dreck im Orte“ (1). Eine grandiose Leistung, mit einem Minimum an Ersteigertem im Orte Dreck zu machen. Man muss fast vermuten, dass er mit Absicht sein in einige Weidenruten umgemünztes Geld auf der Straße verteilt hat, um die Obrigkeit zu verärgern.
Alle oben angeführten Beispiele zeigen auf, dass in Neumark hinsichtlich der Einkommensverhältnisse eine beträchtliche Differenzierung bestand und die zuletzt genannten Personen sich nahe der Dorfarmut bewegten, die besser als „Stadtarmut“ zu bezeichnen wäre.

3. Die Sprache der Belege

3.1. Zeichensetzung

Eine Besonderheit der Zeichensetzung der Belege ist die Unsicherheit bzw. Unentschiedenheit in der Verwendung des Punktes und der Kommata. Lediglich die amtlichen Schreiben und die vom Lehrer Weißhuhn formulierten Belege bilden eine Ausnahme, indem konsequent die bestehenden Regeln der Zeichensetzung eingehalten werden.

In den Belegen, die in Neumark gefertigt werden, wird der Punkt als Satzschlusszeichen oft weggelassen/vergessen, bei Datumsangaben fehlt der Punkt, der nach heutigen Regeln nach Zahlen steht, um sie als Ordnungszahlen zu kennzeichnen (Sonntag, den 15. April). Hingegen steht der Punkt oft nach der Jahreszahl, was wiederum nach heutigem Regelwerk nicht erlaubt ist.

Die Zeichensetzung wird normgerecht von den Personen verwendet, die von ihrer Bildung her dafür prädestiniert sind. Beispiele hierfür sind der Beleg 112, vom Rechtsanwalt Dr.Voigt (Weimar) verfasst, der die Orts-und Datumsangabe als „ Weimar, den 25.März 1881." wiedergibt oder die Quittung des Lehrers Weißhuhn über Honorar für die Fortbildungsschule (84) als „ Neumark, am 27.Mai 1881." Die amtlichen Schreiben, Vordrucke oder Rechnungen von Verlagen (110) verwenden das Komma zur Abtrennung der Ortsangabe vom folgenden Datum ebenso.

Die Wiedergabe von Datums- und Ortsangabe durch den Lehrer der 2. Schule, Wunderlich, in Beleg 85 deutet auf einen Bildungshintergrund hin, der nicht dem der oben erwähnten Personen entspricht. (s.u.)

3.2. Zahlen

Im Hinblick auf das Ausschreiben von Zahlen, Summen bieten die Belege ein buntes Bild. Hier werden die verschiedensten Möglichkeiten ausgekostet .Die Zahlen werden im Text, wenn sie ausgeschrieben sind, oft mit großen, manchmal mit kleinen Anfangsbuchstaben (52) geschrieben, meist getrennt, manchmal zusammen. Welch ein babylonisches Gewirr von Möglichkeiten der Schreibweise, dem die heutige Bevölkerung Neumarks entronnen ist!

Lehrer Weißhuhn lässt sich „Buchstäblich Fünf und siebenzig Mark" Honorar auszahlen (84), Friedrich Hülle bekommt als Tageslohn „ Ein Mark Fünfzig Pfennige" (50) und Julius Walther für eine Lieferung Steine „ Fünf Mark fünfzig Pfennige" (52). Christian Lange erhält „ Ein Hundert Achzig Mark" (18) Besoldung als Gemeindediener, während Karl Pflantz für die gelieferte Brunnenröhre" über „ „vierunddreißig Mark" (73) quittiert.

3.3. Rechtschreibung

Die Belege zeigen gravierende Unterschiede hinsichtlich der Beherrschung der Orthographie auf. Es ist festzustellen, dass Mängel auftauchen, die auch heute noch bei Schülern, z.T. auch bei Erwachsenen festzustellen sind, heißt, dass hinsichtlich eines allgemeinen Fortschritts in der Sprachbeherrschung Zweifel anzumelden sind:

Hohlziegeln werden zu „*Holziegel*n" (25), die man „*hohlen*" (25, 26) muss. Der Lehrsaal der Schule wird entvölkert und damit zum „*Leersaal*" (29). Summen werden „*baar*" (83, 84, 62) ausgezahlt und der Direktor des Großherzoglich Sächsischen I. Verwaltungsbezirks setzt von einem „*Gesammtbetrag*" von 34,23 Mark in „*Kenntniß*" (7).

Hierbei fallen Fehler in der Schreibung von Fremdwörtern wie „Chaussegräben“ (2) oder die fehlende Sicherheit bei der Schreibung nach Diphtong *„Dreisig“* (32), eine falsche Verdopplung nach kurzem Vokal *„Wittwe“* (101) oder die fehlende Dehnung durch –h- bei *„Fünfzen“* (57) weniger ins Gewicht.
Schwerer wiegt schon die auch heute noch für Bestseller geeignete Verwechslung von Dativ und Genitiv oder Dativ und Akkusativ, wenn der Gemeinderechnungsführer eine Auktion „[....] *hinter den Brauhaus*[...]“ (1) „[...] laut Acort von 22 Juli 1881 [...] stattfinden lässt und der Genitiv mit wegen in Beleg 5 zu “[...]*wegen unbefugten Schießen*[...]“ wird.
Ein Paradebeispiel für Unsicherheit oder Unkenntnis orthographischer Regeln bietet der Beleg, der vom Bürgermeister selbst verfasst wird und neben den Unterschriften des Bürgermeisterstellvertreters Karl Seifarth und Michael Reiferts die des Lehrers der II. Schule trägt.
Die 1881 noch korrekte Schreibweise von „autorisirt“ ohne –e- im Wortende wie auch die von „liquidirt“ (Beleg 112 – „liquidirte Kosten“) wird fälschlicherweise auf *„Einquartirung“* übertragen.[1] Unsicherheiten treten in den Belegen auch bei der Schreibung des –t- auf: mit dem dem –t – folgenden – h- oder ohne, z. B.“ *Vertheilung“* statt Verteilung oder wie in den Belegen 30, wo für“ 3 Tage“[richtig] *„Thagelohn“* ausgezahlt wird , und 35 , in dem unter dem „Dathum“ die Auszahlung geschieht.

---

[1] vgl. Heyse, Johann, Christ. August : Allgemeines verdeutschendes und erklärendes Fremdwörterbuch oder Handbuch zum Verstehen und Vermeiden der in unserer Sprache gebräuchlichen fremden Ausdrücke mit der Bezeichnung der Aussprache und Betonung. Berlin 1903, S. 653.

Ein weites Feld für Variationen ist das Gebiet der Zusammen-Getrenntschreibung von Verben mit –zu- in der Endstellung des Satzes. Obwohl die Regel bekannt ist, was in den Belegen 60 und 65 demonstriert wird[1], verletzt die gleiche Person sie ständig: Es wird „ aus gezahlt“(29, 34), entlohnt für die Straße „ auf zu hacken“(49) oder Steine „ auf zu schütten“(39).
Substantive werden im Allgemeinen richtig als solche erkannt, lediglich hinsichtlich der Substantivierung von Verben tauchen Fehler auf, die 130 Jahre später im Jahr 2012 nicht ungewöhnlich sind: Für (das) „läuten der großen Glocke“ erhält man „ vier und Zwanzig Mark“ oder für „abschaufeln [der Chaussee]“ über fünf Tage 2 Mark (59). Einem der Quittierenden gelingt die kuriose Substantivierung „ Bäumezupflanzen“ neben der Beschäftigung, „Baumlöcher zu machen“ (30).
Für das Jahr 1881 regelgerecht werden zwei Substantive, die heute als Bestimmungs- und Grundwort zusammengeschrieben werden, oft mit zwei Trennstrichen geschrieben: „Militär=Musterung“ (124), „Bezirkslasten=Beitrag“ (120). Die Verbindung wird durch zwei, der Schrägstellung der Schrift folgende Striche dargestellt.

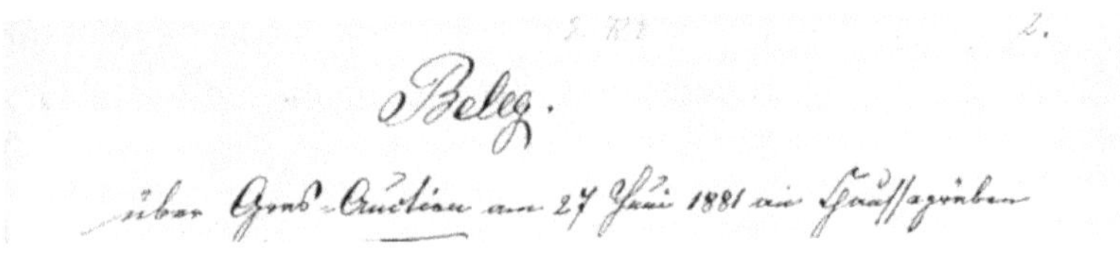
Beleg.

[1] Beleg 60 „die Chaussee in und außer dem Orte abzukratzen; Beleg 65 „Dre(c)k abzuschaufeln“

3.4. Grammatik und Dialekt

Nur eine Formulierung des Belegbuchs lässt eine eindeutige Zuordnung fehlerhafter Schreibweise dem dialektalen Bereich zu: In Beleg 34 wird über 3 Mark für *„die Bäume feste zu machen"* quittiert. Hingegen gehört die Formulierung *„3 Tage Tagelohn bei den Dachdecken auf den Schulen"* (34) wieder zur Unsicherheit der korrekten Verwendung von Dativ und Akkusativ. Die Formulierungen in Beleg 8 „[...] *auf der Witwe Thiele ihren Acker* [...] und die in Beleg 100 *„ Rosalie Wenzel ihr Kind"* sind mit ihrer Vermeidung des ungewohnten Genitivs wohl eher als rein grammatikalische Fehler zu sehen als in ihnen ein Einfluss des thüringischen Dialekts zu vermuten.
Das dem gesprochenen Thüringischem eigene Weglassen von Endungen findet seinen Niederschlag in einigen Belegen: In Beleg 28 quittiert der Schmied dafür, dass er in einen Ofen *„ein neun Rost"* installiert, in Beleg 26 der Lieferant einer „Brunröhre" für die Lieferung an den *„Magtbrun"* in Weimar. Dieses Verschleifen der Endungen setzt der Lieferant noch einen liebenswerten Akzent hinzu: aus Kalk wird „Kalg". Das hässliche, laute – k- am Ende von Kalk wird durch das gemütlichere – g – ersetzt.

3.5. Stil

Die Formulierungen der Belege, soweit es sich nicht um amtliche Schreiben von außerhalb handelt, sind in ihrer Formulierung mehrheitlich stereotyp und enden mit der Schlußformel „[...] worüber ich hiermit quittire".
Der unter 25 Belegen für seine Arbeiten für die Straßen der Gemeinde quittierende Friedrich Hülle (vgl. dort) scheint sich der Monotonie dieser Endformulierung bewusst geworden zu sein und versucht in Beleg 39 mit der Formulierung „[...]

worüber diese Quittung." zu variieren. In der Aufregung über das zu erwartende Geld oder wegen oben beschriebener Absicht ist er durch die eigenständige Substantivierung verunsichert und vervollständigt den Satz nicht mit einem Verb. Im folgenden Beleg 40 wiederholt er den Fehler in verkürzter Form „[...] worüber die Quittung [...]" lässt aber in den folgenden Belegen die Finger seiner Schreibhand von solchen gewagten Unternehmungen und kehrt zur gewohnten Formulierung „[...] worüber ich quittire[...]" zurück.
Vorbild für die Formulierungen der Belege ist sicher das Amtsdeutsch der Großherzoglich Sächsischen Kanzleien und Ämter, wofür Beleg 115 ein eindrucksvolles Beispiel ist. (vgl. S.52)
In diesem Zuge wird in den in Neumark formulierten Belegen eine Sprache benutzt, die sich von einfacher Formulierung abheben und das Amtsdeutsch abbilden soll, auch im Hinblick darauf, dass man als Bürger, Handwerker, Bauer ein Dokument in einer Amtsstube, sei es auch die „gute Stube" des Gemeindevorstehers, ein Dokument unterschreibt und hinterlässt und damit einen „Fingerabdruck" des Schreibenden.
Dies verführt die Verfasser von Rechnungen und Quittungen manchmal zur Konstruktion abenteuerlicher, fast barocker Formulierungen:

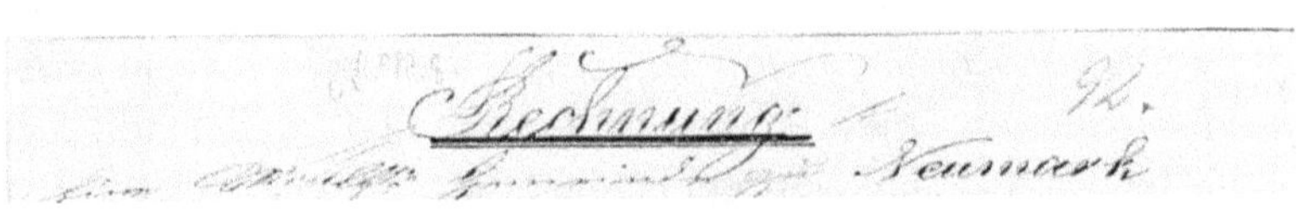

Beleg 92: Rechnung an die wohllöbliche Gemeinde Neumark

Die Rechnung des Stellmachers Bachmann geht an die „wohllöbliche Gemeinde zu Neumark" und der Betrag von

33,95 Mark wird am 24 July 1881 „dankend empfangen". Auf diesem Feld sieht nun der Lehrer der I. Schule Weißhuhn die Möglichkeit, der Gemeinde glänzende, seinem Stand würdige Formulierungen ins Belegbuch zu schreiben. Die richtige Auszahlung für seine „Gemeindeschreiberei" unterschreibt er „solches quittirend" oder in Beleg 84 „worüber dankbar quittirt". In dem eigenhändig geschriebenen Beleg 94 macht er den Gastwirt, der ihm 48 Liter Festbier liefert, zum „Restaurateur" – wohl eher eine Erhöhung des einfachen Gastwirts auf seine Ebene als ein Euphemismus.
Auch der Gemeinderechnungsführer Karl Mohr schließt sich dieser Bewegung wohlformulierender Bürger an, indem er , das Amtsdeutsch imitierend und die Lippen vornehm spitzend, den Empfang seiner Besoldung folgendermaßen quittiert: „[...] habe ich aus hiesiger Gemeindekasse richtig erhalten, worüber andurch qüttire"(16).
Dieser Tendenz mag sich der Lehrer Wunderlich nicht entziehen und endet seine, in grauenvoller Rechtschreibung formulierte Quittung mit „[...] solches wird hierdurch bescheinigt[...]."

3.6. Fazit

Ist nun der z.T. gravierende Mangel an Kenntnissen der orthographischen Regeln schichtenspezifisch, d.h. Personen zuzuordnen, die als Bauern oder Handwerker eher schreibungewohnt sind? Quantitativ trifft dies wohl zu, da die Mehrzahl der Belege eben von solchen, im Schreiben und Formulieren eher nicht geübten Bewohnern, die noch dazu meist die Volksschule- wenn überhaupt- als Grundlage hatten. Dies trifft natürlich ebenso auf die Bewohner anderer ländlicher Gemeinden zu: Die Rechtschreibung des Lieferanten der „Brunröhre" (Brunnenröhre) aus Tannroda

(73), für die er „Fünfundfirzig" Mark bekommt, hebt sich eher negativ von den Fehlern der schreibenden Bewohner Neumarks ab.

Aussagekräftiger für eine Beantwortung der eingangs gestellten Frage ist es deshalb, Belege heranzuziehen, die von Personen formuliert werden, denen man kraft ihrer Stellung in der Gemeinde wie Bürgermeister, Bürgermeisterstellvertreter oder ihrer Ausbildung und Profession ein sicheres Beherrschen der Orthographie zumutet.

Hier wird der Leser durch die Belege jedoch nur zum Teil in seiner Vermutung bestätigt. Der Gemeindevorstand, der als gewählte Autorität in dieser Hinsicht doch eher Vorbild sein sollte, quittiert z.B. über *„Fünfzen"* Mark für *„gelieferde Steine"* (57). Zur Entlastung des Bürgermeisters muss jedoch hinzugefügt werden, dass er aus der Mitte der Bürgerschaft Neumarks gewählt wurde und sein Bildungshintergrund vermutlich nicht qualitätsvoller war als der seiner Mitbürger.

Schlimmer wird es, wenn man sich den Belegen zuwendet, die von mit der Ausbildung der Schülerschaft Neumarks im Jahr 1881 befassten Personen stammen.

Hier demonstriert der Lehrer der II. Schule und Steuereinnehmer Wunderlich, wie man als Pädagoge kläglich versagen kann.

In dem von ihm geschriebenen Beleg 129 wird er für die „Anferdigung" einer „ Stimliste" bezahlt; Beleg 80 kann als Paradestück der Fertigkeiten Wunderlichs gelten.

In seiner kuriosen Wortschöpfung des Substantivs „Wasserzubringen" unterscheidet er sich nicht vom Bürger G. Barthel, der in Beleg 30 ein ähnliches Substantiv mit „Bäumezupflanzen" konstruiert. Als ironisierend könnte man die Reparatur von Stühlen durch den Tischlermeister F. Helbig im *„Leersaal"* (29) der Schule auffassen, wenn die Reparatur

nicht „in den Leersaal“ stattfände, über die „*Quittird*“ wird. Angenehm berührend im Vergleich zur Grobschlächtigkeit der Fehler des Lehrers Wunderlich wirkt das Bemühen der Feldgeschworenen den Beleg 45 mit Fremdwörtern anzureichern: Aus Kulturwegen werden „Kollturwege“, die neben anderen Wegen der „Komumkation“ – sprich Kommunikation- dienen.
Es kann also festgestellt werden, dass die Personen, die als Erwachsene 1881 Belege formulieren – zwar oft fehlerhaft -, Glück hatten, nicht vom Lehrer Wunderlich unterrichtet worden zu sein.
Selbst die Kanzlei des Direktors des I. Verwaltungsbezirks, der man doch eine gewisse Sicherheit in der Beherrschung der deutschen Sprache unterstellen kann, ist nicht frei von fehlerhaften Formulierungen. Indem festgestellt wird, dass „die Korpszahlungsstelle zur Zahlung an die betroffenden Gemeinden angewiesen worden sei“ (7), beweist der Verfasser seine Unsicherheit in der Verwendung des Partizips II.

4. Schule und Unterricht in Neumark

„In vielen Dörfern wird zwar Schule gehalten, aber nicht von einem vorbereiteten, geprüften, förmlich angesetzten und besoldeten Lehrer , sondern die Gemeinde mietet sich für drei oder vier Wintermonate irgendeinen leicht zu befriedigenden Schneidergesellen, der dann mit seiner Schule wöchentlich von einem Hause zum anderen wandert, und ebenso in der Reihe von den Hauswirthen gespeiset wird [...]. Oft hütet dann ein und derselbe Mann im Sommer das Vieh, im Winter die Jugend des Dorfes; und die Vereinigung dieser beiden Posten ist immer noch natürlicher und begreiflicher, als wenn, wie dies würklich auf mehreren Dörfern der Fall ist, der Schulmeister, um leben zu können, zugleich der Nachtwächter ist.“[1]

Geht man von diesem, den Bildungsaufwand und das Schulsystem der dörflichen Gemeinde noch zu Anfang des 19. Jahrhunderts beschreibenden Text aus, ist anhand der diesem Bereich zuzuordnenden Belege für das Schul- und Erziehungswesen der Ackerbürgerstadt Neumark eine deutliche Verbesserung abzulesen.

Aussagen zur Bildung, zu Kenntnissen und Fertigkeiten hinsichtlich des Bildungsstandes und hier wiederum eigentlich nur in Beziehung auf das Beherrschen der deutschen Sprache können anhand der Belege nur für die vor 1881 dem Schulsystem unterworfenen Personen gemacht werden. Erfolge oder Misserfolge des Schulunterrichts im Jahr 1881 könnten nur an Ergebnissen der Folgejahre festgemacht werden, sind aber nicht Gegenstand dieser Untersuchung.

Die sich direkt mit Schulangelegenheiten wie Besoldung der Lehrer, Reparaturen an Schulgebäuden usw. befassenden Belege sind von Beleg 83 bis Beleg 99a angeordnet.

Neumarks Schülern stehen im Jahre 1881 zwei Schulen[2] zur Verfügung, denen jeweils ein Lehrer zugeordnet ist: Lehrer der I. Schule ist Weißhuhn, Lehrer der II. Schule Wunderlich. Die I. Schule liegt an der Ecke der heutigen Hauptstraße / Ratsgasse, die II. Schule an der Hauptstraße rechter Hand vom Obertor aus gesehen vor der Teilung der Hauptstraße vor dem Marktplatz. In Beleg 95 wird durch August Vitzthum für Dachreparaturen an der „alten Schule“ und „desgleichen an der neuen Schule“ quittiert, wobei die alte Schule

---

[1] zitiert nach Schiffler/ Winkeler: Tausend Jahre Schule, Belser 2011

[2] Eine Volksschule ist seit der ersten Hälfte des 16.Jahrhunderts in Neumark belegt. In: Deutsches Städtebuch, Bd.II, Mitteldeutschland, S. 340. (Diezel)

identisch mit der II. Schule ist, dem Gebäude, das an die Apotheke anschließt.
Es ist anzunehmen, dass Lehrer Wunderlich, seinen Fähigkeiten im Bereich Rechtschreibung nach zu urteilen, an der alten Schule unterrichtet und dies wohl vor den Schülern der unteren Klassen.
Schülerzahlen in 1881 lassen sich nur schwer anhand der Belege ermitteln. Eventuell ist eine Position der Rechnung der Buchbinderei, Schreib-und Zeichenmaterialien-Handlung Gustav Mesmer aus Weimar vom 10. November 1881 (89) an die Gemeinde Neumark aufschlussreich Im August des Jahres werden „30 Zeichenbücher a 15 Pfg." geliefert und im September 13 , dazu 44 Unterlagen für die Zeichenbücher. Die Vermutung liegt also nahe, dass die Schulen I und II gesondert Zeichenbücher anfordern und eine Schülerzahl von ca. 43 bei einer Einwohnerzahl im Jahr 1880 von 492[1] für Neumark anzunehmen ist.

4.1. Schulferien

Einen Hinweis auf Schulferien im Jahr 1881 gibt der Beleg 98, in dem der Pfarrer M. Schäfer über „verlegtes" [verauslagtes] Porto für seine Korrespondenz als Ortsschulaufseher mit dem Bezirksschulinspektor quittiert. Die Korrespondenz dient der Nachfrage des Ortsschulaufsehers nach Ferienterminen: am 15. August die Schulferien allgemein, im Oktober die Herbstferien betreffend. Das Interesse am Termin für die Ferien allgemein und speziell für die Herbstferien ist sicher durch landwirtschaftliche Belange begründet: Im Sommer werden die Kinder als Hilfskräfte in der elterlichen Landwirtschaft bei der Ernte von Weizen, Roggen und Hafer

---

[1] Deutsches Städtebuch Bd.II, Mitteldeutschland , S.340. (Diezel)

benötigt, im Herbst bei der Kartoffel-und Rübenernte. Dieser Terminierung der Ferien nach wirtschaftlichen Zwängen unterliegen die Termine der Schulferien auch heute noch: Bayern hat als letztes Bundesland im Sommer Ferien, da Gastronomie, Tourismus, Fremdenverkehr die Kinder nicht nur spielend im Haus benötigt.

Neumarks Schuljugend um die Jahrhundertwende

4.2. Die Industrieschule

Neben den beiden Schulen für die Volksschüler besteht in Neumark 1881 auch eine Industrieschule, als deren Kassenverwalter der Pfarrer M. Schäfer fungiert (128). Es stellt sich hier die Frage, weshalb in Neumark, einer zwar mit Stadtrecht versehenen Gemeinde, jedoch von der Bevölkerungsstruktur her einer Ackerbürgerstadt, 1881 eine Industrieschule besteht.

Exkurs

Als Vorläufer der Industrieschulen können die seit Mitte des 18.Jahrhunderts eingerichteten Armenschulen der Pietisten[1] gelten. Mit der Einführung von Industrieschulen ist eine Weiterentwicklung der religiös orientierten Elementarschule beabsichtigt, indem „praktische Elemente in den Unterricht integriert wurden“[2]. Parallel hierzu spielt der Gedanke der Durchführung der allgemeinen Schul- und Unterrichtspflicht eine bestimmende Rolle. In Weimar wird schon 1613 die Schulpflicht erreicht, gesetzlich wird sie im Deutschen Reich erst 1919 verankert. Theoretische Grundlage und Einfluss auf die Konzeption der Industrieschule ist vornehmlich in der Vorstellung Pestalozzis von „Industriebildung“ zu sehen, der – zwar mit geringem Erfolg- „ im Aargau [Schweiz] versuchte, Handarbeit mit Unterricht zu verbinden“[3]. Pestalozzi erkennt die Bedeutung der Industriearbeit für die Entwicklung des Menschen und fordert deshalb eine Arbeitserziehung, damit der junge Mensch „in Beruf und Gesellschaft den Anforderungen [der industriellen Gesellschaft] gewachsen sei"[4]. Die Erziehung in der Schule durch Arbeit für Arbeit hat jedoch einen sozialpädagogischen Impetus, der nicht in der theoretischen Grundlegung der Erziehung der Jugend für die Industrie, sondern in der gesellschaftlichen Entwicklung zu sehen ist.

---

[1] Pietismus: Reformbewegung des Protestantismus; Vertreter des lutherischen P. Philipp Jakob Spener (1635-1705), August Hermann Francke (1663-1727); vgl. Die Religion in Geschichte und Gegenwart (RGG). Bd. 4.Tübingen 1930, S. 1250-1261.

[2] Dedering, Heinz: Einführung in das Lernfeld Arbeitslehre. München-Wien 2000, S. 178.

[3] Meyers Großes Konversations – Lexikon Bd. 9, Leipzig 1907, S. 816.

[4] Dedering, a.a.O., S. 189.

In diesem Zusammenhang muss auf die politische und ökonomische Entwicklung Deutschlands im letzten Drittel des 19. Jahrhunderts hingewiesen werden. Um 1830 leben „vier Fünftel der Bevölkerung auf dem Land“[1], 1882 jedoch nur noch zwei Fünftel. Diese Landflucht und Verstädterung verläuft parallel zu einem enormen Bevölkerungswachstum. Die Zeit der Gründerjahre 1871-1874, ausgelöst „durch die Milliarden der französischen Kriegsentschädigung“[2], die Frankreich an das 1871 neu gegründete Deutsche Kaiserreich mit einem preußischen Hohenzollern als Kaiser zahlt, gibt der in Deutschland im Vergleich zu England verspätet eintretenden Industrialisierung nochmals einen Schub. So ist man in Neumark- zumindest mental- gezwungen, sich mit dieser „[...] Veränderung, die aus einem Volk von Bauern ein Volk von Arbeitern und Angestellten machte[...]“[3] zu beschäftigen. Hinzu kommen sicher auch die im Reich stattfindende Schrumpfung der Landwirtschaft und die Veränderungen in der Bearbeitung der Ackerflächen durch großräumige Gutsherrschaft hin zu kleinteiliger Landwirtschaft.

Die Industrieschule richtet sich in erster Linie „ an das niedere Volk“[4] und dient dazu, die Not der Armen zu lindern. Die Schüler, die für ihre Arbeit einen Lohn erhalten, können sich hierdurch das Schulgeld verdienen, welches sonst die Eltern zahlen müssten. Gleichzeitig können die unterrichtenden Lehrer, oft unterhalb des Existenzminimums entlohnt, ihre

---

[1] Mann, Golo: Deutsche Geschichte des 19. und 20.Jahrhunderts, Frankfurt am Main 1958, S. 401.

[2]Mann, Golo a.a.O., S. 400.

[3]a.a.O., S.398.

[4]a.a.O., S. 180.

soziale Situation durch den Unterricht und den Verkauf der Produkte des Unterrichts verbessern.
Der Unterricht deckt diverse Bereiche praxisbezogener Arbeit ab: In der Landwirtschaft beschäftigt man sich mit Gartenarbeit, Bodenveredlung, Züchtung von Sämereien usw., im Textil-und Wollgewerbe mit Spinnen, Stricken, Stopfen, Weben, im Bereich Handwerk mit der Herstellung von Produkten wie geflochtenen Pantoffeln oder Tapeten aus Stoffresten.
Meyers Großes Konversations-Lexikon von 1905 erläutert den Begriff Industrieschule als „eine für sich bestehende [...] oder mit der gewöhnlichen Schule verbundene [...] Unterrichtsanstalt [...] zur Weckung oder Förderung des Gewerbefleißes“ und als „Nebenanstalt der Volksschule“, in de[r] „Mädchen oder auch Kinder beiderlei Geschlechts in Handarbeite, Stricken, Nähen, Flechten etc. unterwiesen werden“[1]. Die Industrieschulen verlieren Ende des 19.Jahrhunderts insgesamt ihre Bedeutung und Funktion im Deutschen Reich. Für die Industrieschule Neumarks gibt es keine Hinweise in den Belegen, in welcher Form sie noch 1881 existierte.

4.3. Fortbildungsschule

Die in Beleg 68 erwähnte Fortbildungsschule in Neumark ist – wie im gesamten Reich – im Zusammenhang mit der Entwicklung des beruflichen Bildungswesens aus dem in der ersten Hälfte des 19.Jahrhunderts entstandenen gewerblichen Sonntagsschulwesen zu sehen.
Die Sonntags- bzw. Abendschulen waren für Schulentlassene aber auch für Schulpflichtige eingerichtet worden, um

---

[1] Meyers Großes Konversations-Lexikon, a.a.O., Bd.6 , Sp. 816.

Bildungsdefizite im Hinblick auf den beruflichen Werdegang zu kompensieren. In gleicher Weise war die Fortbildungsschule als Ergänzungs- oder Wiederholungsschule zur Volksschule gedacht. Rechtliche Grundlagen zur Gründung von Fortbildungsschulen waren die Gewerbeordnung des Norddeutschen Bundes von 1869 und die nach der Reichsgründung 1871 erlassene Reichsgewerbeordnung. Die Aufsicht über diese Schulen übernahm die Zentrale in Berlin, die auch staatliche Zuschüsse für die oft von engagierten Handwerkern oder Handwerkervereinen gegründeten Schulen gewährte. Der Unterricht war Pflicht, für die über 18 jährigen freiwillig, konnte aber laut Ortsstatut für diese verpflichtend werden.

Die Unterrichtsinhalte der Fortbildungsschulen orientierten sich oft an den jeweiligen Bildungsbedürfnissen der Gemeinden: entweder Unterricht in den Fächern, die in der Volksschule vernachlässigt worden waren, oder mehr auf gewerblich- handwerkliche Ziele ausgerichteter Unterricht. Der Unterricht wurde durch die Volksschullehrer erteilt; manchmal auch durch fachlich versierteres Personal.[1]

Den Unterricht an der Fortbildungsschule in Neumark erteilt nach den vom Ortschulaufseher, Pfarrer Schäfer, vom Bezirksschulinspektor angeforderten Unterrichtsplänen.der Lehrer der I. Schule Weißhuhn. (vgl. Beleg 68)

Inwieweit diese Fortbildungsschule mit den in den Belegen 85 und 86 vom Lehrer Wunderlich quittierten Schulbeiträge für das II. Semester 1880 und das I. Semester 1881 in Verbindung zu bringen sind, bleibt unklar.

---

[1]vgl.http://www.bkgl.de/unsere-schule/schulgeschichte (Stand:08.02.2013)

4.4. Der Unterricht/Die Inhalte

Wie an der Funktion des Pfarrers als Ortsschulaufseher in Neumark zu sehen, ist die Elementarschule [Volksschule] im Großherzogtum Sachsen-Weimar-Eisenach wie in den übrigen Ländern des Deutschen Reiches eng mit der Institution Kirche verbunden und die Unterrichtsinhalte werden auf Kompatibilität mit religiösen Richtlinien überprüft. Der Religionsunterricht ist fester Bestandteil des Stundenplans und wird vom Pfarrer gegeben. Der religiösen „Sicherung" der Inhalte des Unterrichts dient zum Beispiel die „Handreichung beim Unterrichte der Kleinen in der Gotteserkenntnis: Anwendungen zum Gebrauch der biblischen Geschichte für die Elementarstufen mit bildlichen Darstellungen, nebst einem Plane für den Religionsunterricht in mehrklassigen Schulen"[1]. (96)

Das Fach Rechnen wird nach einer Methodik Hermann Bräutigams[2] unterrichtet, einem Verfasser mehrerer Werke zum Rechenunterricht und eines, die Grenzen des reinen Rechenunterrichts sprengenden Werkes.[3] Nimmt man noch die Im Deutschunterricht verwendete, im Beleg (96) erwähnte Literatur wie das Werk von W. Benthien[4] hinzu, kann man durchaus behaupten, dass die in Neumark unterrichtenden Lehrer sich auf der Höhe der erforderlichen

---

[1] Wangemann , Ludwig : Georg Reichardt, 1878

[2] Bräutigam, Hermann: Methodik des Rechenunterrichts auf der Stufe des Kopfrechnens mit Hilfe von Tillichs Rechenkasten. 1.umgearbeitete und vermehrte Auflage , Wien 1878 (1896)

[3] ders. Leibniz und Herbart über die Freiheit des menschlichen Willens. Heidelberg 1882

[4] Benthien W.: Diktierstoff . Ein Handbuch für Lehrer an Bürger- und Volksschulen und den Unterklassen höherer Lehranstalten bei dem Unterrichte in der neuen deutschen Rechtschreibung, im Anschluß an des Verfassers Übungsbuch „Deutsche Rechtschreibung" 1881

Bildungsstandards für einzelne Fächer befinden, was (vgl. unten) nicht in jedem Fall auf den Lehrer Wunderlich zutrifft. Die Erwähnung des Werkes zum Deutschunterricht „unter Einbeziehung der neuen deutschen Rechtschreibung" zeigt, dass nicht nur die Schüler des ausgehenden 20.Jahrhunderts mit Vorschlägen und Neuregelungen zur Rechtschreibung irritiert und malträtiert wurden, sondern auch die Schüler des Jahres 1881 sich einem solchen Zwang aussetzen mussten. Die Einführung der neuen Rechtschreibung im Großherzogtum Sachsen- Weimar-Eisenach geschah mit der „Ministerial-Bekanntmachung, die Einführung der deutschen Rechtschreibung in den Schulen des Großherzogthums betreffend" vom 8.Dezember 1880.[1] Anzumerken sei in diesem Zusammenhang, dass die „neue Rechtschreibung" des ausgehenden 19.Jahrhunderts einer Vereinheitlichung und eines, allen deutschen Ländern des neugegründeten Deutschen Reiches gemeinsamen Regelwerkes diente und nicht wie die des ausgehenden 20.Jahrhunderts einer Profilierung von Bildungspolitikern, die sowohl Lehrerschaft, Schüler, als auch die schreibende Zunft durch teilweise nicht durchdachte Vorgaben verunsicherte.

Exkurs: Turnen als Schulfach

Friedrich Ludwig Jahn (1778-1852), angeregt durch Aufklärung und Widerstand gegen die napoleonische Fremdherrschaft in den deutschen Ländern, sieht im Turnen eine Möglichkeit, die Physis und Moral der männlichen Bevölkerung zu stärken. Das Ziel ist die Entwicklung eines Patriotismus, der im Turnen ein Gemeinschaftsgefühl entwickelt und damit Standesunterschiede nivelliert.

---

[1] Regierungsblatt für das Großherzogthum Sachsen-Weimar-Eisenach auf das Jahr 1880

Das Turnen in der Hasenheide in Berlin-Neukölln, als Turnplatz 1811 von Friedrich Ludwig Jahn errichtet, entwickelt sich schnell zum Vereinsturnen. Durch eine von Adel und Militär organisierte Turnsperre von 1820 bis 1842 sollen befürchtete demokratische und das Nationalbewusstsein stärkende Entwicklungen verhindert werden. Gleichzeitig erkennt die Obrigkeit, dass für einen sich immer stärker militarisierenden Staat auch gesundes „Menschenmaterial“ notwendig ist. So wird die Turnsperre 1842 aufgehoben und nach preußischem Vorbild ab 1861 in den deutschen Staaten Turnunterricht verbindlich, zuerst in den höheren Jungenschulen, später in den Volksschulen und zuletzt auch in den Mädchenschulen.[1] Vorstellungen von einer ganzheitlichen Menschenbildung, die – nach dem Motto „in corpore sano – mens sana „[in einem gesunden Körper – ein gesunder Geist]- gleichermaßen Geist und Körper umfasst, treten in den Hintergrund und geben einem rein auf Volksgesundheit und Wehrertüchtigung zielenden Turnen Raum. In diesem Sinne wird das preußische Schulturnen von Adolf Spiess (1810 – 1858) Vorbild für den Turnunterricht in der zweiten Hälfte des 19.Jahrhunderts: Freiübungen werden ohne Geräte im Freien abgehalten, bei denen das Antreten und Bewegungen nach Befehl geübt werden.

In welcher Beziehung steht der Turnunterricht in Neumark zu oben Ausgeführtem?

Lediglich ein Beleg(92) des Jahres 1881 bezieht sich auf den Sport-/ Turnunterricht in Neumark, ermöglicht jedoch, einen Bezug zu Obigem herzustellen.

---

[1] vgl. Cachay K.: Sport und Gesellschaft. Schorndorf 1988; ebenso Kleindienst-Cachay, Christa: Die Verschulung des Turnens. Schorndorf 1980

Die Gemeinde gibt im Juli des Jahres 33,95 Mark für Turngeräte aus. Der Stellmacher Fr[iedrich] Bachmann stellt für diese Summe 3 Recksäulen, 2 Reckstangen, 2 Barren, ein Sprunggestell „nebst Sprungbrett“ her und „setzt“ die Recksäulen, was bedeutet, dass er Vorrichtungen für das Aufstellen der Recksäulen im Boden des Raumes oder – falls das Turnen nicht innerhalb eines Gebäudes stattfindet- im Freien installiert.[1] Die Bereitstellung einer relativ großen Summe für die Geräteausstattung der Schule in Neumark mit einer relativ geringen Schülerschaft weist darauf hin, dass man sich auch in Neumark der gestiegenen Bedeutung der Körperertüchtigung bewusst ist. Die Motivation für die für eine „Kleinststadt“ ungewöhnliche Ausstattung mit Turngeräten durch die unterrichtenden Lehrer oder den Gemeinderat ist sicher nicht aus einer bewussten Abkehr vom Spiess‘schen Turnen zu erklären, sondern eher auf eine Rückbesinnung auf das Vorbild Friedrich Ludwig Jahns, der in seiner Turnbewegung weniger Wert auf Laufen, Springen, Klettern, Ringen usw. legte, sondern eine Öffnung des Turnens für alle sozialen Schichten mit vielfältigen Gerüsten und Geräten (Turngeräten) beabsichtigte.

Die für den Sportunterricht verantwortlichen Lehrer Neumarks oder die für den Auftrag an den Stellmacher Verantwortlichen sind offen für einen Turnunterricht, der nicht nur am Spiess‘schen orientiert ist.

---

[1] Nach Aussage der mit der Stadtgeschichte vertrauten Christa May wurde Geräteturnen bei günstigem Wetter auf dem Marktplatz abgehalten, ansonsten im Saal der Gastwirtschaft, wo auch Vorrichtungen für das Aufstellen vom Reck im Boden vorhanden waren

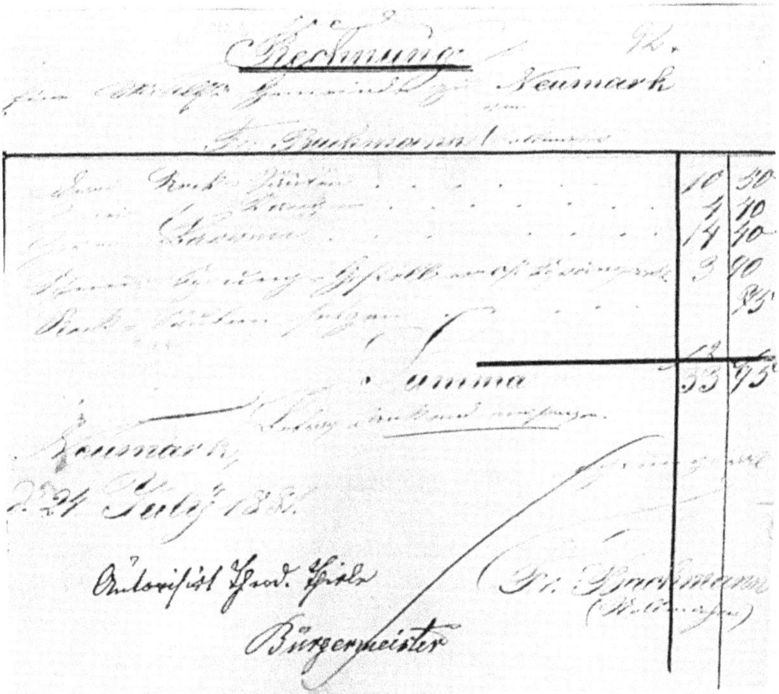

Rechnung 92.

Neumark

Summa

Bürgermeister

Beleg 92: Rechnung des Stellmachers Buchmann über Sportgeräte

4.5. Die Lehrer

„Des Sonntags ist er Organist(Am Sonntag er der Kantor ist), des Montags (am Montag) fährt er seinen Mist, des Dienstags hütet er die Schwein, das arme Dorfschulmeisterlein."

Das oben in zwei fast identischen Versionen wiedergegebene Spottlied aus der zweiten Hälfte des 19.Jahrhunderts gibt ungefähr die Wertschätzung wieder, die der Volksschullehrer an einer Dorfschule auch noch im 19. Jahrhundert besitzt. Diese ironisierend-diffamierende Beschreibung, in der dennoch ein leises Mitgefühl im Attribut „arm" mitschwingt, hat mehrere Ursachen. Der Dorfschullehrer steht unter ständiger Beobachtung durch staatliche Stellen, die in ihm eine Gefahr für die für die staatliche Ordnung sehen, da durch eine bessere Bildung der Landbevölkerung diese politisch aktiv werden könnte – und dies nicht im Sinne des repressiven Obrigkeitsstaates. Das Misstrauen der Obrigkeit gründete sich in den Erfahrungen der bürgerlichen Revolution 1848/1849, von der große Teile der Lehrerschaft begeistert waren und auch aktiv an ihr teilnahmen. Waren die Lehrer in der ersten Hälfte des 19.Jahrhunderts noch „als Leute ohne Besitz und reputierliches Gewerbe verachtet"[1], besaß die Lehrerschaft im nachrevolutionären Deutschland der zweiten Hälfte des 19.Jahrhunderts doch erheblich mehr Selbstbewusstsein.

Für die überwiegend bäuerliche Bevölkerung des Dorfes – in ihrer Mehrheit konservativ gestimmt – war die Einstellung des Staates gegenüber der Lehrerschaft jedoch nicht ausschlaggebend. Bei ihr personifizierte der Lehrer die Schulpflicht, die ihre Kinder davon abhielt, in der Landwirtschaft oder im Handwerk im elterlichen Betrieb die benötigte Mitarbeit zu leisten.

Der ausschlaggebende Grund für den Spottvers ist die wirklich existierende wirtschaftliche Notlage des Dorfschullehrers, auch noch gegen Ende des 19.Jahrhunderts.Die Bezahlung des Lehrers auf dem Dorf erfolgte bis zur Mitte des 19.Jahrhunderts nur teilweise in Geld. Er erhielt auch Entlohnung in Form von Naturalien oder musste das ihm von

---

[1] Blessing, W. K. : Allgemeine Volksbildung. 1974, S. 563. zit. in: Kittel , Manfred: Provinz zwischen Reich und Republik. Politische Mentalitäten in Deutschland und Frankreich 1918-1933/36.München 2000, S. 63.

der Gemeinde zugewiesenen Land zur eigenen Ernährung bewirtschaften. Die Lehrergehälter bezahlte die Gemeinde. Ein Volksschullehrer der Gemeinde Crainfeld[1] erhielt zum Beispiel im Jahr 1875 ein Gehalt von 770,42 Mark. Auch wenn sich die Lehrergehälter im letzten Drittel des 19.Jahrhunderts etwas verbesserten, gab es doch immer noch die unbezahlten Dienste für die Kirche als Organist, Kantor oder Mesner[2] und der Dorfschullehrer bezog seine Würde oft nicht aus der Arbeit als Lehrer, sondern durch diese unbezahlten Dienste oder durch Predigtlesen in der Kirche, wenn der Pfarrer verhindert war.[3]

Obwohl persönliche Daten über Werdegang, sozialen Hintergrund der beiden, an den Schulen Neumarks unterrichtenden Lehrer nicht vorliegen, können jedoch anhand der Belege gewisse Aussagen zum Bildungsstand und zur sozialen und ökonomischen Lage beider Lehrer gemacht werden.

4.5.1. Lehrer der I. Schule A. Weißhuhn

Hinsichtlich ihrer sozialen Stellung in der Gemeinde ist ein deutlicher Unterschied festzustellen. Der Lehrer der I. Schule A. Weißhuhn, der an der neuen Schule unterrichtet, wird in Gänze von der Gemeinde bezahlt.

Seine Einnahmen setzen sich wie folgt zusammen:

Lehrer	Summe
- Besoldung als Lehrer der I. Schule	318,25 Mark (83,

[1] Crainfeld : Ortsteil von Grebenhain im Vogelsbergkreis, Hessen

[2] Mesner : Küster, Kirchendiener

[3] vgl. Kittel, Manfred: Provinz zweischen Reich und Republik. Politische Mentalitäten in Deutschland und Frankreich 1918-1933/36. München 2000, S. 63.

- Honorar für die Fortbildungsschule vom Michaelistag 1880 - 29. September- bis Ostern 1881 – 17./ 18.April – - Honorar Fortbildungsschule April – Dezember 1881	84) 75,00 Mark (84) 75,00 Mark (geschätzt)

Summe 468,25 Mark

Sonstige Einnahmen	Summe
- Besoldung als Schriftführer der Gemeinde - 4 % Zinsen auf Schulkapital[1] von 41,25 Mark - Besengeld[2]	45,00 Mark (17) 1, 65 Mark (104) 6,00 Mark (99)

Summe 52,65 Mark

Gesamte Einnahmen : 520,90 Mark

Das unter sonstigen Einnahmen erwähnten Zinsen auf das Schulkapital, auch Schulgut[3] genannt, stellten vor der Einführung fester Lehrerbesoldungen die Haupteinnahmequelle für die Lehrergehälter dar. Das Schulkapital wurde durch Vermächtnisse, Schenkungen, seltener durch gemeindeeigene Steuern gebildet und diente mit seinen Zinsen der Besoldung. Aus welchen Quellen das äußerst magere Schulkapital Neumarks gebildet wurde ist nicht belegt.

---

[1] vgl. http://www.speicher700.ch/geschichte_speicher/V, (Stand: 08.02.2013)

[2] Besengeld – Entlohnung für die Säuberung gemeindeeigener Gebäude

[3] Nicht zu verwechseln mit dem Schulgut = Ackerfläche, mit deren Bewirtschaftung die Lehrer sich selbst versorgten

Im Unterschied zu den vom Lehrer Wunderlich verfassten Belegen (s.u.) sind die Weißhuhns in Bezug auf die Orthographie ohne Fehler. Lediglich in zwei Belegen kann er sich nicht für die Schreibweise von „bar“(84) oder „baar“(83) entscheiden.
Um seiner Stellung als Lehrer der I. Schule, der auch für die Auswahl der Fachliteratur verantwortlich zeichnet, gerecht zu werden, bemüht er sich in einigen Belegen, seine Sprache der von ihm offenbar sehr geschätzten Amtssprache anzugleichen. So bedient er sich gern des Partizip Präsens wie „obige Summe erhaltend“(99) oder er „bekennt quittierend“(94) 6,72 Mark in bar für die vom „Restaurateur“ (94) gelieferten 48 Liter Festbier erhalten zu haben. Die Verwendung des Wortes „Restaurateur“ ist nicht nur ein Euphemismus, sondern belegt mit der Auswahl des französischen Begriffs anstelle des gewöhnlichen deutschen Ausdrucks „Gastwirt“ sein Bemühen, mit dieser verbalen Beförderung des Gastwirts seine eigene, exponierte Stellung in der Gemeinde hervorzuheben, indem er diesen sprachlich auf seine Ebene hebt.
Als Gebildeter unter dem gemeinen, ungebildeten Völkchen Neumarks übernimmt er sich teilweise in der Gestelztheit seiner Formulierungen: Die Auszahlung für „Scheuern des Schulsaals am 9.April“ (90) an Auguste Ne(c)ke, die vermutlich nur in geringem Umfang des Schreibens mächtig ist, versieht er mit der Anmerkung „besteht in Wahrheit A. Weißhuhn“[1].
Neben diesen Barauszahlungen erhält Weißhuhn 48 Liter Festbier im Wert von 5,72 Mark, wohl das letzte Relikt der Bezahlung von Lehrern mittels Naturalien. Fachliteratur für den Unterricht (88, 96), Stundenpläne, Lehrpläne und von ihm verauslagte Summen für andere Unterrichtsmaterialien

---

[1] vgl. auch Beleg 100

[Verläge] werden von der Gemeinde bezahlt, ebenso das viermalige Wegegeld nach Weimar (99).

Die von Weißhuhn selbst verfassten Belege stützen aufgrund des Stils, der Rechtschreibung und des Schriftbilds die Vermutung, dass es sich bei ihm um einen Volksschullehrer handelt, der an einem staatlichen Lehrerseminar ausgebildet wurde. Der Vorbildung an einem Seminar schloss sich „nach der in den meisten deutschen Staaten eingeführten Ordnung [...] eine [...] erste [...] Prüfung mehr theoretischer Art“[1] an. Bei Bestehen der Prüfung erfolgte die Anstellung provisorisch und nach einer mehr praktischen Prüfung „unwiderruflich“[2]. Hinsichtlich dieses Ausbildungsganges hat sich bis ins 21. Jahrhundert in der Lehrerbildung nichts wesentlich verändert.

Im Deutschen Reich waren nach 1872 mehr als ein Drittel der Ende des 19. Jahrhunderts bestehenden Seminare entstanden. Hinsichtlich der Ausbildungszeit [Preußen 3 Jahre, Königreich Sachsen 6 Jahre] und der Lehrpläne gab es Unterschiede. Auf Musikunterricht wurde in den meisten Seminaren großer Wert gelegt, da der Beruf des Volksschullehrers bis zum Ausgang des 19.Jahrhunderts mit kirchlichen Diensten wie dem Organistenamt oder der Kantorei in größeren Gemeinden eng verquickt war.[3]

In Beleg 16 scheint ihm das – i – in „ quittiren“ zu banal, denn er formuliert „ worüber andurch qüttire“: Beim – ü – kann man die Lippen so vornehm spitzen und „andurch“ zeigt, dass er des Amtsdeutschs mächtig ist.(vgl. oben)

---

[1] Meyers großes Konversations-Lexikon, Bd. 12, Leipzig 1908, S. 341.
[2] a.a.O.
[3] vgl. http://de.wikipedia.org/wiki/Seminar_Bildungseinrichtung, (Stand: 08.02.2013)

Dieser sprachlichen Selbstüberhöhung entspricht die Einstellung A. Weißhuhns zur Gemeinde, die ihn als Lehrer und Gemeindeschreiber bezahlt: Die Entlohnung für seine Tätigkeit als Schriftführer der Gemeinde im Jahr 1881 quittiert er mit der Formulierung „für Gemeindeschreiberei(en)". Mit dieser, ihm u.U. nicht bewusst gewordenen Wortwahl wertet er seine Tätigkeit als eine mindere, seiner Person und seinen Fähigkeiten nicht konforme. Dies, obwohl die Gemeinde ihn in der Bezahlung für eine identische Tätigkeit anderen Bürgern bevorzugt: Christian Lange erhält für die Begleitung zweier Gefangener nach Weimar 1,50 Mark Wegegeld(22), A. Weißhuhn 3 Mark, um Schulmaterialien zu holen (99).

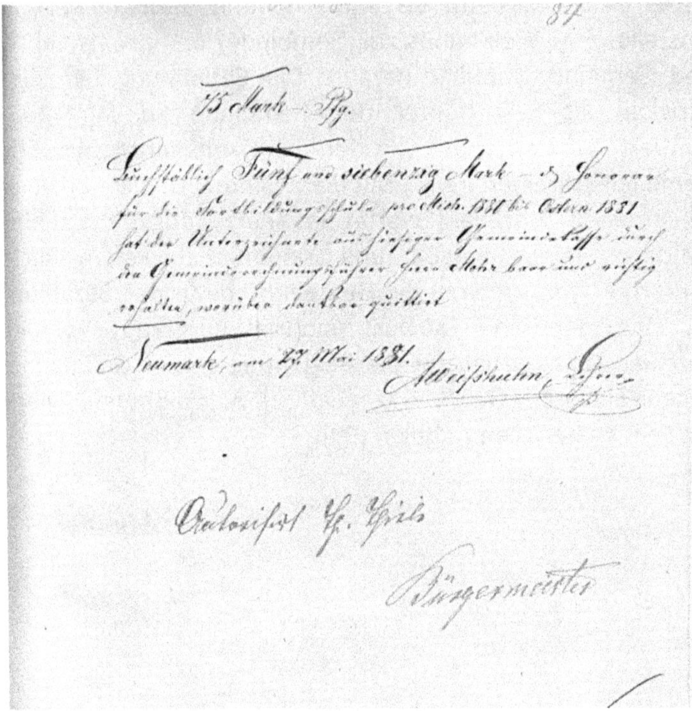

Beleg 84: Lehrer Weißhuhn quittiert die Bezahlung als Lehrer der Fortbildungsschule

Exkurs

Nach den Auseinandersetzungen der Lehrerschaft mit der Obrigkeit, ihrer Missachtung durch König und Herrschaft und der Unterstellung eines verderblichen Einflusses durch liberale Strömungen innerhalb der Lehrerschaft bis zur bürgerlichen Revolution 1848 und den Versuchen in der 2. Hälfte des 19.Jahrhunderts, sich aus der kirchlichen Bevormundung zu lösen, könnte die von Weißhuhn verwendete Formulierung auch als Ausdruck des in der 2.

Hälfte des 19.Jahrhunderts entstandenen Selbstbewusstseins der Volksschullehrer gewertet werden.
Die ambivalente Haltung der Lehrerschaft formuliert Friedrich Kreppel folgendermaßen: „Der Lehrerstand war von der herrschenden Gesellschaftsschicht nicht integriert worden, sondern befand sich soziologisch noch immer außerhalb der herrschenden Klasse" und [...] „blieb in seinem sozialen Bewusstsein zwischen den Lagern."[1]
Inwieweit diese Beschreibung der sozialen Stellung der Lehrerschaft der 2. Hälfte des 19.Jahrhunderts dazu beiträgt, die Stellung Weißhuhns in Neumark zu definieren, bleibt fraglich. Als Lehrer gehört er in der „Kleinststadt" Neumark wohl zu den Honoratioren, sieht jedoch hier die Möglichkeit, der aus der Mitte der Bürger gewählten Obrigkeit seine Missachtung zu formulieren.

4.5.2. Lehrer der II. Schule Wunderlich

Die Belege, die sich auf den Lehrer der II. Schule Wunderlich beziehen, ergeben ein völlig anderes Bild: Als Lehrer bekommt er 1881 lediglich 40 Mark Schulbeitrag für das II. Semester 1880 ausgezahlt(85) und für das I. Semester 1881 die gleiche Summe (86). Hinzu kommen für seine Tätigkeit als Steuereinnehmer der Gemeinde „für Aufstellung des Heberegisters behufs Erhebung der Gemeindeumlagen" und für Erstellen von Wahllisten für die Wahlen zum Gemeinderat nochmals 14,00 Mark (129).
Die als Einnahmen quittierten Schulbeiträge für Semester in 1880 und 1881 sind u.U. ein Hinweis darauf, dass er als Unterrichtender an der Fortbildungs- oder an der Industrieschule tätig war. Belege zu einer Besoldung als

---

[1] Kreppel, Friedrich: Der Lehrer in der Zeitgeschichte. In: Zeitgeist im Wandel, Bd. 1 .Das Wilhelminische Zeitalter.Stuttgart 1967 ,S. 209.

Lehrer wie bei Weißhuhn fehlen. Seine Tätigkeit „Wasserzubringen“ (80) für Löscharbeiten bestätigt, dass er Zugtiere besitzt, also im Nebenerwerb Bauer ist oder umgekehrt Bauer mit Nebenerwerb Lehrer. Die mangelhafte Orthographie der von ihm geschriebenen Belege ist ein Indiz dafür. In seinem Fall trifft das eingangs erwähnte Spottlied vom „armen Schulmeisterlein“ zu. Seine Fertigkeiten bei der Lösung mathematischer Probleme veranlassen die Gemeinde, ihn als Steuereinnehmer zu beschäftigen. Seine mit Sicherheit vorhandene Begabung hat – so die Annahme- aus einem Bauern einen Lehrer gemacht, der als Lehrer lt. Belegen zwar keine Besoldung als Lehrer erhält, wahrscheinlich auch kein

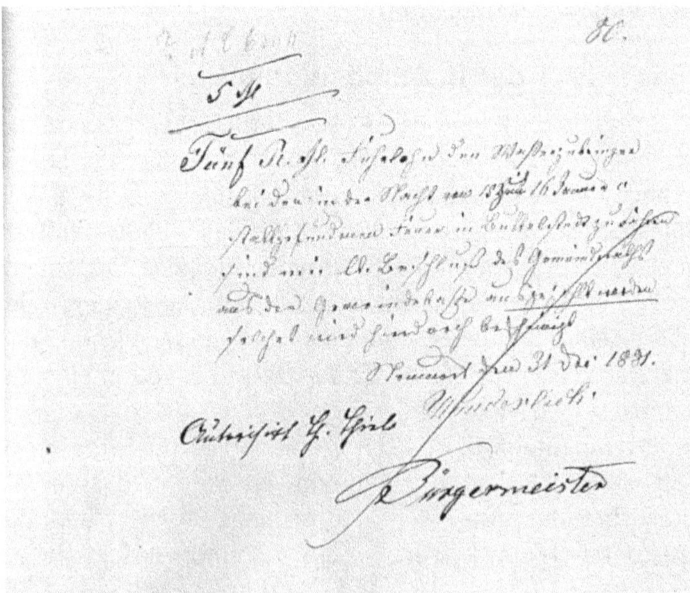

Beleg 80: Fünf R[eichs] M[ark] den Wasserzubringen

Seminar besucht hat und mit Defiziten im Bereich der Orthographie `belastet ist, für die Gemeinde Neumark jedoch im Jahr 1881 von nicht zu unterschätzendem Wert ist.

5. Recht und Gesetz

5.1. Kriminalfälle

Kriminalität- wenn man die betreffenden „Taten", die durch Gemeindebeschluss mit Geldstrafen geahndet werden, unter diesem Begriff fassen will, reduzieren sich in einem Beleg (5) auf Ruhestörung. Hier tut sich ein gewisser Albert Töpfer wegen „unbefugten Schießens" hervor, für das er mit 3 Mark Strafe belegt wird. Obendrein füllt er die Gemeindekasse wegen „ruhestörenden Lärms" mit einer Mark, so wie seine im Beleg aufgeführten sieben weiteren Leidensgenossen: Karl und Oskar Fulsche, Julius Funke, die Brüder [?] Otto und Karl Haase, Max Heyne und Hermann Schlevogt für das gleiche Vergehen ebenfalls mit einer Mark.

Fulsche und Haase tauchen als Namen in weiteren Belegen auf, der Name Schlevogt ist der Name einer alteingesessenen Neumarker Familie, so dass die anderen Beteiligten an der „Untat" u.U. keine Einheimischen sind, die natürlich als Ortsfremde die Neumarker zu solcher Straftat provozierten.

Im Übrigen scheint das Schießen mit Gewehren in Thüringen zu Hochzeiten gebräuchlich gewesen zu sein, war jedoch 1881 durch Verordnungen eingeschränkt und nur bei vorheriger Anmeldung beim Bürgermeister gestattet worden wie in Nieder- und Obergrunstedt, Hopfgarten und Schellroda.[1]

---

[1] http:www.archive.org/stream/sittenundgebruc02schmgoog (Stand 12.11.2015)

Das aufregendste Erlebnis in polizeitechnischer und kriminalistischer Hinsicht ist für Neumark im Jahr 1881 sicher die Festnahme und anschließende Überführung zweier Gefangener – Hermann Färber aus Herrnschwende[1] und Eduard Roser aus Altona – durch den Gemeindediener Christian Lange an das Amtsgerichts-Gefängnis in Weimar (22).

Der Name Färber tritt zu Anfang des 19.Jahrhunderts zum ersten Mal in den Kirchenbüchern Herrnschwendes auf. Der Hermann Färber (August Hermann Hugo Färber) des Belegbuchs wurde am 29. März 1859 in Herrnschwende[2] als Sohn des Schneiders Karl Christian Ferber und seiner Ehefrau Rebecke Christiane Henklein[3] geboren. Eltern des Karl Christian Ferber sind der Schneider Johann Andreas Färber und Wilhelmine Magdalene Göllert.[4] Ein Johann Färber taucht im Königlich Preußischen Central-Polizei-Blatt neben anderen steckbrieflich Gesuchten des Deutschen Bundes im Mai 1855[5] auf. Aufgrund fehlender weiterer Hinweise in den Kirchenbüchern Herrnschwendes ist der Verwandschaftsgrad des Johann Färber (1855) und des Hermann Färber (1881) nicht zu ermitteln.

Der Wortlaut des Steckbriefs, den empfindliche Gemüter möglichst überspringen sollten, lautet:

---

[1] Herrnschwende: Gemeinde im Landkreis Sömmerda, Verwaltungsgemeinschaft Kindelbrück, ca. 40 km nordwestlich von Neumark

[2] Taufregister der evangelischen Kirchgemeinde Herrnschwende 1859, S.99, Nr.4

[3] A.a.O. 1821, S.225, Nr.4

[4] Trauregister der evangelischen Kirchgemeinde Herrnschwende 1809, S.121, Nr.1

[5] Stieber, Dr.(Hrsg.) : Königlich-Preußisches Central-Polizei-Blatt; Jahrgang XXXVII) Berlin. 2.Mai 1855, S. 1707.

*49. (**Warnung, Färber,Albert**) Joh. Färber aus Herrnschwende,Kreis Weißensee, 40 J.alt, seit frühester Jugend geistig schwach, besuchte zwar die Schule u. wurde auch nach erhaltenem Religions-Unterricht konfirmiert, ohne daß jedoch seine Ausbildung den gewöhnlichen Grad eines Menschen seines Standes erhielt. Bei kleiner Statur, nachlässiger Haltung, schlotterndem Gange mit einwärts gebogenen Knieen, verrieth das Gesicht bei stotternder Sprache die Stumpfheit und Schwäche seiner geistigen Funktionen. Sein Benehmen wird im Allgemeinen als störrisch geschildert; er diente häufig seiner Umgebung zum Gegenstand des Witzes u. nicht zu billigender Scherze. Bei seiner Unfähigkeit zum Arbeiten ward er, um vom Betteln abgehalten zu werden, als Tagewächter in Herrnschwende benutzt, wo er von seinem Bruder unterhalten wurde. Hier befand sich auch der 2 jähr.Sohn seiner Schwester, Namens Albert; welchen der Joh.Färber öfter mit sich herumtrug. Dies geschah auch am 12.October 53, u. nachdem er mit dem Knaben fortgegangen u. nicht wiedergekommen war, wurde er Nachmittags gesucht u.endlich außerhalb des Dorfes an der Lache, einem Bache innerhalb eines Kreises von Weiden gefunden, wo er das Kind dadurch getödtet, daß er ihm die Kehle, Luftröhre und Schlund nebst großen Gefäßen und Nerven, durchbissen, alle Weichtheile am Halse abgenagt, das hervorströmende Blut getrunken, die Haut von der Brust, dem Unterleib, dem Rücken, den Armen herabgezogen u. die Fettpolster u. Fleischpartieen abgebissen und verzehrt hatte. Die eingeleitete gerichtliche Untersuchung hat die vollständigste Unzurechnungsfähigkeit des Färber in Bezug auf die That ergeben; als einziges Motiv giebt er an, daß er habe Fleisch essen wollen,um groß u werden; von Reue über die That, so wie von einem Bewußtsein, daß er ein Verbrechen begangen habe, hat sich bei dem F.keine Spur gezeigt. Er ist*

als gemeingefährlicher Irrer in die Irrenbewahranstalt in Halle aufgenommen worden.
Erfurt 55
K.P.Regierung[1]

Ein Gemeindepolizist als Geleit existiert [noch] nicht, da dessen Aufgaben sich aus denen des Gemeindedieners und/oder Nachtwächters im späten 19. Jahrhundert entwickelten. Die Aufsicht „über ortspolizeiliche Tätigkeit der Gemeindevorstände"[2] führte seit der Einführung der Gemeindeordnung für das Großherzogtum vom 28.Januar 1854 der an der Spitze der Verwaltung des Verwaltungsbezirks stehende Bezirksdirektor. Wie auch später für den Polizeidienst war die Gemeinde für Anstellung und Unterhaltung des Gemeindedieners verantwortlich.[3]
Christian Lange begleitet ebenso den Dienstknecht Christopf Heinrich Reinhard aus Kölleda (23) an das Großherzogliche Amtsgericht nach Weimar.
Die Vergehen, die zum Geleit der Gefangenen durch Christian Lange an das Amtsgericht führten, sind nicht genannt.
Eine auf ewig ungelöste Frage bleibt, wer sich in der dunklen Jahreszeit 1881 mit Kriminalität auf theoretischer Ebene befasst: Am 2.November wird in Weimar ein „Lehrbuch der Kriminalpolizei" (125) für 2,63 Mark mit Mitteln aus der Gemeindekasse bei Hermann Petersilie[4], einem Angehörigen (Diener) der mit Justizangelegenheiten befassten

---

[1] Königlich Preußische Regierung
[2] Kronfeld, C. : a.a.O,
[3] vgl. http://www.sachsen-polizeigeschichte.de/40649.html, (Stand 09.02.2013)
[4] Eingesessene Weimarer Familie; z.B. Johann Heinrich Petersilie Hofmusicus in Weimar

Landesverwaltungsbehörde beglichen. Der Beleg ist im oberen linken Bereich mit eingedrucktem Papiersiegel „Großherzogtum Sachsen" mit Wappen versehen.

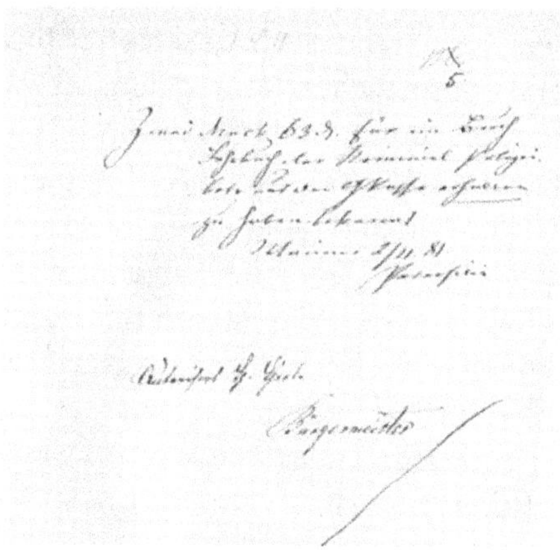

Beleg 125 : Quittung des Herrn Petersilie

5.2. Die Landarme Marie Barthel

Wenn im ausgehenden 20. und zu Beginn unseres Jahrhunderts Armut und Not in Teilen der Bevölkerung im demokratisch verfassten Staat durch Parlamentsdebatten und anschließender Gesetzgebung gemildert oder verhindert werden soll, so besteht im ausgehenden 19. Jahrhundert diese Aufgabe in weitaus größerem Maße als Problem staatlicher Fürsorge.

Exkurs

Mit der Einführung der Versicherungspflicht für die arbeitende Bevölkerung durch die Bismarck´sche Sozialgesetzgebung wird ein erster Schritt getan, um die existentielle Not dieser Bevölkerungsgruppen zu lindern. Die Absicht, mit diesen Maßnahmen die wachsende Zustimmung

zu Programmen der entstandenen Interessenvertretungen dieser Bevölkerung, den Gewerkschaften und der SPD, zu unterbinden, misslang.
Auch auf dem Land existierte Not und Armut, so dass der Staat sich gezwungen sah, mittels Gesetzen hier entgegenzuwirken. Vor einer gesetzlichen Neuregelung durch Preußen, den Norddeutschen Bund und Übernahme der Gesetze im Deutschen Reich nach 1871 war die öffentliche Unterstützung hilfsbedürftiger Personen und deren Anspruch auf Unterstützung mit der Gemeindezugehörigkeit verbunden, d. h. Unterstützung bekam die Person nur durch die Heimatgemeinde und nicht mehr bei Wohnsitzwechsel.
Dieser Unterstützungswohnsitz[1], der mit der Gemeindezugehörigkeit verbunden ist, weicht einer Freizügigkeit, auch bei Wohnsitzwechsel Unterstützung zu bekommen. Der Errichtung von Armenverbänden folgt die Verpflichtung, bis zum 1.Juli 1871 Ortsarmenverbände einzurichten. Die Fürsorge für Hilfsbedürftige, zu deren Unterstützung „kein Ortsarmenverband verpflichtet war"[2], wurde „durch die Ortarmenverbände und die Landarmenverbände gewährt, und zwar können die Ortsarmenverbände aus einer oder mehreren Gemeinden oder Gutsbezirken zusammengesetzt sein, während die Landarmenverbände entweder mit dem Staatsgebiete des betreffenden Bundesstaates (Kleinstaates), der die Funktionen des Landarmenverbandes selbst übernimmt, zusammenfallen oder besonders gebildet und dann in der

---

[1] Unterstützungswohnsitz : Verband, der zur öffentlichen Unterstützung einer hilfsbedürftigen Person verpflichtet ist
[2]http://de.wikipedia.org/wiki/Armenverband, (Stand 09.02.2013)

Regel aus mehreren Ortsarmenverbänden zusammengesetzt sind“[1].
Bestimmten Landesgesetze die Zuständigkeit der Landarmenverbände „für einzelne Zweige der Armenpflege(...), so gingen auf diese die Pflichten und Rechte der Ortsarmenverbände über“[2]. In den Landesgesetzen wurde auch die Art und Menge der dem Bedürftigen zu gewährenden Unterstützung festgelegt.

Was hat die alles mit Neumark zu tun? Ein Ortsarmenverband für Neumark ist nicht belegt, aber eine Landarme lebt im Jahre 1881 in Neumark: Marie Barthel.
Mit dieser „als Landarme anzuerkennende[n] Ledige[n] Marie Barthel“ (10) befassen sich zwei Belege, der zitierte Beleg 10 und Beleg 101.
Die Anerkennung der Marie Barthel als Landarme geschieht durch einen Beschluss der Großherzoglich Sächsischen Landarmen-Kommission vom 1. Januar 1882, der vom Vorsitzenden Genast [?] unterzeichnet ist. Die Erstattung des der Gemeinde Neumark vom 24. Mai bis 31. Dezember 1881 „ erwachsene[n] [...] Kostenaufwand[s] von 46 Mark 82 Pfennig“ (10) obliege dem Landarmenverband und die Verwaltung der Großherzoglichen Hauptstaatskasse wird beauftragt, den Betrag der Gemeinde Neumark zu erstatten.
Die Hauptstaatskasse zu Weimar entstand 1850 durch die Vereinigung des Landrentamtes (Kammerkasse) und der Haupt- Landschaftskasse. Sie war dem Staatsministerium, Departement der Finanzen, unterstellt und wurde 1923

---

[1] Meyers Großes Konversations-Lexikon.Bd.19, Leipzig 1909, S. 943.
[2] WIKIPEDIA, Armenverband a.a.O.

aufgelöst.[1] Dieser Beschluss wird in Abschrift durch den Großherzoglichen Direktor des I. Verwaltungsbezirks[2] dem Gemeindevorstand Neumarks zugeleitet. Das Großherzogtum Sachsen-Weimar-Eisenach übernimmt in 1881 die Aufgabe des Landarmenverbandes mit der Erstattung der Kosten, die von der Gemeinde verauslagt wurden, nachdem im Vorlauf die Landarmenkommission des Landarmenverbandes gewirkt hat.

Neben dieser Kostenerstattung durch den Landarmenverband, sprich Großherzogtum Sachsen-Weimar-Eisenach, werden an Marie Barthel vom 1. Mai bis zum 31. Dezember 1881 durch den Bäcker Richard Klemm 234 Pfund Brot im Wert von 37,88 Mark geliefert, die ihm aus der Gemeindekasse erstattet werden (101).

An dieser Stelle bleiben folgende Fragen offen:

-Deckt die Erstattung von Auslagen der Gemeinde in Höhe von 46,82 Mark durch den Landarmenverband für „Verpflegung"(10) auch die dem Bäcker von der Gemeinde erstattete Summe von 37,88 Mark? Wenn ja, bleibt ein Rest von 9,06 Mark, dessen Verbleib nicht belegt ist.

- Ist die Lieferung des Brotes an die Landarme, erstattet durch die Gemeinde, eine im Gesetz vorgeschriebene Leistung der Gemeinde oder des eventuell bestehenden Ortsarmenverbandes, auf die zusätzlich Anspruch besteht?

---

[1] vgl:http://archive-in-thueringen.de/index.php?major=archiv&acti..., Stand :09.02.2013

[2] Der Direktor des Verwaltungsbezirks ist zur Mitwirkung in Armen-Angelegenheiten zur Ausführung des Bundesgesetzes über den Unterstützungswohnsitz verpflichtet.

5.3. Neumark gegen Schrötersche Erben (112)

Der im Belegbuch unter der Ziffer 112 eingeordnete Beleg stellt aufgrund seines Umfangs eine Besonderheit dar und berührt ein Thema, welches im 19. Jahrhundert nicht nur die Gemeinde Neumark zu einem Prozess vor Gericht veranlasste.

Die am 25. März 1881 ausgestellte und am 27. Juli durch die Gemeinde liquidierte Kostenaufstellung des Rechtsanwalts Voigt aus Weimar „An den verehrlichen Gemeindevorstand Neumark bei Weimar[...] in Sachen der Gemeinde Neumark gegen die Schröterschen Erben" (112) enthält mehrere Hinweise darauf, dass es sich bei dem Streitgegenstand mit einiger Sicherheit um ein oder mehrere Grundstücke handelt. Da der Name Schröter außer in diesem Beleg im Belegbuch nicht mehr auftaucht, ist anzunehmen, dass durch einen Erbfall in Neumark eine Familie vor Gericht zitiert wird, die nicht mehr in Neumark ansässig ist.

Welche Hinweise in der Kostenaufstellung des Anwalts bestätigen die Annahme einer gerichtlichen Auseinandersetzung in einer Grundstückssache?

Es sind die Erwähnungen der Begriffe „Rezess" und „Auseinandersetzungsplan" sowie die vom Anwalt verauslagten Kosten (Verläge) an großherzogliche Behörden: die „Generalkommission" und die „Kameral-Kommission". Um das Verfahren einordnen zu können, sind einige Erläuterungen zum bäuerlichen, Gemeinde- und herrschaftlichen Grundbesitz des 19.Jahrhunderts notwendig.

Exkurs

Mit der Bauernbefreiung zu Beginn des 19.Jahrhunderts in deutschen Bundesstaaten, d.h. der Aufhebung der bäuerlichen Abhängigkeit vom Grundherren, konnte eine

Ablösung der Pflichten oder das volle Eigentum an den eigenen Höfen nur durch Entschädigungszahlungen der Bauern an den Grundherren erreicht werden. Dies bedeutete zwar eine Aufhebung der Leibeigenschaft, verschuldete jedoch die meisten Bauern, die das Recht auf Ablösung in Anspruch nahmen, auf Jahrzehnte.[1]
Waren die Schulden getilgt und der Bauer Herr seines Grundbesitzes, verhinderten weitere Umstände eine sinnvolle, ertragreiche Bewirtschaftung seiner Ackerflächen:
Bei dem noch bestehenden, aus der germanischen Allmende hervorgegangenen gemeinschaftlichen Eigentum der Gemeinde handelte es sich um Weideland, Waldbesitz zum Holzeinschlag und Flächen, die allen zur Fischerei und Torfgewinnung usw. zur Verfügung standen. Hinzu kamen z.B. Nutzungsrechte wie das Nachrechen auf abgeernteten Feldern, Grasschnitt oder Fruchtgewinnnung von einzelnen Stücken fremder Äcker (Deputatbeete) usw.[2]
Die gemeinsamen Nutzungs- und Eigentumsrechte „an landwirtschaftlichem und forstlichem Gelände [Gemeinheit]"[3] wurden als Hindernis einer wirtschaftlichen Entwicklung erkannt, so dass erneut staatliches Handeln zum Zwecke wirtschaftlicher Stärkung des Gesamtstaates erforderlich wurde: „Die Aufhebung wirtschaftlicher Gemeinheiten [Gemeinbesitz der Gemeinde] durch Verteilung der in der gemeinsamen Benutzung von Gemeinden verbliebenen Ländereien unter den einzelnen Nutzungsberechtigten und durch Ablösung von Grunddienstbarkeiten"[4] wurde als

---

[1] vgl. Dipper, Christof: Die Bauernbefreiung in Deutschland 1790-1850.Stuttgart 1980
[2] vgl. http:de.wikipedia.org/wiki/Gemeinheitsteilung. (Stand 09.02.2013)
[3] Meyers Großes Konversationslexikon,Bd.7. Leipzig 1907, S. 535.
[4] a.a.O., S. 536.

Gemeinheitsteilung [auch Gemeinteilung, Separation] durch Verordnungen oder Gesetze realisiert. Die Verordnungen und Gesetze regelten die Mitwirkung von Auseinandersetzungsbehörden wie in der königlichen Verordnung vom 20. Juli 1817 in Preußen die Einrichtung von Generalkommissionen. Gleichzeitig wurden Voraussetzungen definiert, unter denen Teilungsinteressenten zur Teilung gezwungen werden konnten.[1]
Eine Gemeinheitsteilung konnte eine „Generalteilung" zwischen verschiedenen Gemeinden sein oder eine „Spezialteilung", die innerhalb einzelner Gemeinden erfolgte. Falls nicht sämtliches Gemeindeeigentum einer Gemeinde in einer Gemarkung aufgeteilt wurde, sondern nur ein Teil der Nutzungsberechtigten aus dem Gemeindeeigentum ausschied, stand wie bei der Aufteilung des gesamten gemeinsamen Eigentums (Realteilung) jedem Nutzungsberechtigten eine Abfindung – möglichst in Form von Land - zu.
Wie schon erwähnt, hatte Preußen in der beschriebenen Entwicklung zur gesetzlichen Regelung der Fragen eine Vorreiterrolle inne, nicht zuletzt wegen der Notwendigkeit einer Regelung in seinen östlichen Provinzen, die als Reservoir landwirtschaftlicher Produkte für die Ernährung der Bevölkerung der westlichen Provinzen entwickelt werden mussten. Andere Bundesstaaten führten zum Teil recht spät die Gemeinheitsteilung durch [in Sachsen nach dem Gesetz von 1873] oder wie die süddeutschen Staaten aufgrund unterschiedlicher wirtschaftlicher Gegebenheiten nur in Teilgebieten – zum Beispiel dem Weiderecht- oder gar nicht. Das Gemeineigentum der Gemeinde am Wald war meist von

---

[1] vgl.im Folgenden a.a.O., S. 535-536.

der Gemeinheitsteilung ausgeschlossen, da die Erhaltung gemeinsamen Waldbesitzes im Interesse der Forstkultur war. Mit der Gemeinheitsteilung strebte man auch eine freie und bessere Nutzung der Ackerflächen durch Flurregelungen[1] an: durch Anlage von Entwässerungsgräben zum Entfeuchten von Ackerflächen, Zusammenlegung und Tausch von Grundstücken zwecks Beseitigung zeitaufwändiger Fahrten zu den zerstreut liegenden Äckern, Anlage neuer Wege, da Nutzungsrechte fremder Äcker zum Wenden beim Pflügen entfielen usw.

5.3.1. Der Rezess[2]

Der Kostenaufstellungsplan des Anwalts Voigt nennt als erste der durch die Gemeinde Neumark zu liquidieren Kosten die „Einsicht des Rezesses." (112) Der Rezess ist ein rechtlicher Begriff, der im Landes- oder Ortsrecht eine Rolle spielt und sowohl eine Auseinandersetzung als auch einen Vergleich über strittige Verhältnisse beschreibt. Rezesse sind als Vergleich Vereinbarungen, die mit Hilfe staatlicher Behörden Verträge darstellen, die für alle Beteiligten verbindlich sind. Unter den bekannten Rezessen wie z.B. Schulrezess, Wegebaurezess, Grenzrezess usw. sind für den Fall Neumark gegen Schrötersche Erben sowohl der Erbrezess als auch Rezesse, die „ortsrechtliche Regelungen über die Allmende [Gemeinheitsteilungen] oder Spezialteilungen von Gemeinheiten"[3] betreffen, wichtig. Im Erbrezess wird nach Eintritt eines Erbfalls ein Vergleich zwischen den Erben über die Verteilung des Erbes geschlossen. Auseinandersetzungen

---

[1] vgl.Meyers Großes Konversations-Lexikon Bd. 6, Leipzig 1906, S. 725-730.

[2] lat. recedere – zurückgehen, zurückweichen; recessus - Rücktritt

[3] http://de.wikipedia.org/wiki/Rezess, (Stand 09.02.2013)

zwischen Bauern und Gutsherren über das Besitzrecht der Bauern an den vom Gutsherren bewirtschafteten Grundstücken konnten laut Edikt von 1811 in Preußen mittels des Rezesses [Vertrags] beigelegt werden. In einem Gemeinderezess von 1851 über „ die Spezialteilung der Gemeinheiten“[1] wurde über die Zusammenlegung von Grundstücken eine Urkunde „zur Vermeidung häufiger Irrungen und Streitigkeiten und zur Sicherstellung der Gerechtsame und Verpflichtungen eines jeden Interessenten“[2] ausgestellt.
Da im vorliegenden Fall ein Rezess vorhanden ist, kann vermutet werden, dass sich nach dem Eintritt des Erbfalls eine Gemengelage entwickelt hatte, die nach Einigung der Erben in einem Vergleich/Rezess die Gemeinde veranlasste, dagegen gerichtlich anzugehen, weil die im Rezess geregelten Erbverhältnisse den Interessen der Gemeinde an einer ihr genehmen Grundstückslage entgegenstand.

5.3.2. Die Generalkommission

Die Generalkomissionen[3] wurden in Preußen neben Spezialkommissionen und Revisionskollegien im Zuge der Gemeinheitsteilung durch königliche Instruktion vom 17.Oktober 1811 und Verordnung vom 20. Juni 1817 eingerichtet. Sie waren „die Behörden erster Instanz für Gemeinheitsteilungen und Ablösungssachen“[4]. Wie in anderen Bereichen der Gesetzgebung ist die Preußens für andere Bundesstaaten des Deutschen Reiches auch im

---

[1] a.a.O.
[2] zitiert in : http:/ de.wikipedia.org/wiki/Rezess ,(Stand 09.02.2013)
[3] vgl. Brockhaus Kleines Konversations-Lexikon, Bd.1.Leipzig 1911, S. 661.
[4] a.a.O.

Bereich der Neustrukturierung des Landbesitzes nach der Ablösung vorbildgebend und die Institutionen werden analog eingerichtet, auch im Großherzogtum Sachsen-Weimar-Eisenach.
Im Nachklang der Revolution von 1848 wurde im Oktober 1850 das „ Revidierte Grundgesetz über die Verfassung des Großherzogthums Sachsen-Weimar-Eisenach“ verabschiedet. Ergänzend waren neue Gesetze notwendig, was auch im Jahr 1850 mit dem Gesetz über die Neuorganisation der Staatsbehörden, das Gesetz über die Wahl der Bezirksausschüsse und mit der neuen Gemeindeordnung geschah.[1] Zur Durchführung der erlassenen Gesetze richtete man neue Behörden ein, so auch die „Generalkommission für die Ablösung grundherrlicher Rechte“[2].

5.3.3. Die Kameral[3] - Kommission

Der im Großherzogtum Sachsen- Weimar Eisenach verwendete Begriff „Kameral-Kommission“ ist identisch mit dem in den meisten deutschen Staaten des 19.Jahrhunderts gebräuchlichen Begriff der „Kammer-Kommission“. Kammer meint die Behörde, die ursprünglich die Privateinkünfte fürstlicher Häuser, deren Kammergüter (Domänen), Forste und Zölle verwaltete.[4] Von besonderer Bedeutung war unter

---

[1] vgl. Heß, Ulrich : Geschichte der Behördenorganisation der thüringischen Staaten und des Landes Thüringen von der Mitte des 16.Jahrhunderts bis zum Jahre 1952.Jena/Stuttgart 1993

[2] Heß 1993, S. 77.

[3] Der lateinische Begriff „camera“, Gewölbe, gewölbtes Zimmer, enthalten im deutschen Begriff „Kammer“, ist ursprünglich der Ort, an dem die fränkischen Könige ihr besonderes Eigentum verwalteten. (Meyers Großes Konversations-Lexikon, Bd. 10.Leipzig 1907, S. 517.

[4] Pierer Bd. 9, Altenburg 1860, S. 265.

dem Kammervermögen der zum Teil beträchtliche Grundbesitz der Fürstenhäuser. Im Großherzogtum Sachsen-Weimar- Eisenach bestand dieser Besitz aus ca. 15 % des Staatsgebietes.[1] Das Kammervermögen stand ausschließlich der fürstlichen Hofhaltung zur Verfügung.

Da diese Einkünfte im Staatshaushalt fehlten, gelang es im Jahr 1848, die parlamentarische Kontrolle über den gesamten Staatshaushalt durch den Landtag zu erreichen und damit auch die Aufsicht über das zum Staatsgebiet erklärte fürstliche Kammergut. 1854 wurde zwar im Großherzogtum im Gefolge restaurativer Gegenbewegung die Verstaatlichung des Domänenvermögens zurückgenommen, die Verwaltung des Vermögens verbleibt jedoch beim Staat. Lediglich aus einem Teil des Domänenvermögens, dem sogenannten Krongut, gewährte man dem großherzoglichen Haus eine Dominalrente (Civilliste).[2]

Mit der Verwaltung der Einnahmen aus Domänenvermögen und Einkünften anderer Art sowohl vor 1848 als auch nach Etablierung der staatlichen Aufsicht waren die Kammerkollegien befasst. Die Arbeit der Kammerkollegien war ortsgebunden am Hof oder Regierungssitz, so dass „Ort, Zeit, Beschaffenheit der Sache(...) eines Kammer- und Finanz-Collegii (Finanzkollegiums) [...]daher die Commissionen[...] nothwendig [machen]“[3]. Die Kammer-Kollegien, hier die Kameral-Kollegien, wurden ad hoc zur Untersuchung und Berichterstattung über eine Streitsache an die Kollegien aus Mitgliedern der Kollegien, bei den Kollegien angestelltem

---

[1] Heß 1993, S. 65.

[2] a.a.O., S. 66.

[3] http://www.kruenitz1.uni-trier.de/cgi-bin/getKRArticles.tcl?tid=KK00596+opt=1-0+1..., (Stand 09.02.2013)

Personal oder eigens ernannten Commissions-Räten, Cammer-Commissaren oder Land-Commissaren gebildet.[1]

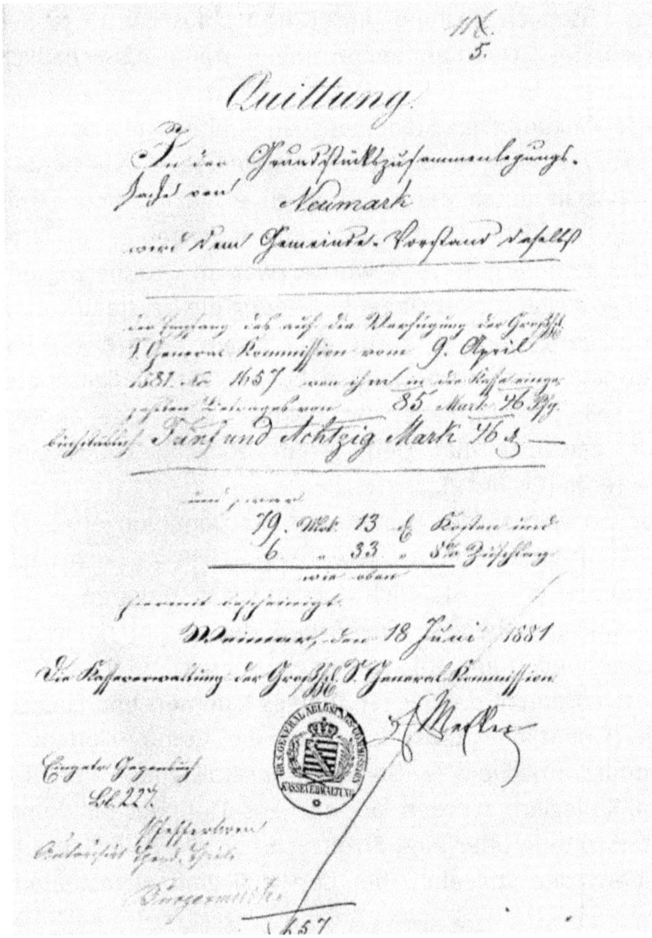

Quittung

Für den Grundstückzusammenlegungs-Sache von Neumark

wird dem Gemeinde-Vorstand daselbst

der Empfang des auf die Verfügung der Großh. S. General Kommission vom 9. April 1881 No. 1657 von ihm in die Kasse eingezahlten Betrages von 85 Mark 46 Pfg

buchstäblich Fünfundachtzig Mark 46 —

und zwar

79 Mk 13 Kosten und
6 „ 33 „ 5% Zuschlag

wie oben

hiermit bescheinigt.

Weimar, den 18 Juni 1881

Die Kassenverwaltung der Großh. S. General Kommission

Beleg 115: Quittung der Großherzoglich Sächsischen Generalkommission über Bezahlung der Kosten einer Grundstückszusammenlegung

---

[1] a.a.O.

5.3.4. Auseinandersetzungsplan

Die in der Rechnung des Anwalts an zweiter Stelle aufgeführte Position „Einsicht in den Auseinandersetzungsplan“ (112) belegt ebenfalls, dass es sich im Verfahren Gemeinde Neumark gegen die Schröterschen Erben um Differenzen hinsichtlich eines/ mehrerer Grundstücke handelt.
Im „Gesetz über das Verfahren in Familiensachen und in den Angelegenheiten der freiwilligen Gerichtsbarkeit Buch 4, Verfahren in Nachlass- und Teilungssachen § 342-373“ werden in Abschnitt 3 Verfahren in Teilungssachen in den §§ 363-373 abgehandelt.[1] § 368 definiert in 3 Absätzen den Auseinandersetzungsplan und die Bestätigung (desselben). Absatz 1 bestimmt, dass „nach Lage der Sache die Auseinandersetzung stattfinden“[2] könne und „das Gericht einen Auseinandersetzungsplan anzufertigen“[3] habe, der, nachdem alle Beteiligten einverstanden sind, durch das Gericht beurkundet und bestätigt wird.
Weitere Positionen der Kostenaufstellung des Anwalts deuten darauf hin, dass die Auseinandersetzung zuungunsten der Gemeinde ausging: Neben Gesuch, Akteneinsichten und Aktenauszügen werden vom Anwalt 7 x Eingaben bei Gericht und zweimal Gerichtskosten geltend gemacht. Chronologisch folgen in der Auflistung der erstmalig anfallenden Gerichtskosten die Appellation (Anfechten einer Entscheidung) und kurz darauf ein „Hülfsantrag“ (112), der nach der Zivilprozessordnung zusätzlich zu einem Hauptantrag gestellt und über den entschieden wird, wenn über den Hauptantrag negativ entschieden, er also

---

[1] http://dejure.org/gesetze/FamFG/368html (Stand 3.2.2013)

[2] a.a.O.

[3] a.a.O.

zurückgewiesen wurde.[1] Die folgenden, von der Gemeinde zu liquidierenden Kosten für „Imploration“ (Gesuch)[2], „Beschwerde“ und „Eilantrag“ und nochmals „Beschwerde“ lassen deutlich erkennen, dass die Gemeinde Neumark verzweifelt versucht, der Niederlage vor Gericht zu entkommen.

6. Der Pfarrer, die Kirche, die Glocken und anderes Kirchliche

Die Stellung des Pfarrers als dem Vertreter der evangelisch-lutherischen Kirche Thüringens in Neumark ist sowohl durch seine persönliche Erscheinung und Wirkung- wie auch noch heute-, als auch durch seine Rolle, die er aufgrund der noch engen Bindung von Staat und Kirche im 19.Jahrhundert spielt, definiert.
Über das Wirken W. Schäfers als Person und als Seelsorger enthält das Belegbuch keinerlei Hinweise. Einige Belege zeigen jedoch die noch existierende, aus mittelalterlichen Gepflogenheiten und kirchlichen Rechten stammende Verflechtung von staatlichen und kirchlichen Interessen deutlich auf. Die Einbindung des 1881 in Neumark amtierenden Pfarrers in das Gemeindeleben besteht nicht nur in seinem Wirken bei Taufen, Hochzeiten, Konfirmationen, Beerdigungen und Predigten am normalen Sonntag sondern tritt besonders an hohen Festtagen wie z.B. dem Sedanstag oder der 1879 gestalteten Feier zur Einweihung der renovierten Kirche (vgl. unten) wirkungsvoll in Erscheinung.

---

[1]http://www.juraform.de/lexikon/haupt-und- hilfsantrag; (Stand 03.02.2013)
[2] Pierer, S. 837.

Einen nicht zu unterschätzenden Einfluss auf das Gemeindeleben hat der Pfarrer durch seine Funktion als Ortsschulaufseher (siehe Bildung, Schule). Das amtliche Beurteilungswesen verpflichtet „den Ortspfarrer [...] auch über das religiös-sittliche und staatsbürgerlich-politische Verhalten der Lehrer zu berichten“[1]. Das Ehrgefühl der Lehrer wurde sicher dadurch empfindlich verletzt, indem „der Pfarrer seine Aufsicht bis in die Privatbibliothek des Lehrers ausdehnte, reformpädagogische Schriften daraus entfernen ließ, ja sogar das unmoralische Privatleben des Schulmeisters im Kirchengebet thematisierte“[2]. Diese Berichte gehen an den Bezirksschuldirektor. Welches Bild hinsichtlich des Verhaltens der beiden Neumarker Lehrer, Weißhuhn und Wunderlich, die Berichte des Pfarrers Schäfer an den Bezirksschuldirektor 'malen' ist unbekannt. Die Verbindung zum Schulwesen Neumarks besteht für W. Schäfer auch in der Funktion des Kassenverwalters der Industrie-Schule. Für das Buchungswesen erhält er 24 Mark im Jahr 1881 (128) aus der Gemeindekasse. An dieser Stelle stellt sich die Frage, aus welchen Quellen die für die Existenz des Pfarrers und seiner Familie notwendigen Mittel stammen.
Diese stammen, wie schon Beleg 128 zeigt, nicht nur aus den von der Landeskirche gestellten: der Besoldung und dem unentgeltlichen Wohnen oder Wohnen für einen eher symbolischen Beitrag im Pfarrhaus, wie noch nach 1945 üblich. Ein geringer Teil der Mittel wird auch durch die

---

[1] Chowaniec, Elisabeth: Der Fall Dohnanyj: 1943-1945 – Widerstand, Militärjustiz, SS-Willkür. Schriftenreihe der Vierteljahreshefte für Zeitgeschichte, München 1991, S. 26.

[2] Kittel, Manfred: Provinz zwischen Reich und Republik. Politische Mentalitäten in Deutschland und Frankreich 1918-1933/36, München 2000, S. 63.

Gemeinde aufgebracht. Beleg 81 nennt zwei Positionen an Barmitteln: 15 Mark erhält W. Schäfer als Besoldung, deren Grundlage nicht erläutert wird, und 30 Mark „Holzfuhrgeld“. Das Holzfuhrgeld meint sicher nicht nur den Transport/ die Belieferung des Pfarrhauses mit Brennholz, sondern bezieht sich auch auf das gelieferte Holz. Eine von der Gemeinde aus dem Gewohnheitsrecht stammende oder rechtlich verpflichtende Naturalabgabe wird in Bargeld umgerechnet und ausgezahlt.

Ein ähnliches Vorgehen bietet Beleg 82. Hier erhält W. Schäfer als „Pfarrer und Verwalter der Diakonatsstelle“ 4,80 Mark in bar für „Festbier an den 3 hohe[n] Festen“ (82). Um welche Feste es sich handelt, weltliche oder kirchliche, ist nicht festzustellen. Neben der Erkenntnis, dass in Neumark der Pfarrer auch die Diakonatsstelle versieht, gibt Beleg 82 den Hinweis auf tradierte Verpflichtungen der Gemeinde zu Naturalabgaben an den Pfarrer, die im Jahr 1881 bar ausgezahlt werden.

Eine Spur solcher Art Naturalabgaben an den Pfarrer durch die bäuerliche Bevölkerung war sicher – zwar auf freiwilliger Basis- noch in den 50 er Jahren des vorigen Jahrhunderts die Gabe einer mehr oder weniger gehaltvollen Wurstsuppe/Schlachtschüssel an das Pfarrhaus. Die Einladungen an das Pfarrerehepaar durch die einzelnen Familien zur Kaffeetafel am Nachmittag der Konfirmation fallen ebenfalls in diese Rubrik tradierter dörflicher Gewohnheiten. Die Nachmittage endeten mit der Heimkehr des ‘Basters‘ und seiner Ehefrau – bestückt mit einem Päckchen wohlsortierten Kuchens – zu den, auf diese ‘Naturalabgabe‘ sehnsüchtig wartenden Kindern.

Eine weitere Nebeneinkunft des Pfarrers Schäfer im Jahr 1881 besteht in der Auszahlung von 24 Mark an Zinsen [Interesse] von „600 Mark Lebertsche[m] Armenlegat“ (99b). Das Legat

hat als Vermächtnis oder Stiftung den Sinn, aus den jährlich anfallenden Zinsen bedürftigen Personen Hilfe leisten zu können.
Wenn nun der Pfarrer Adressat eines solchen Legats ist, bedeutet dies, dass die Pfarrer ländlicher Gemeinden, wenn nicht im Jahr 1881, dann doch zur Zeit der Stiftung des Legats, nicht zu den Begüterten des Landes zählten. Insofern bleibt offen, ob die Zinsen des von der Gemeinde verwalteten Legats dem Pfarrer selbst zu Gute kommen, oder ob dieser damit Bedürftige der Gemeinde unterstützt.
Einige Belege zeigen auf, wozu die Gemeinde im Dienst der Kirche verpflichtet war oder sich freiwillig verpflichtet hatte: Die Gemeinde bezahlt für „ zwei neue Fenster im Thurm“ (29) an den Tischlermeister Helbig 6 Mark. Es handelte sich hierbei sicher, soweit sich der Verfasser erinnern kann, um die kleinen, nach dem 2. Weltkrieg nicht mehr vorhandenen Fenster auf dem Weg in das Glockengeschoss des Turmes.

Fensterlaibung auf dem Weg ins Glockengeschoss (1959)

1881 befinden sich im Turm der Kirche St. Johann drei Glocken, deren Geläut die Gläubigen zum Ärgernis oder zur Freude bei mancher Gelegenheit und besonders am unter Umständen der Ruhe gewidmeten Sonntag zum Gebet ruft.
Karl Friedrich Barthel, Hermann Noka und Kaspar Barthel bekommen „[...] für die kleine Glocke auf den Monat October

1881 zu läuten[...]" (127) 1,50 Mark, während das „[...]läuten der großen Glocke auf Jahr 1881" (132) durch Hermann Necke die Gemeinde 24 Mark kostet. Wenn im Text von der kleinen Glocke die Rede ist, so bedeutet dies, da ja die Glocken per Hand und Seil geläutet wurden, dass mindestens zwei Personen die Seile der links und rechts neben der großen Glocke hängenden kleinen Glocken bedienen mussten. Die kleinen Glocken wurden ,'im Dienst des Vaterlandes 1917 eingeschmolzen.

Historische Bronzeglocke von 1601 „Rieteselglocke"

Die historische Bronzeglocke, von Hermann König 1601 in Erfurt gegossen und nach der in Neumark ansässigen Adelsfamilie und Spenderfamilie von Rietesel 'Rieteselglocke' benannt, überstand unbeschadet die folgenden Kriege und rief 1881 so wie heute die Gläubigen zur Andacht.[1]

---

[1] vgl. Schmidt, Marcus: Thüringer Glocken – ein historischer Abriss. In: www.turmuhren-glocken.de/download/historisches.pdf. (Stand: 05.02.2013)

Die im Lauf der Jahre vorgenommene, denkmalwidrige Aufhängung der Glocke auf ein Stahljoch und die Veränderungen im Bereich der Aufhängung an ihr selbst wurden im Zuge einer Restaurierung rückgängig gemacht. Die Rieteselglocke wurde wieder nach originalem Vorbild an einem geraden Eichenholzjoch befestigt.[1] Spendenaktionen der Gemeinde, anderer Förderer und Lottomittel des Freistaates Thüringen ermöglichten 2011 den Guss zweier kleiner Glocken in Karlsruhe, die nun wieder einen Dreiklang ermöglichen, den auch die Zeitzeugen von 1881 genießen durften.[2]

Die Bedeutung Neumarks ist im Laufe seiner Geschichte einem Auf und Ab unterworfen. Hat der Guss zweier Glocken für die Kirche des Städtchens Aufmerksamkeit erregt, so ist doch ein für den kirchlichen Bereich immenser Bedeutungsverlust Neumarks zu verzeichnen. Im Jahr 1796 nennt das „Journal für Prediger[3] Johann Gottfried Müller als Pastor und den Herrn Timotheus Heinrich Wenzel als Diakonus. Noch im Jahr 1822 wird der Pfarrer Neumarks Johann Wilhelm Umlauf zum Superintendenten der Diözese Neumark ernannt:

„Die Diöces Neumark hat ihren Sitz zu Neumark, und besteht aus folgenden Orten: Ballstädt, Berlstädt mit Ottmannhausen, Daasdorf b./B. (Buttstädt)*, Gaberndorf mit Daasdorf a./B.* (am Berg) *und Tröbsdorf, Heichelheim, Hottelstädt, Liebstädt mit Goldbach, Neumark, Groß- und Kleinobringen, Ramsla mit Ettersburg, Stedten, Wohlsborn. Die Kirchen-Kommission für die Orte diese Sprengels bestehet aus dem Superintendenten*

---

[1] Schmidt, Marcus, a.a.O.

[2] thueringer - allgemeine.de vom 07.11.2011

[3] Journal für Prediger, Ein u. dreißigsten Bandes erstes Stück. Halle 1796, S. 323.

zu Neumark und aus zeitherigem weltlichem Kirchen-Kommissar."[1]
Die seit 1822 selbständige Superintendentur Neumark wurde 1850 aufgehoben und im Jahr 1881 steht dem Pfarrer Neumarks kein Diakon mehr zur Seite.[2]

Ansichtskarte Neumark : Kirche/Turm (li) – Schule (re oben)– Pfarrhaus (re unten)

---

[1] Großherzoglich Sächsisch-Weimar-Eisenachisches Regierungs-Blatt, Nummer I, Den I. Januar 1822; als „weltlicher Kirchenkommissar" fungierte der Amtsrichter des Amtsbezirks

[2] Zur Geschichte der Kirche in Neumark vgl. Niemitz, Georg : Zur Geschichte der Kirche in Neumark. In: Der Heimatfreund, 7/8 1956 ,Weimar . S. 244-247.

7. „Militärische Vorgänge" in und um Neumark

Auch Neumark leistet im Jahr 1881 seinen Beitrag zur Wehrhaftigkeit des Großherzogtums Sachsen-Weimar-Eisenach und damit dem aus dem Krieg 1870/1871 siegreich hervorgegangenen Deutschen Reich. Mag der Beitrag Neumarks laut Belegen vordergründig nicht überragend ausgefallen sein, die rauschhafte Begeisterung dauerte sicher an. Obwohl das Jahr keine Gelegenheit zum Heldentum im Krieg bot – das konnte dann 1914 – 1918 nachgeholt werden, wie das Kriegerdenkmal auf dem Marktplatz demonstriert: Neumark 'stand seinen Mann'.
Dieser Mann war laut Beleg 124 Karl Seifarth, der am 20 April für „einen Weg [...] zu der Militärmusterung" nach Weimar 3 Mark ausgezahlt bekommt. Nicht zu klären ist, ob die Gemeinde jedem zu Musternden ohne Rücksicht auf Rang und Namen die Wegekosten erstattete, oder ob hier ein Bürger (Bürgermeisterstellvertreter!) nicht augenzwinkernd unter Mitwisserschaft des Gemeinderechnungsführers Karl Mohr bevorzugt wurde.
Zu dieser Ehre als Stellvertreter der Gesamtgemeinde kommt Karl Seifarth, da er als männlicher Einwohner im militärpflichtigen Alter und damit im Verzeichnis der von der Gemeinde zu führenden Stammrolle (Rekrutierungsstammrolle)[1] erfasst ist. So konnte die Gemeinde Neumark, die in der Person des Standesbeamten (der Bürgermeister selbst) verpflichtet war, das Register der Behörde einzureichen, nicht umhin, Karl Seifarth auf den Weg zu schicken. Beleg 130 bietet eine Bestätigung, indem

---

[1] Stamm(19.Jh.) – fester Bestand an Personen; Rolle – Schriftrolle, Urkunde, Verzeichnis in der Kanzleisprache; vgl. Etymologisches Wörterbuch des Deutschen Q-Z. Berlin 1989 , S. 1437 u. 1693.); vgl. auch http ://de.wikipedia.org /wiki /Stammrolle, (Stand 03.02.2013)

Bürgermeister Thiele als Standesbeamter Geld „ für Papier zur Militärstammrollen“ der Gemeindekasse entnimmt.
Die der Gemeindekasse entnommenen 15 Mark dienen neben der Anfertigung von Wahlzetteln (vgl. Stadtregierung, Verwaltung, Ämter)), Akten des Standesamtes und sonstiger Akten auch der Anfertigung von „Militäreinquartierungs Billetten“ (130). Eine Einquartierung findet am 4.August 1880 nach der Steuerrolle (vgl. dort) statt und betrifft den Bürgermeister selbst, Karl Seifarth, Michael Reifarth und den Lehrer Wunderlich. Abgesehen davon, dass für die Anfertigung von 4 Einquartierungbilletten wohl nicht sehr viel Papier benötigt wird, stellt sich die Frage, nach welchen Kriterien die Einquartierungen vorgenommen wurden: Handelt es sich bei den Einzuquartierenden um Offiziere, kann man diese natürlich nur bei der ‘Elite‘ der Stadt unterbringen. Oder wird nach dem Rang in der Steuerrolle entschieden? Die an die vier Gastgeber ausgezahlte eine Mark pro Person war sicher nicht ausschlaggebend.
Hinweis auf eine weitere Einquartierung von Militär in Neumark in den Jahren 1880 oder 1881 gibt Beleg 7: Am 03. Januar 1882 gibt der Großherzoglich Sächsische Direktor des I. Verwaltungsbezirks [Weimar] in einem Schreiben an den Gemeindevorstand bekannt, dass die von ihm am 03.November 1881 an die Intendantur des XI. Armeekorps in Kassel gesandte Abrechnung über Einquartierung von Militärpersonen oder Militärpferden – sogenannte Servis-Gebühren[1] - zur Zahlung an „die betroffenen Gemeinden“ (7) angewiesen worden sei. Neumark erhält von der Gesamtsumme von 1810,56 Mark einen Anteil von 34,23 Mark, die an „die Empfangsberechtigten“(7) auszuzahlen sei.

---

[1] vgl. hierzu Meyers Großes Konversations-Lexikon, Bd. 18 . 1909, S. 378 – 379.

Hierbei muss es sich um eine Einquartierung während eines größeren Manövers unter Teilnahme des XI. Armeekorps mit Hauptsitz in Kassel im Weimarer Gebiet gehandelt haben.[1] Das Einzugsgebiet des XI. Armeekorps[2] der preußischen Provinz Hessen-Nassau bestand hauptsächlich auch aus thüringischen Fürstentümern, darunter das Thüringische Fußartillerieregiment 18. Ein weiterer Beleg (9) erhärtet die Vermutung von einem größeren Manöver im Jahr 1881 unter Teilnahme mehrerer größerer Truppenverbände, zu dem die Gemeinden des I. Verwaltungsbezirks zu Dienstleistungen herangezogen wurden.
Die Intendantur der 8. Division des IV. Armeekorps in Magdeburg[3] benachrichtigt in Beleg 9 den Gemeindevorstand in Neumark, dass die von der „Königliche(n) Regierungs Hauptkasse zu Erfurt" angewiesenen 25 Mark an die Landwirte H. Werner und K. Vollandt „über Vergütung für gestellten Vorspann" (9) ausgezahlt worden seien. Vorspann bedeutet das Stellen von Gespannen für die Bewegung von Geschützen oder anderem schweren Militärgerät im Gelände. Da laut Beleg 121 ein weiterer Vollandt(Gustav Vollandt) am 03. September nach Erfurt und am 08 .September nach Olbersleben „Militärfuhren lt. Acort [Anweisung] vom 21. August und 28. August" abrechnet, ist mit Sicherheit davon

---

[1] Das Großherzogtum Sachsen-Weimar-Eisenach gehört 1881 zum Einsatzbereich des XI. Armeekorps mit dem Infanterieregiment und Landwehr 94,1, Garnisonsstädte mit je einem Bataillon sind Weimar, Eisenach und Jena.

[2] Kommandierender General des XI. Armeekorps ist seit 1880 General Ludwig von Schlotheim.

[3] Hauptsitz des IV. Armeekorps ist Magdeburg, die 8. Division ist in Halle /Saale stationiert; kommandierender General des Korps ist seit dem 2.Oktober 1871 General der Infanterie Leonard Graf von Blumental.

auszugehen, dass die Neumarker des Jahres 1881 Zeugen größerer militärischer Übungen sein oder diese erleiden durften. Die Belege, die den Vorspann und Transport von Militärgut betreffen, geben darüber hinaus einen Hinweis auf Unterschiede in der Vermögenshierarchie der Einwohnerschaft Neumarks. Vorspann für Militärfuhren und Artillerie können meistens nur Besitzer von Pferdegespannen leisten, besonders wenn es sich um weitere Entfernungen wie von Neumark nach Erfurt oder Olbersleben handelt. Hier scheint/scheinen die Familie(n) Vollandt am Ausgang des 19. Jahrhunderts im Vorteil gewesen zu sein (vgl. S.34 ff).

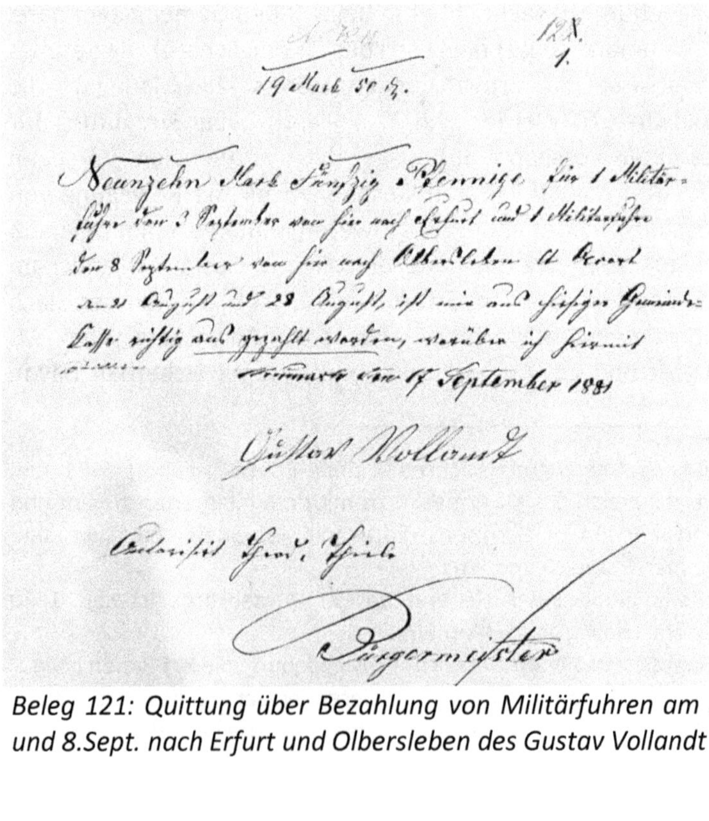
19 Mark 50 Pf.

Neunzehn Mark fünfzig Pfennige für 1 Militärfuhre vom 3 September von hier nach Erfurt und 1 Militärfuhre vom 8 September von hier nach Olbersleben [illegible] vom 21 August und 28 August, ist mir aus hiesiger Gemeindekasse richtig ausgezahlt worden, worüber ich hiermit quittire.

Neumark den 15 September 1881

Gustav Vollandt

Anweisung Theod. Thiele

Bürgermeister

Beleg 121: Quittung über Bezahlung von Militärfuhren am 3. und 8.Sept. nach Erfurt und Olbersleben des Gustav Vollandt

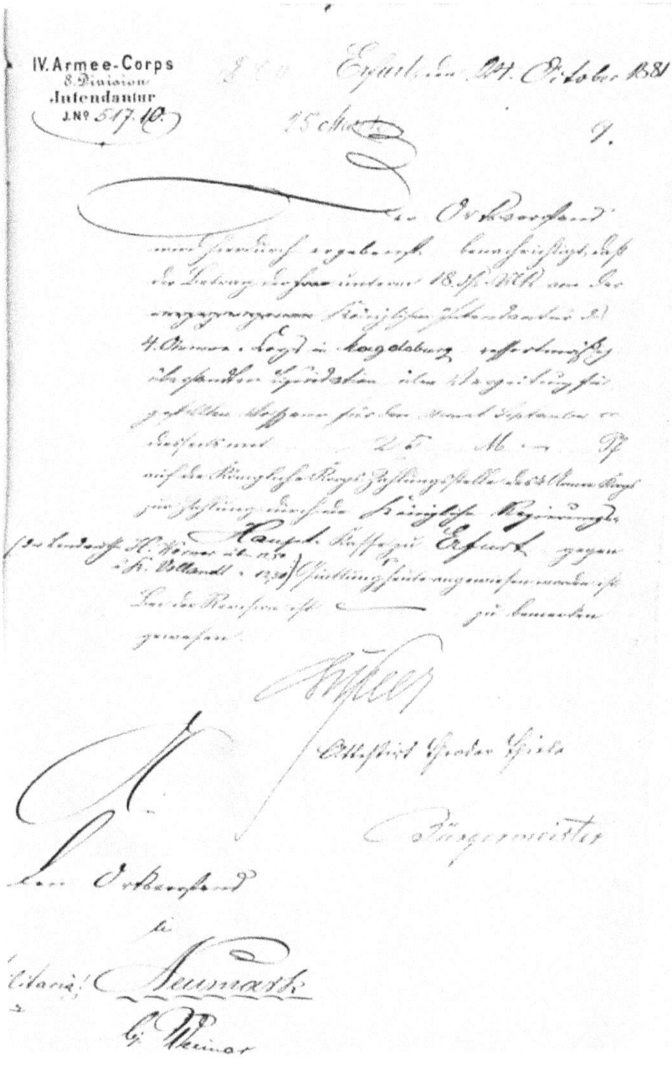
IV. Armee-Corps
8. Division
Intendantur
J.No 517.10.

Erfurt, den 24. October 1881

Beleg 9: *Nachricht des IV. Armeekorps über Vergütung für geleisteten Vorspann durch H. Werner und K.Vollandt*

8. Neumark feiert

Ob es rauschende Feste sind, die in Neumark 1881 gefeiert werden, ist nicht sicher, gefeiert wird jedoch, wie das Belegbuch mitteilt.

8.1. Tanz

Tanzveranstaltungen diente der Saal des Gasthauses an der Kurve der Chaussee von Berlstedt nach Vippachedelhausen. Für die Tanzveranstaltungen mussten beim Gemeinderat „Tanzscheine“ pro Tag / Abend für 2 Mark beantragt werden. Beleg 6 enthält die Angaben zu den ausgestellten Tanzscheinen und die Namen der „Tanzhalter“. Vom 1. Januar bis zum 31. Dezember 1881 fanden an insgesamt 11 Tagen Tanzveranstaltungen statt, von denen der Gastwirt und Fleischer Friedrich Müller allein acht organisierte: am 10. Februar, 18.April für eine Tanzveranstaltung am Ostermontag, 7. August, 2.Oktober, am 25., 26. und 27.10 für drei Tage Kirmes und am 31.12. für den Silvestertanz ins neue Jahr.
Albert Schmidt veranstaltet Tanzabende am 27. Februar und am 2. September, dem Sedanstag , und Otto Koch am 10. November. Anlässe zu den Tanzveranstaltungen außer Kirmes, Silvester und Sedanstag sind nicht bekannt. Es könnten Hochzeiten, Konfirmationen und ähnliche Anlässe gewesen sein, die die „Tanzhalter“ animierten, „Tanzscheine“ zu beantragen.

Ratskellerund Gasthaus (re) ca. 1905

8.2. Der Johannistag

Einen Anlass zum Feiern bietet der 24. Juni, der Johannistag, das Johannisfest[1]. Der Johannistag, auch Johanni, Johannestag, ist der Gedenktag der Geburt Johannes des Täufers am 24. Juni. Eine Angabe des Lukasevangeliums (1, 36) ermöglichte durch eine sechsmonatige Datumsverschiebung nach der Geburt Jesu am 24. Dezember diesen Tag als Geburtstag Johannes des Täufers zu bestimmen. Im 5.Jahrhundert mehrfach erwähnt, wurde das

---

[1] vgl. http://kirche-mutzschen.de/html/johannis.html; (Stand 3.2.2013)

Fest „zunächst bald nach dem Epiphaniasfest[1], dem Fest der Taufe, gefeiert"[2] Die Johannisfeste aus Anlass der Empfängnis des Johannes (24. September), seiner Enthauptung (29. August) oder das Fest anlässlich des Auffindens der Reliquien des Heiligen in Spanien am 24. Februar bringen den, an natürliche Zeugung gewöhnten Leser hinsichtlich der Dauer der Schwangerschaft in Schwierigkeiten, sind jedoch hinsichtlich ihres Bezugs zu Glaubensgrundsätzen der christlichen Kirche zu tolerieren und sind außer in Spanien eher in Vergessenheit geraten.[3] Gleichzeitig fällt dieses Datum des Kirchenjahres mit dem der Sommersonnenwende zusammen, der wieder abnehmenden Tageslänge, und mit naturbedingten Zusammenhängen, die zu einem Brauchtum noch vor der Christianisierung Europas in von Naturreligionen geprägten Gesellschaften führten.

Die Sommersonnenwende am 21. Juni spielt für die Landwirtschaft, das Wetter eine entscheidende Rolle: Mit dem Ende der Schafskälte beginnt die Erntesaison, Gras kann geschnitten werden, Sommergetreide und andere Nutzpflanzen beginnen zu reifen. Der christliche Feiertag und die Beobachtungen der Natur gehen ineinander über, indem der Name des Heiligen für natürliche Ereignisse in Anspruch genommen wird: Das Johanniskraut blüht, die Johannisbeeren reifen, die Johanniskäfer, die in unseren Breiten kaum noch zu beobachten sind, leuchten um diese Zeit besonders stark. Diverse Bauernregeln wie „Vor dem Johannistag man Gerst' und Hafer nicht loben mag"

---

[1] Die Religion in Geschichte und Gegenwart – Handwörterbuh für Theologie und Religionswissenschaft, Bd.2, Tübingen 1928, S. 204-205.

[2] a.a.O., Bd. 3, Tübingen 1929 , S. 363.

[3] a .a.O

verbalisieren diese Beobachtungen. Letztlich mündet die Ausgestaltung des Johannistages in einem Brauchtum, bei dem das Johannisfeuer die wohl bedeutendste Rolle spielt: Es wird um das Feuer getanzt, dem Volksglauben entsprechend werden Puppen als Opfer verbrannt, die Dämonen abwehren sollen, Krankheiten und Viehschaden verhindern usw.
Diesem Brauchtum hängt man in Neumark 1881 noch durch Trinken des Festbieres (unter Umständen beim Tanz um das Feuer) nach: Auf Kosten der Gemeinde liefert der Gastwirt Müller „71 l einfach Bier [und] 50 l Weißbier" (118) Da es sich ja auch um ein christliches Fest handelt bekommt der Pfarrer ebenfalls seinen Anteil als Festbier in barer Münze ausgezahlt (82).

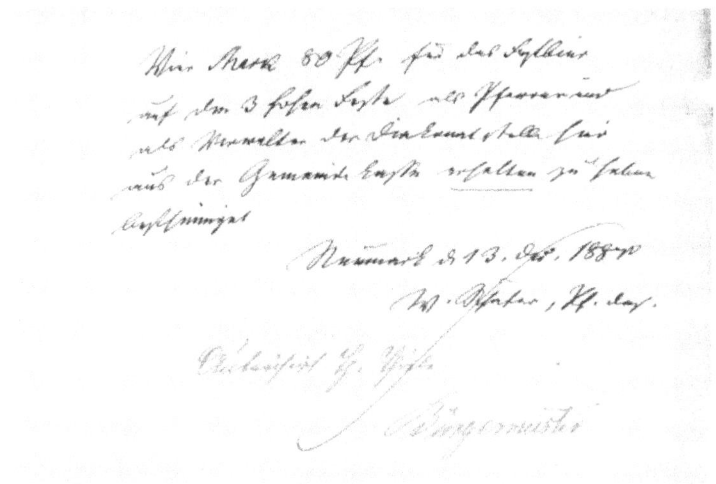

Vier Mark 80 Pf. für das Festbier
auf den 3 hohen Festen als Pfarrer und
als Verwalter der Diakonatstelle
aus der Gemeindekasse erhalten zu haben
bescheinigt
Neumark d. 13. Dez. 1880
W. Schäfer

Beleg 81: Vier Mark 80 Pf[ennig] für das Festbier auf den 3 hohen Festen als Pfarrer und Verwalter der Diakonatstelle aus der Gemeindekasse erhalten zu haben bescheinigt W.Schäfer

8.3. Der Sedanstag

Anlass zum Feiern bot auch im Jahr 1881 der Sedanstag, ein Gedenktag um den 02. September zur Erinnerung an die Kapitulation der französischen Armee am 02. September nach der Schlacht bei Sedan. Preußische, bayerische, württembergische und sächsische Truppen trugen hier den entscheidenden Sieg über die französische Armee davon und nahmen den französischen Kaiser Napoleon III. gefangen. Seit Einweihung der Berliner Siegessäule am 2.September 1873 unter Teilnahme von Mitgliedern des Hauses Hohenzollern, verschiedener Fürsten deutscher Staaten und Abhalten einer Militärparade wurde dieser Tag alljährlich in Städten und Dörfern als Fest der deutschen Einigung durch Umzüge, Festveranstaltungen an Schulen und Universitäten, Freudenfeuer am Vorabend, Reden, Umzüge zur Kirche, Gebete, Predigten und im Anschluss am Tag selbst mit Feiern im Freien unter Begleitung durch Musikkapellen gefeiert[1]. An diesem Tag wurde auch in vielen Städten und Dörfern das Kriegerdenkmal eingeweiht.

Über den Ablauf diese Tages in Neumark gibt andeutungsweise Beleg 71 Auskunft: Der Apotheker Richard Seifarth liefert an die Gemeinde am 2. September für 5 Mark „an Pulver zur Sedan Feier“ (71). Ob zur Anfertigung von Böllern, Raketen oder sogar für Salutschüsse verwendet, das Pulver bestätigt eine Sedanfeier 1881 in Neumark. In welcher Form die übrigen Festrituale abgehalten wurden, kann nicht erschlossen werden. Es ist aber anzunehmen, dass das Pulver Salutschüssen diente, denn nach den Erinnerungen älterer oder ehemaliger Einwohner Neumarks[2] stand nach dem 2 Weltkrieg neben dem Kriegerdenkmal auf dem Marktplatz

---

[1] vgl.http://de.wikipedia.org/wiki/Sedantag. (Stand 25.02.2013)

[2] Aussage Christa May

eine Kanone, die dann der Altmetallgier oder anderen bäuerlichen Bedürfnissen zum Opfer fiel. Ein Ereignis bestätigt, dass auch noch nach 1881 in Neumark Feiern zum Sedantag unter Abschießen der Kanone stattfanden. Der Großvater eines Einwohners Neumarks wurde beim Abschießen der Kanone zum Sedantag durch einen Rohrkrepierer getötet.[1]

Apotheke und Post in Neumark 1902 (Verlag R. Seyfarth) (Rückseite handschr. „An Familie Albert Haupt Berlstedt Im Namen meiner Eltern, lade ich Euch zur Kirmse freundlich ein. Gruß Charlotte Seyfarth“)

[1] a.a.O. Preißer

9. Ereignisse und Personen

Dächer, Gemäuer

Das Jahr 1881 bringt in Neumark nicht nur Arbeit und Lohn für Friedrich Hülle (s.u.) am Straßennetz und anderen Handwerkern, auch die Dächer der gemeindeeigenen Gebäude haben eine Auffrischung notwendig. Hierzu werden Bürger eingesetzt, die zwar nicht im Beruf ausgebildet sind, jedoch versiert genug, um gewisse Arbeiten zufriedenstellend ausführen zu können. Ob hier nicht Parallelen zum Arbeitsmarkt des 20./21.Jahrhunderts mit Preis-und Lohndrückerei zu ziehen sind, sei dahingestellt.
Arbeiten am Armenhaus, für die Wilhelm Gröger 1880 „3 Liter Kalg(k)“ (26) aus Schloßvippach holt, sind kaum abgeschlossen, da werden Arbeiten an den Dächern beider Schulen notwendig. Diese Arbeiten führt Eduard Necke aus (34). Mit dem Transport der hierzu notwendigen 15 Ziegelbacksteine für die II. Schule wird Wilhelm Gröger im Juli beauftragt (26), Christian Kahle im November mit dem Transport von „500 Ziegeln und 20 Ho(h)lziegeln“. Lieferant aller Materialien ist laut Beleg 27 der in Schloßvippach ansässige Ziegler Aug. [ust] Rudolph (27), in dessen Rechnung die Hohlziegeln als „Firstziegeln“ auftauchen. Noch im Dezember sehen die Bewohner Neumarks Eduard Necke auf den Dächern der Schulen arbeiten.

Der Sturm

Möglicherweise stehen die noch im November / Dezember notwendigen Dachreparaturen im Zusammenhang mit einem, Neumark im Oktober heimsuchenden Sturm. Der im Belegbuch unter Ziffer 4 eingeordnete Beleg befasst sich mit einer „Windbruch-Auction am 15 und 16 Oktober“ und lässt auf einen Herbststurm schließen. Die Auktion geht über 2

Tage, sicher veranlasst durch die Vorbereitung des sperrigen Auktionsgutes, seiner Sortierung und des Abtransports.

Das Arztgesuch

Ein Arzt für Neumark soll es sein. Deshalb annonciert die Gemeinde in der „Berliner Klinischen Wochenschrift" Nr.6 mit einem Arztgesuch für Neumark und bekommt umgehend am 05. März 1881 die Rechnung. Ob Neumark einen Arzt bekommt, ist ungewiss. Die Bezahlung des Gemeindearztes gehörte zu den Aufgaben der Gemeinde.

Danksagung

1878 werden ein Teil des Kirchenschiffs der Kirche in Neumark und die nach den Zerstörungen durch den 30 jährigen Krieg von Johann Konrad Vokkenroth aus Berlstedt gebaute Orgel[1] durch einen Blitzeinschlag zerstört.

Im Zusammenhang mit der 1879 erfolgten Renovierung der Kirche Neumarks erscheinen noch im Jahr 1879 sowohl in der „Weimarischen Zeitung" Nr.218 (109) als auch im „Tage-und Gemeindeblatt der Zeitung Deutschland Nr. 256 (108) gleichlautende Danksagungen des Bürgermeisters Thiele, die erst 1881 nach Rechnungslegung bezahlt werden können. Der Dank gilt den an der Ausgestaltung der Feier anlässlich der beendeten Renovierung Beteiligten und den mit den Arbeiten beauftragten Handwerkern und Künstlern:

„An dem gestrigen Sonntage hat die Gemeinde Neumark ein eben so schönes, als seltenes Fest gefeiert, das Fest der Einweihung ihrer vom Grund aus in geschmack- und stilvoller Weise restaurierten Kirche. Der Unterzeichnete fühlt sich daher gedrungen, Namens der Gemeinde allen Denen aus

---

[1] vgl. Niemitz,Georg: Zur Geschichte der Kirche in Neumark. a.a.O , S. 246.

reinem Herzen zu danken, die dazu beigetragen und mitgewirkt haben. Dank dem hohen Kirchenregimente für die huldvolle Genehmigung des Bau-und Kostentilgungsplanes, der verehrten Kircheninspektion für die bereitwillige Förderung des Werkes, dem Herrn geheimen Kirchenrath Nikolai für seine erhebende Weiherede, dem Herrn Pfarrer Schäfer für seine erbauliche Festpredigt, und besonders für sein uneigennütziges und umsichtiges Bemühen, das schöne Werk in würdiger Weise zu Stande zu bringen, ohne daß die Kirche oder Gemeinde mit den Baukosten belastet wird, dem Herrn Apotheker Fiedler für seine edelmüthige Verehrung des schönen alterthümlichen Taufsteines. Dank aber auch allen den Herren aus dem Handwerker-und Künstlerstande, welche mit ihren Söhnen und Gehülfen das Werk ausgeführt haben, den Herren Zimmermann Klemm und Tischlermeister Helbig von hier, Maurer und Tüncher Georg Weißenborn und Dekorationsmaler Ruppe von Schloßvippach, Bildhauer Rothnagel und Orgelbauer Eifert aus Stadtilm. Sie alle haben die ihnen übertragenen Arbeiten bei sehr mäßigen Akkordsummen sorgfältig und solid gefertigt und sich dadurch ein ehrendes Andenken gestiftet in der Gemeinde.
Neumark, den 15.Sept. 1879
Der Gemeindevorstand.
Th.Thiele

Adam Eifert (1841-1910)

Unter den in der Lobrede des Bürgermeisters erwähnten, an der Ausgestaltung und Renovierung der Kirche beteiligten Personen ragt unzweifelhaft die des Orgelbauers Adam Eifert heraus.

Der Orgelbauer Adam Eifert, aus Grebenau in Hessen stammend, kommt 1866 auf seiner Wanderschaft nach Stadtilm, nimmt Anstellung in der Orgelwerkstatt des Karl-

August Witzmann, heiratet 1867 dessen Tochter und steigt 1870 zum Werkstattmeister in der das südliche Thüringer Becken mit meist zweimanualigen Orgelwerken versorgenden Werkstatt auf.[1] 1871 gründet er eine eigene Werkstatt, "die sich noch heute in Stadtilm, Bahnhofstraße 11 befindet."[2] Von 1870 bis 1907 baut Adam Eifert 141 Orgeln. Als „Großherzoglich Sächsischer Hoforgelbauer" baut er nicht nur für das Wahrzeichen der Stadt Stadtilm, die Stadtkirche St.Marien", eine Orgel und Orgeln für weitere Kirchen in Thüringen, sein Ruf gestattet es ihm, Aufträge für den Orgelbau in Hessen und sogar in Brandenburg (Beelitz- St. Marien – St. Nikolai) auszuführen.[3]
So ist es wohl für Neumark von Bedeutung, einen solch bekannten Orgelbauer für die Renovierung der Kirche/ Orgel gewonnen zu haben.

Auguste Ne[c]ke
Auguste Necke scheint im Rückblick auf das Jahr 1881 neben den beiden Lehrern und dem Bürgermeister selbst die wohl bemerkenswerteste Person, die sich beim Lesen der Belege in der Vorstellung des Lesers bildet. Im Gegensatz zu den oben genannten eher schillernden Personen ist Auguste Necke eine grundständige Persönlichkeit, die im positiven Sinne für ein Gemeindemitglied steht, das durch seine Handlungen die Grundlage einer funktionierenden Bürgerschaft darstellt.
Ihrer Hilfsbedürftigkeit im Bereich der Sprachbeherrschung und Rechtschreibung, die den Lehrer Weißhuhn veranlassen, für sie von ihr mit Neke unterzeichnete Belege zu

---

[1] Orgelbau-Schönefeld.de/html/firmengeschichte.html
[2] a.a.O.
[3] De.wikipedia.org/wiki/Liste_von_Orgeln_in_Hessen; www.kirche-beelitz.de/texte/Seite.php?id=86694, (Stand: 03.02.2013)

formulieren, stehen andere Eigenschaften, die sie auszeichnen und obiges Urteil unterstreichen. Auguste Necke verdient sich ihren Lebensunterhalt auf verschiedene Weise: Als Kreishebamme bekommt sie 15 Mark für das Jahr 1881 (24) aus der Gemeindekasse, da die Gemeinde zur Bezahlung einer ortsansässigen Hebamme zuständig ist. Im Zusammenhang mit ihrer, dem Kindswohl verpflichteten Einstellung übernimmt sie die „Erziehung der Rosalie Wenzel ihr Kind vom 1.Februar – 1. April 1881“ für 6 Mark (100). Erziehung bedeutet in diesem Zusammenhang sicher die Beaufsichtigung eines Kindes, dessen Mutter in der erwähnten Zeit für die Aufsicht über das Kind nicht anwesend sein konnte (schwere Krankheit, familiäre Zustände usw.) oder unter Umständen sogar verstorben war.
Neben diesen, mit Kindern im Zusammenhang stehenden Beschäftigungen ist sie sich nicht zu schade, auch das „Scheuern des Schulsaals“ (90) und „Schulsaalscheuern“ (97) für 6 Mark zu übernehmen – obwohl diese Arbeiten im weiteren Sinne auch mit dem Wohl von Kindern im Zusammenhang steht.

Die Post und ein Zahlungsbefehl
Selbst wenn die Post des Großherzogtums Sachsen-Weimar-Eisenach des Jahres 1881 nicht die Mengen an postalischem Gut zu bewältigen hatte wie die Post von heute, ist es doch erstaunlich, dass ein Brief in einem Tag von Weimar in die Hände des Empfängers in Neumark gelangte (100). Die Post operiert nicht nur schnell, sondern hat auch alle Arten von auch heute bekannten Gebühren parat.
Der Fall: Der Maurermeister Werner aus Buttelstedt erhält von der Gemeinde Neumark Lehm und zwar 45 Wagenladungen. Nur bezahlt er sie nicht. Die Folge ist, dass der akkurate Gemeinderechnungsführer Karl Mohr im

Interesse der Gemeinde an den Säumigen einen Zahlungsbefehl durch das Großherzoglich Sächsische Amtsgericht Buttstädt ausstellen lässt (11). Nun tritt der Gerichtsvollzieher C.Rohmer aus Buttstädt auf den Plan und lässt den Zahlungsbefehl durch den Buttelstedter Postboten Pfeiffer zustellen. Alles scheint seinen Gang genommen zu haben und- obwohl ein Einnahmebeleg über Zahlung der Lehmladungen nicht vorliegt – bezahlt worden zu sein, nur die Gemeinde Neumark zeigt sich der Angelegenheit nicht gewachsen. Der vom Gerichtsvollzieher nach Neumark gesandte Vollstreckungsbeamte Feukert muss am 14. Juni 1881 per Nachnahme von der Gemeinde „rückständige Amtskosten nach Buttstädt Nr. 610/81 in S[achen]/ Werner"(114) in Höhe von 0,95 Mark einziehen. Das kostet die Gemeinde noch zusätzlich zu der gesamten Aufregung 0,30 Mark Gebühren. Was hätte man da bei pünktlicher Zahlung sparen können!

Die Feuerwehr

Selbstverständlich besteht in Neumark im Jahre 1881 eine Feuerwehr.

Das Spritzenhaus, noch heute vor dem Obertor gegenüber dem Volklandsteich zu bewundern, befindet sich außerhalb der mittelalterlichen Befestigung. Die Gestalt des Spritzenhauses ist, ähnlich der vieler Spritzenhäuser ländlicher Gemeinden, seiner Funktion angepasst: Über dem Korpus des Hauses, der der Unterbringung der Wagen, Geräte usw. dient, ist im Frontbereich zur Straße ein Turm aufgesetzt, in dem die Schläuche aufgehängt werden .Nach dem 2.Weltkrieg bis in die 50 er Jahre war seitlich zum Platz eine Überdachung angebracht, die ebenfalls dem Trocknen der Schläuche diente.

Das Spritzenhaus vor dem Obertor (1959)

Am Volklandsteich, dem ehemaligen Stadtgraben und benannt nach der Familie, die nach 1945 das den Platz zum Teich hin bestimmende Gebäude bewohnte, bestand eine längliche Wanne zum Reinigen der nach Gebrauch verschmutzten Schläuche.
Für dieses Spritzenhaus werden im Jahr 1881 44 Pfennige Brandkassenbeiträge abgeführt (12). Die Verwaltung des Spritzenamtes übt der Schmied Friedrich Geske aus. (69) Die Frage danach, warum gerade der Schmied mit der Verwaltung des Amtes beauftragt und in das Amt gewählt wurde, kann mit Sicherheit damit beantwortet werden, dass der Schmied bei Versagen der Mechanik der zur Brandbekämpfung vorhandenen Geräte die richtige Person im Amt war.
Die Spritzenmannschaft (133), die ad hoc im Brandfall zusammengerufen wird, muss natürlich üben, um im Falle eines Feuers effektiv eingreifen zu können. So werden- nach hoffentlich erfolgreicher Spritzenprobe- am 03.Mai (118) die Beteiligten vom Gastwirt und Fleischer Fr. Müller mit

Getränken im Wert von 3,60 Mark belohnt, die er aus der Gemeindekasse erstattet bekommt.
Ein Einsatz der Neumarker Spritzenmannschaft im Jahr 1881 ist mit Sicherheit belegt: In der Nacht vom 15. Auf den 16. Januar bringt der Lehrer Wunderlich Wasser nach Buttelstedt wegen des dort „entstandenen Feuers" (80) und Julius Walther bestätigt den Erhalt der Entlohnung für „Wasserzubringen" nach „Buttelstä[e]dt" am 17.Januar.Eine weitere Bestätigung bietet der Beleg 133, in dem der Bürgermeister Thiele die Erstattung seiner Auslagen („retur erhalten") für „Schnaps und Brot" für die Spritzenmannschaft bei dem " Feuer in Ollendorf und Buttelstedt" (133) quittiert.
Der im Beleg erwähnte Brand in Ollendorf findet jedoch - außer Ollendorf wird jährlich vom Feuer heimgesucht- im Jahr 1880 statt. Gastwirt Müller bekommt seine Auslagen von 4,66 Mark 1881 erstattet, legt jedoch Rechnung im Beleg 118 für seine Auslagen für das „Feuer in Berlstedt und Ollendorf am 01.Juli 1880". Zu diesen Bränden in Berlstedt und Ollendorf unternimmt auch Otto Koch laut Beschluss des Gemeinderats vom 22. Dezember 1881 „2 Spritzenfuhren" (79), d.h. die Beschlüsse zur Erstattung von Kosten, die durch den Einsatz der Spritzenmannschaft oder durch Hilfsaktionen wie Wasser zum Brand zu bringen entstanden sind, werden verständlicherweise erst nach dem Entstehungstermin der Kosten nachträglich gefasst.
Die Freiwilligen der Feuerwehr Neumarks sind, so das Fazit, gern gesehene Helfer bei Bränden in den Nachbargemeinden; die eigene Stadt bleibt 1881 verschont, soweit das Belegbuch berichtet. Die Wasserfuhren aus Neumark in die von Bränden heimgesuchten Gemeinden im Januar sind erklärbar durch die erhöhte Brandgefahr beim Umgang mit Petroleumlampen, u. U. auch Kerzen, im Haus und Wirtschaftsgebäuden in der dunklen Jahreszeit oder durch zugefrorene Teiche/ Tümpel.

Auf jeden Fall lässt es sich der Gemeinderat nicht nehmen, nach einem Einsatz den Brand in den Kehlen der Spritzenmannschaft zu löschen.
Vielleicht ist auch von keinem Brand in Neumark zu berichten, weil die Feuerstätten der Gemeinde und damit die Gebäude ordnungsgemäß durch „Reinigen der Schornsteine in den Gemeindegebäuden p[ro] a[nno] 1881“ (126) vor Brandgefahr gefeit sind.

Der Volklandsteich (1959)

10. Straßen, Wege, Gassen

Eine Vielzahl von Belegen des Belegbuchs für Neumark lassen darauf schließen, dass die Straßen ständig durch Fuhrwerke beschädigt oder durch Viehtrieb verschmutzt sind. Die Straßen werden zumeist als Chaussee bezeichnet, grundsätzlich jedoch die nach Berlstedt.
Eine Chaussee des 19.Jahrhunderts ist nicht mit der Chaussee des 20./21.Jahrhunderts identisch. Sie ist, folgt man der

Definition des Konversationslexikons von Pierer, ein „erhöhter, mit zerschlagenen Steinen und Kies beschütteter Fahrdamm"[1], der eine Verbindung von A nach B herstellt.
Die Chaussee nach Berlstedt scheint als Durchgangsstraße von Weimar ins nördliche Hinterland hinsichtlich ihres Zustandes und der Befahrbarkeit von wesentlicher Bedeutung zu sein. Nicht erwiesen ist, ob die intensive Pflege dieser Straße von der Obrigkeit empfohlen, verlangt wird oder im Interesse der Gemeinde - gerade wegen der häufigen Benutzung bei der Durchreise- als 'Aushängeschild' der Gemeinde ein Potemkinsches Dorf darstellt. Da sie, wie auch andere Straßen und Wege innerhalb und außerhalb des Ortes im Winter gelitten hat, ist Friedrich Hülle (vgl. unten) mit ihrer Instandhaltung und Sauberkeit laut Belegbuch neben der Arbeit auf anderen Straßen der Gemeinde insgesamt an 57 Tagen beschäftigt. Belege, die allgemein formulieren und nicht auf diese Chaussee Bezug nehmen, sind hierbei nicht berücksichtigt, könnten jedoch die Arbeitstage auf über 60 ansteigen lassen.

10.1. Friedrich Hülle – ein Sisyphos[2] im Dienste Neumarks

Der für die Gemeinde tätige Tagelöhner Friedrich Hülle ist besonders in den Monaten Februar, März, April und Mai mit Säubern und Ausbessern der Straßen, für die die Gemeinde zuständig ist, beschäftigt. Er ist, 24 Belege sind der Beweis,

---

[1] Pierers Konversations-Lexikon, Bd.3. Altenburg 1857, S. 888-890.
[2] Sisyphos : lt. Griechischer Mythologie Sohn des Äolos, Erbauer und Herrscher Korinths, als Strafe für ein Vergehen hat er, lt .Auftrag der Götter einen Stein auf den Gipfel eines Berges zu rollen, der ihm kurz vor Erreichen des Ziels immerwährend entgleitet.

eine tragende Figur für die Funktionalität der Infrastruktur Neumarks im Jahre 1881.

Die folgende tabellarische Zusammenstellung seiner Arbeiten unter Einbeziehung der Entlohnung gibt nicht nur einen Überblick über die Arbeiten, sondern auch die Grundlage für Betrachtungen zur ökonomischen Wertschätzung dieser Arbeiten.

Säubern

Beleg	Lohn	Arbeitsbescheibung
36	3 Mark Pfg.	3 Tage Arbeitslohn die Straße im Orte von Dreck zu reinigen
37	2 Mark --	4 Tage Tagelohn die Chaussee (nach Berlstedt) zu reinigen a Tag 50 Pfennige
38	3 Mark --	5 Tage Tagelohn a Tag 60 Pfennige Dreck abzuziehen auf der Chaussee
48	2 Mark --	Gossenreinigen in der Hintergasse
58	1 Mark 50 Pfg.	3 Tage Tagelohn die Chaussee abzuschaufeln
59	2 Mark --	5 Tage „ abschauffeln der Chaussee"
60	2 Mark --	4 Tage Tagelohn(...) „die Chausse in und außer dem Orte abzukratzen"
61	1 Mark 50	„Chaussee abschaufeln"
64	1 Mark 50	3 Tage Tagelohn „im Orte Dreck abzuschaufeln im Monat Dezember 1881"
65	1 Mark 50	An der Chaussee „Dreck abzuschaufeln"
Summe	20 Mark	

Ausbessern

Beleg	Lohn	Arbeitsbeschreibung
39	3Mark Pfennige	„5 Tage Tagelohn Steine auf zu schütten auf die Chaussee am Oberthore“
40	3 Mark --	„5 Tage Tagelohn auszufüllen auf der Chaussee nach Berlstedt“
41	2 Mark 40	„4 Tage Arbeit a Tag 60 Pfg. an der Chaussee“
42	1 Mark 80	„3 Tage Tagelohn an der Chaussee“
43	1 Mark 80	„3 Tage Tagelohn an der Chaussee“
44	3 Mark --	„6 Tage Tagelohn a Tag 50 Pfg. für Steine zu schlagen und auf zu schütten“
46	2 Mark --	„für 3 ½ Tage Tagelohn Steine zu schlagen und aufzuschütten im Orte“
47	1 Mark 80	„3 Tage Tagelohn“
49	2 Mark 10	„3½ Tage Tagelohn (...) die Gosse in der Hintergasse auf zu hacken“
50	1 Mark 50	„Steinschlagen in der Hintergasse“
51	1 Mark 50	„3 Tage Tagelohn an der Chaussee“
54	2 Mark 40	„Steine schlagen am Krautheimer Weg“
55	1 Mark 80	„Steine schlagen am Krautheimer Weg“
63	2 Mark --	4 Tage „ Tagelohn an der Chaussee“

Summe 30 Mark 10 Pfennige
Gesamtsumme Lohn: 50,10 Mark

Die Formulierungen der Arbeitsbeschreibungen in den Belegen variieren in einem gewissen Umfang. Die Reinigungsarbeiten werden mit „reinigen“, „Dreck abziehen, abkratzen, abschaufeln“ beschrieben. Ein Motiv für diese Variationsbreite der Formulierungen ist sicher in dem Bemühen zu finden, eine gewisse Eintönigkeit der Formulierungen zu vermeiden.
Eine Formulierung der Belege ist von besonderem Interesse. „Die Chaussee abzukratzen“ (60) erinnert an den Beruf des „Chausseekratzers“, der in einigen Ländern des Deutschen Reichs im 19. Jahrhundert synonym zu dem des Straßenkehrers oder des Straßenarbeiters gebraucht wird. In

Ost- und Westpreußen wie in Schlesien wird diese Berufsbezeichnung- besonders in der Umgangssprache- eher benutzt als in anderen Reichsgebieten. Arno Surminski[1] macht einen Chausseekratzer zu einer der Figuren des Romans zu einer gelebten Kindheit in Ostpreußen. In einer anderen Erinnerung aus den ehemals deutschsprachigen Gebieten Osteuropas, die nach der durch den Versailler Vertrag 1919 festgelegten Volksabstimmungen in das polnische Staatsgebiet eingegliedert wurden, wird ebenfalls der Beruf des Chausseekratzers erwähnt: „Eine der bedeutendsten [Leistungen des polnischen Staates] war, dass ein vom polnischen Staat angestellter Chausseearbeiter, im Volksmund Chausseekratzer genannt, auf der Straße [...] jedes Jahr von neuem die ausgewaschenen, kohlrübengroßen Schlaglöcher mit Kies verfüllte.“[2]
Ein ehemaliger Bewohner eines kleinen Bauerndorfes in Pommern (Leba) erinnert sich: „Die Straßen waren mit Schotter befestigt. Sie staubten im Sommer, und Schlaglöcher bildeten sich schnell im Herbst und nach Regenfällen. Diese Schäden mussten die „Chausseekratzer“ ausbessern.“[3]
Für andere Staaten des Deutschen Reichs von 1881 ist die Berufsbezeichnung „Chausseekratzer“ für Hessen[4] und

---

[1] Surminski, Arno: Jokehnen oder wie lange fährt man von Ostpreußen nach Deutschland, Reinbek bei Hamburg 1975

[2] Kupferhammer imKreis Meseritz. In: hhtp//wiki-de.genealogy.net/GOVKUPMERJO72XI.(Stand 4.3.2013)

[3]http://www.reiseleiter-leba.eu/de,4,2,ERINNERUNGEN_AN_KLEIN_MASSOW_KREIS_LEBA ,(Stand 3.2.2013)

[4]http://vhrz259.hrz.unimarburg.de/en/subjects/browse/page/810/rsq/...; (Stand 3.2.2013)

Thüringen[1] als Begriff des ilmthüringischen Dialekts[2] auch als „Chausseekrätzer" belegt.
Da Neumark an der Grenze des Zentralthüringischen zum sich von der unteren Unstrut über die Ilm-Saale-Platte bis zur oberen Schwarza erstreckenden Ilmthüringischen liegt, besteht die Möglichkeit, dass im Dialekt Neumarks der Begriff nicht vorhanden war. Eine alternative Erklärung bestünde darin, dass, obwohl der Begriff im aktiven und passiven Wortschatz der Neumarker bestand, die Verwendung des Begriffs aufgrund seiner etwas negativen Bedeutung in den Belegen vermieden wurde.
Über eine Verbesserung der Straßen und Wege in der Neumarker Gemarkung im Zeitraum bis 1881 und ob damit eine begriffliche Aufwertung zur Chaussee zusammenhängt, lässt sich trefflich streiten. In der Flurkarte, durch G.Heinrici 1864/1865 aufgenomen und gezeichnet[3], sind noch eine „Vippachedelhäuser Straße" und eine „Straße von Berlstedt" eingezeichnet, in der Generalkarte von Neumark 1873 werden diese Straßen zu „Chaussee von Vippachedelhausen" und „Chaussee von Berlstedt"[4].

---

[1] http://www.personal.unijena.de/x8wisu/dialektforschung/dialektge..; (Stand 3.2.2013).

[2] Thüringisches Wörterbuch Berlin ,Bd.I, Sp.1123 ff.

[3] Flurkarte von Neumark aufgenommen und gezeichnet 1864 bis 1865 von G.Heinrici, Landesamt für Vermessung und Geoinformation Katasterbereich Erfurt

[4] Generalkarte von Neumark nach der Originalkarte über die in Jahren 1859 bis 1873 ausgeführte Grundstückszusammenlegung reducirt und gezeichnet im Jahre 1873 von dem Geometer R.Gang ,Landesamt für Vermessung und Geoinformation Katasterbereich Erfurt

Zurück zu Friedrich Hülle! Der Zustand der Hintergasse ist im Jahr 1881 problematisch. Im Juni besteht die Aufgabe für Friedrich Hülle im „Gossenreinigen in der Hintergasse“ (48). Neben dem Reinigen der Gasse bekommt er die Aufgabe, „die Gosse in der Hintergasse auf zu hacken“(49) und mittels „Steinschlagen“ (50) diese in einen annehmbaren Zustand zu versetzen.

Die Hintergasse (1959)

Neben den Säuberungs- und Ausbesserungsarbeiten an den Schlaglöchern ist er natürlich auch mit der Zubereitung des Füllmaterials für diese beschäftigt. An 12 ½ Tagen bekommt er Tagelohn „Steine zu schlagen und auf zu schütten“ (46, 50, 54, 55) an verschiedenen Stellen des „Straßennetzes“.
Dieser Sisyphosarbeit scheint er zur Zufriedenheit des Gemeindevorstands und seines Vorsitzenden nachgegangen zu sein, denn er ist es, der alle Aufträge dieser Art gegen Entlohnung bekommt. Ob seine Arbeit befriedigender ist als

die des Sisyphos, der vergeblich versucht, im Auftrag der Götter den Stein bergan an seinen Bestimmungsort zu rollen, erscheint fraglich. Hülle zerschlägt die ihm gelieferten Steine, füllt die Schlaglöcher, damit Neumarks Bürger auf dem Weg zum Acker oder zu anderen Zielen mobil bleiben, im nächsten Jahr erfordern u.U. die gleichen Löcher die gleiche mühselige Arbeit. Welchen Lohn erhält Friedrich Hülle für diese Arbeiten und andere, die er nebenbei verrichtet wie „Pappeln anbinden“ (48)

Als Tagelohn werden ihm normalerweise pro Tag 50 oder 60 Pfennige ausgezahlt. Die Regel wird jedoch an einigen Tagen durchbrochen, sowohl mit einer besseren Bezahlung als auch mit einer schlechteren. Beleg 36 weist einen Tagelohn von einer Mark aus, während laut Beleg 59 für 5 Tage Arbeit lediglich 2 Mark ausgezahlt werden. Ein weites Feld für Interpretationen! Waren die Arbeiten von unterschiedlichem Schwierigkeitsgrad? Hat Hülle bei wohlwollender Bezahlung den Bürgermeister freundlich gegrüßt, besonders sorgfältig den Dreck beseitigt und hat er bei geringerer Bezahlung den Bürgermeister oder eine Mitglied des Gemeinderats ignoriert, die Arbeit schlecht ausgeführt? Hatte sich zum Zeitpunkt der schlechteren Bezahlung ein Loch im Stadtsäckel aufgetan? Die Arbeitsbeschreibung der Belege gibt hierüber keine Auskunft.

Friedrich Hülle bekommt für 81 Tage Arbeit aus der Gemeindekasse 50,10 Mark. Dies ist wahrlich nicht viel für eine schwere körperliche Arbeit, zumal er die gelieferten Steine zerschlägt, um die Ausbesserungsarbeiten vornehmen zu können. Geht man davon aus, dass in fast 3 Monaten Arbeit für die Gemeinde Neumark keine zusätzlichen Arbeiten für ihn anfielen, da andere Dienste für die Gemeinde von den Gemeindedienern oder anderen Bürgern Neumarks geleistet wurden, blieben eventuell in den Sommermonaten

Erntearbeiten bei wohlhabenden Bauern, die ihm aber sicher nicht mehr Stundenlohn zahlten als die Gemeinde.
Von diesen, von der Gemeinde ausgezahlten 50,10 Mark konnte er sich bei einem Preis von 16 Pfennig für ein Pfund Brot (s.u.) ca. 312 Pfund Brot kaufen, das heißt, für das tägliche Brot war gesorgt, für den Belag jedoch nicht.

Straßen, Wege, Gassen
Neben anderen kleineren Ausbesserungsarbeiten am Straßen-und Wegenetz Neumarks wie z.B. die Ausbesserung des Kanals am Großbrembacher Weg durch August Vitzthum (62) ist ein weiterer Schwerpunkt der Straßenarbeiten 1881 die Arbeit am Krautheimer Weg vom 23. Juli bis zum 02. September. Der Krautheimer Weg wird laut Belegen, ähnlich der Straße nach Berlstedt, als Chaussee bezeichnet.
An der Lieferung von Steinen sind bei diesen Arbeiten mehrere Personen beteiligt: Julius Walther bekommt für „1 Ruthe[1] Steine an die Chaussee an Krautheimer-Weg zu fahren“ (52) 5,50 Mark, Friedrich Geske für die Lieferung von „1½ Kasten Steine“ (56) 60 Pfennige und der Gemeindevorsteher Theodor Thiele selbst 15 Mark „ für 2½ R.(uthen) gelieferde Chausseesteine an den Krautheimer Weg und im Ort und nach Vippachedelhausen zu a Ruth 6 Mark“ (57).
Wer sich Böses dabei denkt! Die von Theodor Thiele gelieferte Ruthe Steine kostet die Gemeinde 6 Mark, die von Julius Walther 5,50 Mark.
Die füllgerechte Zerkleinerung übernimmt wieder Friedrich Hülle (54, 55), den „Chausseebau an Krautheimer Wege lt Acort von 22 Juli 1881“ (53) führt Ado Meih (?) für 25 Mark aus. Die Formulierung „Chausseebau“ lässt darauf schließen,

---

[1] Ruthe : Raummaß für Baumaterialien 12 x 12 x 1 Fuß (vgl. Glossar)

dass hier ein mit der Materie vertrauter Fachmann am Werk ist. Da der Name in den Belegen nur an dieser Stelle auftaucht, ist anzunehmen, dass es sich nicht um einen Bürger Neumarks handelt. Insgesamt verschlingen die Arbeiten am Krautheimer Weg 50,30 Mark, eine Summe, die dem Gemeinderechnungsführer Karl Mohr sicher den Schweiß auf die Stirn getrieben hat – wenn es nicht der Anblick des vor ihm stehenden Bürgermeisters war, der die Auszahlung für überteuerte Steine erwartet.
Für die Arbeiten an der Straße nach Vippachedelhausen, zu denen Th.Thiele die Steine liefert, holt Karl Seifarth aus Vippachedelhausen „Chausseegeld“ (21), d. h. Neumark führt in diesem Falle auch Arbeiten auf dem Teil der Straße aus, die auf der Gemarkung Vippachedelhausens liegt.

11. Preise und Lebenshaltungskosten

Aussagekräftige Feststellungen zu Lebenshaltungskosten in Verbindung mit den im Jahr 1881 geltenden Preisen, den Löhnen/Entlohnungen für Nebenerwerb und Einkommen aus der Landwirtschaft sind anhand des Belegbuchs wegen des Fehlens umfassender Daten nur schwer zu machen.
Die Ernährungsgrundlage der Bevölkerung Neumarks bildet hauptsächlich die Eigenproduktion aus der Landwirtschaft: Korn, Ackerfrüchte, Gemüse, Obst und Produkte der Tierhaltung wie Milch, Eier usw. Informationen zu Landbesitz, Viehbestand usw der einzelnen Gemeindeangehörigen ermöglichten u.U. eine Annäherung an Eigenverbrauch und eventuelle Überschüsse, die auf dem Markt Zusatzeinkommen bedeuteten.
Ein tabellarischer Überblick über die aus den Belegen zu filternden Angaben zu den in Neumark 1881 geltenden

Preisen gibt jedoch die Möglichkeit, anhand eines Vergleichs mit der Entlohnung z.B. des Wegearbeiters Friedrich Hülle einige Feststellungen zur Lebenssituation einzelner Personen zu machen.

Produkt	Preis	Beleg
- ein Pfund Brot	16 Pfennig	(101)
- ein Liter Petroleum	16 Pfennig	(71)
- ein Liter Petroleum	18 Pfennig	(72)
- ein Liter Festbier	14 Pfennig	(94)
- ein Liter Einfach Bier	12 Pfennig	(118)
- ein Liter Weißbier	15 Pfennig	(118)
- ein Dachziegel	4 Pfennig	(27)
- ein Firstziegel	15 Pfennig	(27)
- ein Backstein	6,7 Pfennig	(26)
- eine Ruthe Steine Wegematerial	6,57 Mark	(57)
-eine Annoncenzeile (Weimar.Zeitung)	10 Pfennig	(109)
- Nachnahmeporto	40 Pfennig	(109)
- ein Liter Hafersamen	9,50Mark	(122)

Brot muss als einziges Nahrungsmittel von den Bewohnern, die nicht über Anbauflächen verfügen, gekauft werden, um das geerntete Korn in der Mühle mahlen und dann das Mehl im Backhaus oder beim Bäcker zu einem auszuhandelnden Preis backen zu lassen. Einwohner, die noch über einen eigenen Backofen verfügen, können auch die Bezahlung des Bäckers vermeiden.

Bier, das „flüssige Nahrungsmittel“, gehört zu den Dingen, die den Alltag vieler Bewohner erträglich machen; Petroleum ist zur Beleuchtung lebensnotwendig.
Der Preis für einen Liter Hafersamen von 9,50 Mark ist in seiner Bedeutung für die Existenz eines Bauern nur dann einzuschätzen, wenn weitere Daten zur Verfügung stehen: Umfang des Landbesitzes, finanzielle Eigenmittel aus Verkauf von Überschüssen aus Ernte oder Tierprodukten.
Die Kosten für Steine zum Wegebau sind Gemeindeangelegenheit; Ziegel für den Hausbau, Portokosten oder Kosten für Annoncen entstehen, da nicht zur jährlichen Existenzsicherung gehörend, nur im Bedarfsfall.
Ausgaben für Papier fallen selten an; den Kauf von Schulbüchern und anderen Schulmaterialien übernimmt die Gemeinde.
Die in der Tabelle wiedergegeben Preise erlangen ihre Bedeutung, wenn man sie in Beziehung zum Lohn eines abhängig Beschäftigten wie den des Wegearbeiter Friedrich Hülle setzt.
Friedrich Hülle bekommt als Tagelohn 50 oder 60 Pfennig und insgesamt für 81 Tage Arbeit 50,10 Mark Entlohnung. Für einen Tagelohn könnte er sich etwa zwei Pfund Brot und einen Liter Petroleum kaufen. Für Kleidung und Schuhwerk sollte er bei seiner Arbeit erhebliche Ausgaben im Jahr haben, so dass es schwer vorstellbar ist, dass er unter diesen Umständen ein erfülltes Leben ohne Existenzängste führte.

12. Verschwundenes

12.1. Die Brunnen

Das Jahr 1881 ist auch eine Jahr der Brunnenerneuerung im Ort. Mit den für das Gemeindeleben wichtigen Brunnen, befassen sich die Belege 73 bis 77.
Da eine Versorgung der Haushalte mittels Leitungssystem noch nicht vorhanden ist, müssen die Brunnen funktionstüchtig gehalten werden.
Über die Anzahl der 1881 in Neumark vorhandenen Brunnen herrscht Uneinigkeit unter den mit der Ortsgeschichte vertrauten Einwohnern. Nach Information durch Leopold Saalfelder gab es nach 1945 noch eine größere Anzahl von Brunnen. Wie viel von diesen schon im Jahr 1881 bestanden, ist quellenmäßig nicht zu erfassen.
Ein zentral gelegener Brunnen befand sich am Marktplatz, an dem der Schmiedemeister Geske am 11. Mai (75) Arbeiten ausführt und am 7. Juni den Wasserbringer ausbessert. Am 2. Juni liefert Karl Pflantz aus Tannroda (73) „eine neue verfertigte gelieferte Brunröhre mit Zubehör". Die Brunnenröhre besteht noch nicht aus Metall sondern aus Holz.
Diese Röhre ersteigert Friedrich Barthel (3) am 4. Juli im Rahmen der Kirschauktion für 50 Pfennig. Da im Beleg von dem „ Holz [der] Brunnröhren" im Plural gesprochen wird, handelt es sich u.U. um einen Hinweis auf den in den Belegen namentlich erwähnten zweiten Brunnen. Die Lieferung durch Karl Pflantz besteht jedoch aus einer Brunnenröhre, so dass alternativ angenommen werden kann, dass das Röhrensystem eines Brunnens aus mehreren Röhren besteht.
Sicherheit hinsichtlich der Existenz eines zweiten Brunnens gibt Beleg 74, in dem Karl Pflantz am 29 Juni „über eine regratür(?) vor den Gemeindebrunn bei der Schmidte

[Schmiede][1] zu Neumark" über 5,75 Mark quittiert. Die Tür ist möglicherweise Bestandteil einer Umzäunung / eines Gitters um den Brunnen oder – aufgrund falscher Orthographie – als „Reglertür" zu lesen.
Nachdem am 07. Juni die Arbeiten mit der Ausbesserung des „Wasserbringers" am Marktbrunnen abgeschlossen waren, versieht Friedrich Geske am 16. November (77) die Brunnenanlage ordentlich mit Schlossblech, Vorlegeschloss und 2 Schlüsseln zum Schutze vor der wilden Jugend Neumarks. Fraglich in seiner Zuordnung bleibt im Zusammenhang mit den Arbeiten an den Brunnen Neumarks Beleg 26, laut dem Wilhelm Gröger von der Gemeinde beauftragt und auch bezahlt wird, „eine Brunröhre an den Magtbrun in Weimar zu hohlen."[2] Da Gröger am 21. Juli quittiert, muss es sich um eine Brunnenröhre handeln, die bei den Arbeiten in Neumark keine Verwendung mehr fand. Es bleibt jedoch der Stolz, dass Neumark der Stadt Weimar hilfreich zur Seite stehen konnte.

12.2. Die Straßenbeleuchtung

Wie sah es im Jahr 1881 auf Neumarks Straßen bei Dunkelheit aus?

Exkurs
Im Mittelalter dienten der Straßenbeleuchtung verschiedene Brennmaterialien: Kienspäne des harzreichen Holzes der Kiefer, Fett und Öl. Ab dem 16. Jahrhundert ergab die

---

[1] in der Hintergasse

[2] In Weimar besteht ein Teil der Wasserleitungen noch aus Holz.

Produktion von Raps- und Rübölen „eine gewisse Versorgungssicherheit für Lichtbrennstoffe“[1].
Die Entwicklung des Dochts (Runddocht) durch den Schweizer Aime Argard ermöglichte durch größere Sauerstoffzufuhr eine höhere Brenntemperatur und saubereres Verbrennen der Brennstoffe. Ein der Flamme übergestülpter Glaszylinder beruhigte den Brennvorgang und damit den Lichtauswurf. Mittels eines Drehmechanismus konnte der Docht höher und niedriger gestellt werden, um mehr oder weniger Licht zu erzeugen.
Nach der Entdeckung der Ölfelder in Pennsylvania löste Petroleum als billiger und sauberer Brennstoff die Verwendung organischer Öle ab.

Die Belege 71 und 78 des Belegbuches geben differenziert Auskunft über die zur Straßenbeleuchtung verwendeten Brennstoffe, die zur Instandhaltung nötigen Materialien und Werkzeuge und damit indirekt auch Auskunft über die zu vermutende Anzahl der Straßenlaternen und deren Bedienung.
Die Auslieferung des Apothekers Karl Seyfarth im November 1881 an den Gemeindediener Theodor Schäler, der auch mit der Straßenbeleuchtung beschäftigt ist, umfasst folgende Artikel (71): 1000 Stück Schwedische Zündhölzer, einen Zylinderputzer, Schle[ä]mmkreide[2], Docht, sechs große

---

[1]http://wikipedia.org/wiki/Geschichte_der_Beleuchtung, (Stand: 09.02.2013)
[2] Schlämmkreide: Kreideaufschlämmung zur schonenden Oberflächenbehandlung von Edelmetallen, Glas; die mit Sand, Steinen, Muschelschalen durchsetzte natürliche Kreide (Sediment) wird durch Sieben, Mahlen und Schlämmen gereinigt. In☺http://de.wikipedia.org/wiki/Kreide_(Gestein) (Stand: 08.02.2013); ein Beispiel der Weltliteratur illustriert diesen Vorgang

Zylinder, einen Zylinder [Ersatzzylinder] und 256 Liter Petroleum. Hinzu kommt eine Lieferung durch Sidonie Braunitz (72) über 368 Liter Petroleum.[1]

Die Verteilung der Aufgabenbereiche hinsichtlich der Stadtillumination Neumarks stellt sich folgendermaßen dar: Lieferung der Materialien und des Brennstoffs durch Karl Seyfarth und Sidonie Braunitz, Empfang und Verwaltung der Materialien durch den Gemeindediener Theodor Schäler (u.U. auch Bedienungsarbeiten) und Bedienungsarbeiten durch Christian Lange – ebenfalls Gemeindediener.

Die Arbeiten an der Straßenbeleuchtung muss man sich folgendermaßen vorstellen: Vor Inbetriebnahme der Straßenlaternen werden die Zylinder, falls defekt, ausgetauscht, der Docht unter Umständen erneuert und während des Betriebs – besonders in der dunklen Jahreszeit-die Zylinder und die Metallteile der Beleuchtungskörper mit Zylinderputzer und Schlämmkreide vom Rußbelag gereinigt und Petroleum in den Behälter gefüllt / nachgefüllt .Ein Zündholz–unter Umständen auch mehrere Zündhölzer der gelieferten 1000 Stück - entfacht den Brennvorgang und Christian Lange kann mit der Leiter zur nächsten Laterne marschieren, dort die Arbeit mittels „Blechflasche und Gemüßn zum Peterolium [...] für 5 Zilinder auf den Lamben in Straßenlaternen" (78) fortführen und die Arbeit pro Arbeitsgang mit **[...]** Pfennig in Rechnung stellen.

Hinsichtlich der Formulierung „Gemüßn zum Peterolium" kann es sich, unterstellt man eine gewisse „ Unbeholfenheit"

:„Katjuscha nähte, räumte die Zimmer auf, putzte mit Kreide die Metallverkleidungen der Heiligenbilder [...]", in : Tolstoj, Leo: Auferstehung, Leipzig o.J., S. 18.

[1] Bei dieser Gesamtlieferung von 624 Litern Petroleum fällt sicher auch ein gewisses Quantum für die Beleuchtung der Amtsstuben (sprich Wohnzimmer) der Honoratioren ab.

in der Rechtschreibung, um Gemüse handeln und die falsche Zuordnung von Olivenöl zweiter Pressung zu Gemüse. Inwiefern die Zugabe von Gemüse, sprich Olivenöl, zum Petroleum den Brennvorgang der Straßenlaternen befördert, bleibt das Geheimnis des Christian Lange. Eindeutiger kann die Lieferung von Baumöl an Theodor Schäler (71) als Brennmaterial für die Straßenlaternen identifiziert werden. Nach der Erläuterung im Damen Conversations Lexikon[1] von 1834 als „Saft aus den Oliven, den Früchten des Oelbaumes (olea europaea)“[2] sei die „Brauchbarkeit in der Küche, der Apotheke, als Brennmaterial [...] bekannt“[3]. Das „gemeine (Baumöl), welches durch heißes Wasser aus den Früchten gesotten wird, ist übelriechend“ und dürfte wohl das in Neumark verwendete Öl sein und nicht das im Lexikon als „feine(s) Baumöl“ beschriebene, welches „durchscheinend hell (ist), [...]süß [schmeckt] und [...] beim Verbrennen keinen üblen Geruch [gibt]“[4]. Die im Lexikonartikel erwähnte häufige Verfälschung des Baumöls durch Mohn- und Nußöl könnte eine Erklärung für das „Gemüse“ des Christian Lange sein.

Die im gleichen Beleg erwähnte „Schmiere zur Spritze“ für den Schmied Geske dient diesem (vgl. oben) den Arbeiten an den Brunnen Neumarks und seinem Amt als Verwalter des Spritzenamtes der Feuerwehr.

---

[1] Damen Conversations-Lexikon, Bd. 1,Leipzig.1834, S. 468 – 469.
[2] a.a.O.
[3] a.a.O.
[4] Damen.Conversations-Lexikon.a.a.O.

Grabtafel Richard Seifarths auf dem Friedhof Neumarks

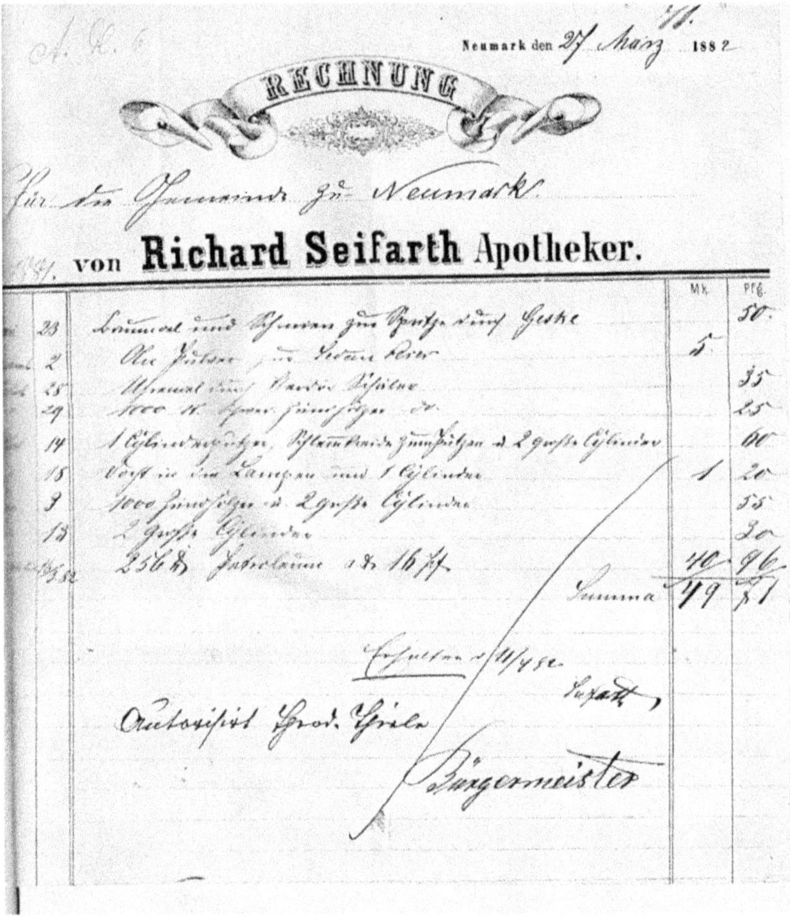

Neumark den 27 März 1882

RECHNUNG

für die Gemeinde zu Neumark

von Richard Seifarth Apotheker.

		Mk.	Pfg.
23	[illegible]		50
2	[illegible]	5	
25	[illegible]		35
29	1000 [illegible]		25
14	1 Cylinder [illegible] u. 2 große Cylinder		60
18	[illegible] und 1 Cylinder	1	20
3	1000 Zündhölzer u. 2 große Cylinder		55
13	2 große Cylinder		30
	256 ℔ Petroleum à 16 Pf	40	96
	Summa	49	71

Autorisirt [illegible]

Bürgermeister

Beleg 71: Rechnung über Austattung der Gemeindediener mit Bedarf für die Neumarker Straßenbeleuchtung

12.3. Neumark als Amt und Gerichtsort

„Ämter [im Großherzogtum Sachsen-Weimar-Eisenach] sind Lokalorgane der landesherrlichen Gewalt."[1] Ein solches Lokalorgan landesherrschaftlicher Gewalt existierte bis zum Beginn des 19. Jahrhunderts in Neumark. In der Hand des Leiters der Behörde, dem Amtmann, werden ursprünglich Militär-, Justiz-, Polizei-, Finanz-und Dömänenverwaltung vereinigt. Diese umfassende Zuständigkeit des Amtes findet 1850 mit der Trennung von Verwaltung und Justiz im Großherzogtum sein Ende.[2] Das Amt „nimmt sowohl die öffentlichen wie die privatrechtlichen Befugnisse des Landesherren wahr"[3]: als öffentliche Befugnisse das Gericht, die Polizei, den Steuereinzug, den Zoll, das Geleit und die Verpflichtung der Bewohner des Amtes zu öffentlichen Diensten, als Vertreter privatrechtlicher Befugnisse des Landesherren die Verwaltung der Güter des Landesherren, mit dem Grundbesitz verbundenen Lehnsverpflichtungen und weiterer aus mittelalterlichem recht entstandenen Verpflichtungen der Untertanen.

Ein Amt Neumark wird für die Jahre 1523, 1529, 1531 und 1695 erwähnt, wobei 1561 und 1603 auch Thalborn zum Amt Neumark gehörte.[4] Amtsorte [Gerichtsorte] des Amtes Neumark sind neben der Stadt selbst Ballstedt, Hottelstedt und Ottmannshausen. Die Stadt Neumark nimmt aufgrund des in seinen Gemarkungen bestehenden adligen

---

[1] Diezel, Rudolf: Die Ämterbezirke in Sachsen-Weimar seit dem 16.Jahrhundert. Eine verwaltungsgeschichtlich-topographische Untersuchung. Jena 1943, in: Zeitschrift des Vereins für Thüringische Geschichte und Altertumskunde, Beiheft 27, S. 5.

[2] vgl.im Folgenden Diezel, a .a. O

[3] a.a.O., S. 6.

[4] a. a. O., S. 77.

Grundbesitzes [Rittergüter] eine Sonderstellung ein. Infolge der Verleihung von Gerichtsbarkeitsrechten als Eigentum, Lehen, Verpfändung oder Verpachtung an Privatpersonen [Adlige / Ritter] stehen diese als „Patrimonialgerichtsbarkeit" bezeichneten gerichtlichen Befugnisse nicht mehr dem Amt (Landesherren) zu, sondern sind als Bestandteil eines Erbgutes (patrimonium) dem Einfluss des Landesherren teilweise entzogen.[1] Dieser dinglichen Gerichtsbarkeit (Juridicatio patrimonialis realis), die zumeist mit einem Rittergut verbunden ist, entspricht die persönliche Gerichtsbarkeit (Juridicatio patrimonialis personalis), die Städten, Universitäten oder Stiftern zuzuordnen ist.[2] Die Ausnahmen von landesherrlicher Gerichtsbarkeit, die dem Patrimonialgericht zustehen, betreffen die niedere Gerichtsbarkeit und Erbgerichtsbarkeit, wie „Strafgerichtsbarkeit über geringe Vergehen, die Zivilgerichtsbarkeit, die freiwillige Gerichtsbarkeit sowie Verwaltung und niedere Polizei"[3] und „die den Rittergütern zustehende Freiheit von Besteuerung und Einquartierung sowie in der von den Räten der Städte ausgeübte Selbstverwaltung"[4].

---

[1] a. a. O. S. 7 ff.

[2] vgl. Pierers Universallexikon, Bd.12. Altenburg 1861, S. 749-750.; ebenso Meyers Großes Konversations-Lexikon, Bd.15. Leipzig 1908, S. 506-507.

[3] Diezel, a. a. O., S .8.

[4] Diezel, a. a. O, S. 9.

Blick auf das Gutsgelände vom Marktplatz aus (ca. 1959) (Das querstehende Gebäude im Hintergrund wurde abgerissen)

Die von Rittergütern und Städten erlangten eigenen Gerichtsrechte, sei es durch erbliches Lehen oder Verpachtung, fielen bei Ende der Erbfolge im Geschlecht durch Erlöschen oder Kauf durch die Landesherrschaft dieser wieder zu. Die so entstandenen Kammergüter oder

Domänen[1] wurden mit der Gerichtsbarkeit des zuständigen Amtes ausgestattet.
Wenn jedoch das dem Landesherren ohne direkte Erben heimgefallene oder erkaufte Gut mit seinen Einkünften als Schatullgut[2] dem privaten Besitz des Landesherren zugeordnet wurde, „ging das bisherige Patrimonialgericht nicht im Amte auf, sondern wurde in ein Schatullgericht umgewandelt"[3]. Die Schatullgerichte als Patrimonialgerichte im Besitz des Landesherren standen wie die gewöhnlichen Patrimonialgerichte einer Vereinheitlichung des Gerichtswesens und der Amtsbezirke im Wege und wurden im Zuge der Reformierung des Gerichtswesens des Großherzogtums Sachsen-Weimar-Eisenach zu Beginn des 19. Jahrhunderts den Amtsbezirken zugeordnet. Gleichzeitig erfolgte eine Bereinigung der Gerichtsbarkeit gegenüber den Städten, um der häufig auftretenden Konkurrenz der Stadträte mit den Ämtern und der „räumliche[n] und sachliche[n] Vermengung der Zuständigkeiten zu entgehen"[4]. Den Stadträten wurde die Gerichtsbarkeit ganz genommen oder auf Polizei und Verwaltung beschränkt, wie es für Neumark 1812 geschah.
Für Gerichtszuständigkeiten der Stadt Neumark ergibt sich folgendes Bild[5] : Das Amt Neumark (siehe oben) wurde schon im 16. Jahrhundert zum Patrimonialgericht im Amtsbezirk

---

[1] vgl. hierzu Pierers Universal-Lexikon, Bd.5.Altenburg 1858, S. 231-233.
[2] Schatulle: mittellat. Scatola =Schachtel zur Aufbewahrung von Geld, Kostbarkeiten, im übertragene Sinne das Privateigentum eines Monarchen; vgl. Meyers Großes Konversations-Lexikon, Bd.17, Leipzig 1909, S. 104.
[3] Diezel, Rudolf, Die Ämterbezirke, a. a. O., S. 19.
[4] a. a. O., S. 29.
[5] a. a. O., S. 77.

Weimar. Nachdem die noch bestehenden Rittergüter in Neumark 1760 durch Heimfall und 1778 durch Kauf zu Schatullgütern mit Schatullgericht wurden, folgte eine kurze Blüte der Schatullgerichtsbarkeit der Stadt Neumark durch Vereinigung der Schatullgerichte von Daasdorf bei Buttelstedt und Heichelheim mit dem Schatullgericht der schon im Amt Neumark vereinigten Dörfer, bis am 31.3.1811 das Schatullgericht Neumark aufgehoben wurde und die Befugnisse auf das Amt Weimar übergingen. Das Gericht des Stadtrates Neumark, hauptsächlich befasst mit freiwilliger Gerichtsbarkeit, wurde ebenso dem Amt Weimar eingeordnet.

Hätte sich ohne die Aufhebung niederer Gerichtsbarkeit für das Amt Neumark eine Überführung der Herren Färber und Co. an das Amtsgericht Weimar erübrigt und wurde der Bevölkerung damit ein ergötzliches Schauspiel einer Gerichtsverhandlung genommen?

Eine Amtshandlung des Schatullgerichts Neumark verbindet direkt die Vergangenheit mit der Gegenwart:

Eine von Herzog Karl August veranlasste statistische Erhebung zum Kartoffelanbau im Herzogtum Weimar für das Jahr 1787 zeitigte folgende Ergebnisse für die dem Schatullgericht Neumark zugehörigen Ortschaften[1]:

Ertrag nach Körben (1 Korb ca. 50 kg)

Ort	Anbau	Verbrauch	Differenz
Neumark	758	758	-
Hottelstedt	90	157	- 67

---

[1] Eybel, A.: Zur Geschichte des Anbaus der Kartoffel in Thüringen, Thüringen- eine Monatsschrift für alte und neue Kultur, 3.Jahr, Januar 1928 zit. In http://klossmuseum.homepage.t-online.de/1787 Statistik.htm

Ballstedt	145	83	+ 62
Heichelheim	109	109	-
Ottmannshausen	181	187	- 6
Daasdorf	97	129	-32

Neumark mit dem weitaus größten Ertrag und Heichelheim verbrauchen diesen auch selbst; in Hottelstedt, Daasdorf und Ottmannshausen übersteigt der Bedarf / Verbrauch das Ernteergebnis; Ballstedt produziert als einzige Gemeinde über den eigenen Verbrauch hinaus. Die Statistik mag hinsichtlich des im Vergleich zu den anderen Gemeinden relativ hohen Ertrags und Verbrauchs Neumarks ein Hinweis auf die im Vergleich höhere Einwohnerzahl sein, die Angaben zu Heichelheim führen uns vor Augen, dass eine Gemeinde, die heute mit seiner Kloßproduktion weit über Thüringens Grenzen bekannt ist, den Sinn und Zweck des Kartoffelanbaus nicht nur in der Deckung des Eigenbedarfs gesehen hat, sondern ebenso in der wirtschaftlichen Verwertbarkeit.

Exkurs

Betreffs des Kartoffelanbaus eine Anmerkung, die mit einem im Beleg 31 auftauchenden Begriff steht. Der Ausmacherlohn, den F. Liebermann aus Dielsdorf für das Pflanzen für Pappeln in Neumark erhält, ist eine Art Akkordzuschlag, der bei Fertigstellung in vorgegebener Zeit ausgezahlt wird. Im landwirtschaftlichen Sektor taucht der Begriff auch im Zusammenhang mit der Kartoffelernte auf: „Beim Auspflügen(der Kartoffeln) bedarf man auf einen Pflug 20-25

Aufleser. Durchschnittlich kommt der Ausmacherlohn pr. [o] Morgen zwischen 2 ½ und 3 ½ Thaler zu stehen“[1].

12.4. Die Feldgeschworenen

1881 wirken lt. Belegen 45 und 66 als Feldgeschworene in Neumark Karl Seifarth und Michael Reifart. Das Amt der Feldgeschworenen ist im 13. Jahrhundert in Franken im Zusammenhang mit dem Übergang von Gemeinbesitz (Allmende) in Privatbesitz und der notwendig werdenden Markierung des Grundbesitzes mittels Steinen/ Pfählen entstanden, wenn die natürlichen Begrenzungen der Grundstücke durch „Hecken, Bachläufe, Schluchten und Grenzbäume[...]“[2]nicht mehr genügten. Die Aufgabe der Grenzmarkierungen übernahmen die Dorf- und Stadtgerichte, aus denen sich das Amt der Feldgeschworenen entwickelte.[3] Mit dem Übergang von Befugnissen der Stadt- oder Dorfgerichte im Zuge der Neuordnung des Gerichtswesens durch Zusammenlegung zu größeren oder Auflösung von Amtsbezirken griffen bei gerichtlichen Auseinandersetzungen um Grundstücksgrenzen die Gerichte auf die in den Gemeinden/ Städten existierenden Feldgeschworenen als mit den lokalen Gegebenheiten vertrauten Personen zurück .Da bei der Entstehung des Amtes gewöhnlich 7 Personen- bis 1980 ausschließlich Männer- als Feldgeschworene vereidigt wurden, bürgerte sich der Begriff „Siebener“ ein. Zu

---

[1] Lengerke, Alexander von: Landwirtschaftliche Statistik der deutschen Bundesstaaten. Bd. 2, 2. Abteilung, Braunschweig 1841, S. 329.

[2] Burkhart, Peter: Die Feldgeschworenen , in: http://w.w.w.hvv-obernburg.de/Obernburger_Geschichten/Die_Feldgeschworenen/die_feldgeschworenen, (Stand:08.02.2013)

[3] a.a.O.

Abmarkungen verwendeten die Feldgeschworenen in den einzelnen Gemeinden unterschiedliche geheime Zeichen / Markierungen beim Setzen der Grenzsteine und überliefern diese, weil geheim, nur mündlich an die Nachfolger. Den Dienst versehen sie lebenslang, solange sie gesundheitlich dazu in der Lage sind.
Eigentlich ein Ehrenamt, wird die Tätigkeit der Neumarker Feldgeschworenen jedoch entlohnt. Wie Beleg 66 beschreibt, besteht die Tätigkeit der Feldgeschworenen aus dem Setzen, dem Auswechseln beschädigter oder Entfernen von Grenzsteinen. Bis zum Erlass des Abmarkungsgesetzes von 1900 „hatten die Feldgeschworenen das Recht, Grenzermittlungen, Grundstücksteilungen und –abmarkungen durchzuführen“[1].
Eine weitere Aufgabe für die Feldgeschworenen besteht darin, sogenannte Gemarkungsgrenzgänge durchzuführen. Für eine solche „Revision der Flurgrenzen und sämtlicher Komumcation und Kollturwege in der Flur Neumark“ (45) benötigten K. Seifarth und M.Reifart 1881 eine Woche. Es ist anzunehmen, dass hier Wege gemeint sind, die nicht natürlichen Gegebenheiten folgen, sondern geplant angelegt wurden (Kulturwege) und die der Verbindung mit Nachbarorten dienen oder den Zugang zu Ackerflächen ermöglichen (Kommunikationswege). Da die Wahl der Feldgeschworenen Gemeindesache ist, scheint man sich in Neumark mit zwei Feldgeschworenen begnügt zu haben, außer das Belegbuch nennt andere Feldgeschworene nicht, da im Jahr 1881 nicht mit Abmarkungen beauftragt.
Bemerkenswert ist, dass die Feldgeschworenen Seifarth und Reifart bei der Revision der Flurgrenzen und Wege (45) und der Erneuerung/dem Setzen der Wegesteine (66) wesentliche

[3]http://de.wikipedia.org/wiki/Feldgeschworene (Stand 09.02.2013)

Arbeiten an den Wegen und Flurgrenzen zu den Gemeinden im Osten und Norden der Flur Neumarks durchführen mussten (Vogelsberger Weg, Sprötauer Weg, Neuß[s]ig, Dörnsrain).
Grund hierfür war sicher die Entfernung der betreffenden Wegesteine vom Stadtraum. Wegesteine in den Fluren und an den Wegen nach Vippachedelhausen und Berlstedt werden nicht erwähnt. Diese Wegesteine in südlicher und westlicher Richtung, die sich deutlich näher zum Stadtraum befinden, liegen an stärker befahrenen Straßen und befinden sich somit unter größerer Beobachtung. Die weit von der Stadt entfernten Steine konnten eher von einem ausweichenden oder wendenden Gefährt beschädigt werden.Und welcher Ackerbürger meldet dies dem Gemeindevorstand!
Das Amt der Feldgeschworenen hat sich nur in Bayern, Rheinland- Pfalz und Thüringen erhalten, wobei in Thüringen eine „Mitwirkung" der Feldgeschworenen vorgesehen ist und diese „der Fachaufsicht der [...] Kataster- und Vermessungsbehörde [unterliegen]"[1]. In Neumark bestand das Amt der Feldgeschworenen bis zur Zwangskollektivierung der Landwirtschaft (in Neumark der LPG[2]) im Frühjahr 1960.[3]

---

[1] Thüringer Vermessungs-und Geoinformationsgesetz(ThürVermGeoG) vom 16 Dezember 2008
[2] LPG – Landwirtschaftliche Produktionsgenossenschaft
[3] Aussage Christa May

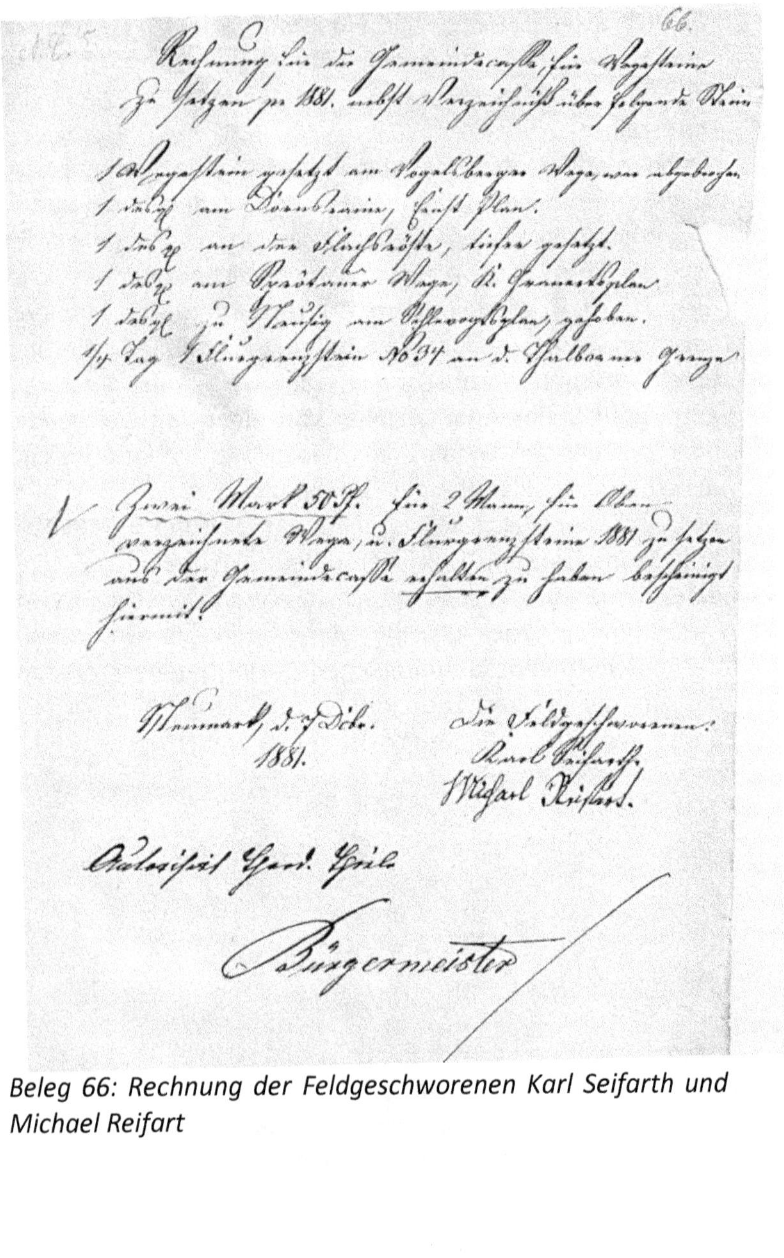
66.

Rechnung für die Gemeindecasse, für Markstein zu setzen pro 1881. nebst Verzeichniß über folgende Stein

1 Markstein gesetzt am Vogelsberger Wege, war abgebrochen.
1 dsgl. am [illegible], [illegible] Plan.
1 dsgl. an der [illegible], tiefer gesetzt.
1 dsgl. am Ardörner Wege, [illegible]plan
1 dsgl. zu [illegible] am [illegible]plan, gehoben.
1/4 Tag 1 Flurgrenzstein No 34 an d. [illegible] [illegible]

Zwei Mark 50 Pf. für 2 Mann, für oben verzeichnete Wege, u. Flurgrenzsteine 1881 zu setzen aus der Gemeindecasse erhalten zu haben bescheinigt hiermit.

[illegible]markt, d. 7 Dcbr. 1881.

Die Feldgeschworenen.
Karl Seifarth.
Michael Reifart.

Calculirt Gerh. [illegible]

Bürgermeister

Beleg 66: Rechnung der Feldgeschworenen Karl Seifarth und Michael Reifart

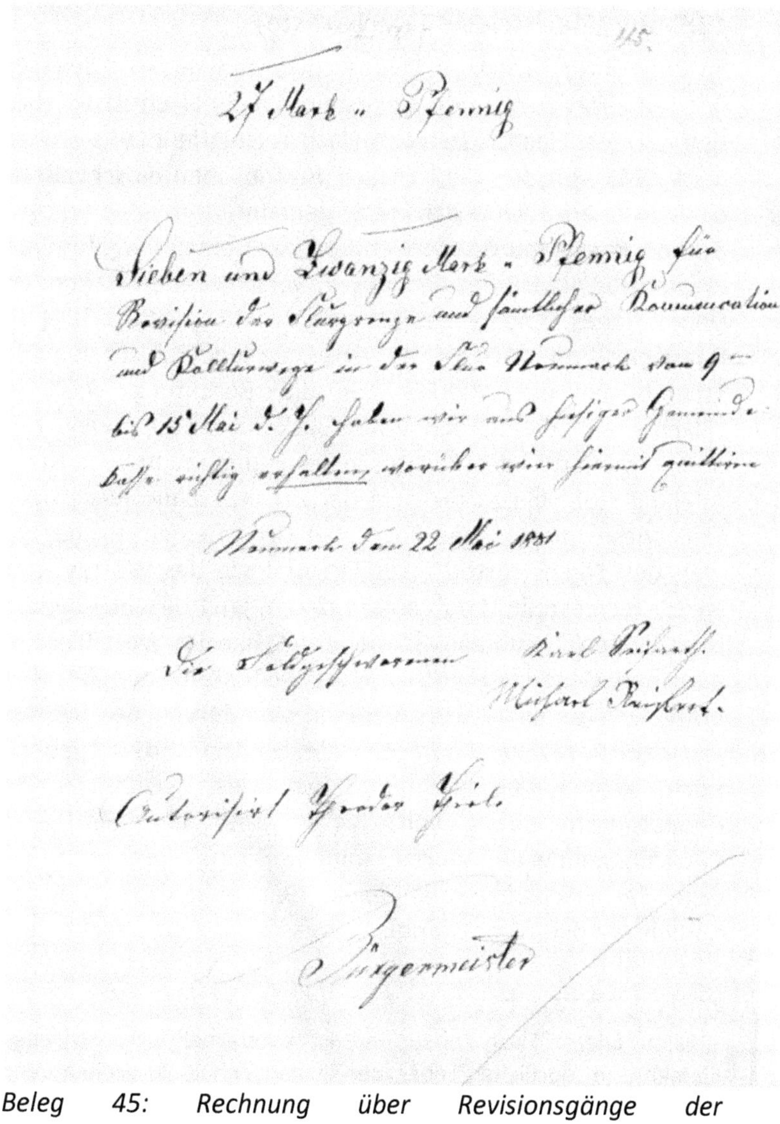
115.

27 Mark „ Pfennig

Sieben und Zwanzig Mark - Pfennig für Revision der Flurgrenze und sämtlicher Communication und Feldwege in der Flur Neumark vom 9ten bis 15 Mai d. J. haben wir aus hiesiger Gemeindekasse richtig erhalten worüber wir hiermit quittieren

Neumark den 22 Mai 1881

Die Feldgeschworenen Karl Reichert.
Michael Reichert.

Autorisirt Schröder Schult.

Bürgermeister

Beleg 45: Rechnung über Revisionsgänge der Feldgeschworenen in der Gemarkung

12.5. Die „Flachsriese" (Flachsröste)

Im Zuge ihrer Arbeit als Feldgeschworene setzen K.Seifarth und M.Reifart auch einen Wegestein „an der Flachsröste" (66) tiefer. Diese Flachsröste(auch Flachsrotte) Neumarks wurde nach 1945 von den Kindern und Jugendlichen einschließlich des Verfassers auch „Flachsriese" genannt.
Dies deckt sich mit der Verwendung der Bezeichnung für eine Flachsröste als Flurbezeichnung in verschiedenen Gegenden Deutschlands. Andere Bezeichnungen wie „Flachsröße, [...], Haarlache"[1] oder Flachsrotte verdienen jedoch nicht von der Ethymologie des Wortes her die Beachtung wie die „Flachsriese", die auf den ersten Blick mit <-riese> wenig mit dem Rösten (s.u.) des Flachses in Verbindung zu bringen ist.
Adelung stellt hierzu fest: „In der Lausitz ist die Riese oder Flachsriese soviel als die Röste, der Ort an einem Bache, wo man den Flachs röstet"[2]. Zur Ethymologie des Wortes wird weiter festgestellt, dass, „sofern riesen, jetzt rieseln, ehedem auch fließen, herabfallen[...] bedeutet, hat das Wort Riese in manchen Gegenden noch andere Bedeutungen"[3]. Mit der unter Umständen stattgefundenen Wanderung des Wortes aus der Lausitz in andere Gebiete Deutschlands ist jedoch noch keine Klärung der Ethymologie gegeben. Die Bedeutungsherleitung von 'Riese' ermöglicht eher eine Entschlüsselung der Wortzusammensetzung Flachsriese. Die Lage der Flachsrösten an einem Bache, der das für das Kaltwasserrösten notwendige Wasser liefert, macht den

---

[1] Seim, Edgar: Flachsanbau und Flachsverarbeitung – wichtige Elemente im dörflichen Leben der Vergangenheit .In: Heimatbund Thüringen, Flurnamen-Report 2 2004, S. 3.

[2] Adelung : Grammatisch- kritisches Wörterbuch der Hochdeutschen Mundart, Bd.3. Leipzig 1798, S. 1113.

[3] a.a.O.

Ersatz von "Röste" durch "Riese" möglich, wenn das Strömungsverhalten eines Baches mit „Rieseln" in Betracht gezogen wird.[1]
Eine zweite Erklärungsmöglichkeit für das Wort Flachsriese besteht darin, dass man die zweite Möglichkeit des Röstens als Erklärungsversuch heranzieht: Bei der sogenannten Tauröste werden die Flachsstängel auf „gemähtem Grünland ausgebreitet, der Witterung ausgesetzt"[2], um zu rösten. Obwohl dieser Vorgang auf dem privaten Acker des Bauern geschehen kann und nicht ein Allmendegelände vonnöten ist, gelingt es dem Volksmund u.U. aus den dem Rösten dienenden Wiesen durch Anlehnung an das anlautende – R- in Rösten eine "Riese" zu machen.Trotz der Gewagtheit dieser Hypothese sei darauf verwiesen, dass in einigen Gegenden Deutschlands die Flurbezeichnung „Flachswiese" erhalten ist.[3]
Die Flachsröste Neumarks befand sich ca. 100 m vor dem Niedertor und diente der Gemeinde im 20.Jahrhundert als Abfallgrube.

Exkurs
Die geernteten Flachshalme (Lein) wurden so lange in einen Fluss, Bach, Teich oder eigens dazu angefertigte Kästen oder Gruben (Flachsröste, Rottegrube) gelegt und mit Steinen beschwert, bis sie verrottet (als Verb rösten = faulen machen, rotten lassen) waren und man so besser an die faserigen Leitbündel gelangte, die der Flachsgarn- bzw. Leinenherstellung dienten. Bei einer Temperatur von 20-22 °C

---

[1] vgl. auch Ethymologisches Wörterbuch des Deutschen / Q-Z, Berlin 1989, S. 1428.
[2] Seim, Flachsanbau, a.a.O
[3] a.a.O.

des Wassers reichten ca. sechs bis acht Tage, bis der verarbeitbare Zustand des Flachses erreicht war. Die Rottegruben wurden meist in der Nähe eines fließenden Gewässers und außerhalb des Ortes angelegt, um die bei der Weiterverarbeitung entstehenden Abfallprodukte entsorgen zu können und den beim Prozess des Verrottens entstehenden Gestank von der Ortschaft fernzuhalten.[1]
Die oben beschriebenen Voraussetzungen für das Anlegen einer Rottegrube treffen auch für die Neumarks zu: Die Grube liegt außerhalb der Stadt und in der Nähe befindet sich einer kleiner, im „Michel" entspringender Bach (siehe unter Topographie), dessen Wasser in der Flachsröste gestaut wurde Hinzu kommt, dass in diesem Bereich der Boden sehr lehmhaltig war/ist. Heute ist die Flachsröste / Flachsriese verfüllt und bebaut.

12.6. Das Brauhaus

1881 existiert in Neumark ein Brauhaus, welches den Belegen nach in diesem Jahr auch noch in Betrieb ist und produziert.Die Flurkarte von 1864/1865 (Blatt I)[2] verzeichnet unter den 180 Gehöften/Häusern, die sich innerhalb und außerhalb der ehemaligen Stadtmauer befinden, das Brauhaus mit der Ziffer 69.
Das Brauhaus liegt am nördlichen Rand der Flur „Beim Brauhaus" vor dem Untertor (vgl. Obertor-Untertor) vor der Flachsröste am Weg nach St.Michael. Die Lage des Brauhauses ist durch den Verlauf des Baches von St.Michael

---

[1] vgl. Pierers großes Konversations-Lexikon, Bd. 6. Altenburg 1858, S. 323-326.- hier auch eine ausführliche Beschreibung weiterer Möglichkeiten des Röstens von Flachs

[2] Heinrici, G.: Flurkarte von Neumark (Landesamt für Vermessung und Geoinformation Katasterbereich Erfurt)

bestimmt, der für das Brauen das notwendige Wasser in guter Qualität liefert. Den für das Bier notwendigen Hopfen bezieht man aus dem ehemals bestehenden Hopfenanbau auf der Neumarker Flur und u.U. durch Bezug aus Thalborner Produktion. Hierauf verweisen die Flurbezeichnungen „Auf dem Hopfenthale“[1] der Neumarker Gemarkung an der Flurgrenze zu Thalborn und das zum Teil auf Thalborner Gemarkung liegende „Hopfenthal“[2].

Mit dem in Neumark in einer Mietwohnung lebenden Brauer Lange befasst sich Beleg 91. Diese Mietwohnung muss sich in einem desolaten Zustand befunden haben, denn es wird „für verschiedene Ausbesserungen“ und „für einen Ofen zu setzen“ aus der Gemeindekasse bezahlt. Die Bezahlung der Wohnungsrenovierung durch die Gemeinde deutet jedoch nicht unbedingt darauf hin, dass sich die Wohnung im Brauhaus oder einem anderen gemeindeeigenen Gebäude befindet. Die ausdrückliche Verwendung des Begriffes „Mietwohnung“ und das Fehlen einer Quittung über Mietzahlungen im Belegbuch lassen eher darauf schließen, dass der Brauer in einem Privathaus wohnt. Warum die Gemeinde eine Renovierung einer Privatwohnung bezahlt, könnte in einer stillschweigenden Vereinbarung bestehen: Der Brauer weigert sich wegen geringen Einkommens aufgrund sinkender Aufträge oder zurückgehender Hopfenproduktion den Braubetrieb aufrechzuerhalten, die

---

[1] Generalkarte von Neumark nach der Originalkarte über die in den Jahren 1859 bis 1873 ausgeführte Grundstückszusammenlegung reducirt und gezeichnet im Jahre 1873 von dem Geometer R. Gang – Landesamt für Vermessung und Geoinformation Katasterbereich Erfurt

[2] Topographische Karte 4933 Neumark in Thüringen, hrsg. Preußische Landesaufnahme 1905, Maßstab 1: 25000

Gemeinde bezahlt, um den Brauer zu halten, dem Vermieter die Renovierung der Wohnung.
Auch die Anbindung Neumarks im gleichen Jahrzehnt an eine Eisenbahnverbindung verhindert nicht die Einstellung des Braubetriebs und den Abbruch des Brauhauses, das seine Funktion verloren hat. Letztendlich verzeichnet hierduch der Weltmarkt für Biersorten das Fehlen eines Bieres der Marke „Neumarker Echt", gebraut mit Hopfen aus Neumark und dem Quellwasser von St. Michael.

12.7. Das Armenhaus

Das Armenhaus des Jahres 1881 ist nicht wie das Brauhaus verschwunden, sondern befindet sich, nun den Ansprüchen moderner Wohnkultur genügend, in einer Reihe von Häusern vor dem Untertor. 1881 noch im Besitz der Gemeinde, müssen für das Haus Brandkassenbeiträge gezahlt (12) und ein Jahr zuvor Arbeiten am Haus vorgenommen werden (26).
Die einzige Erinnerung an das ehemalige Armenhaus besteht in der noch bei älteren Bewohnern Neumarks vorhandenen Bezeichnung für diese Haus als „Spittel". Spital sicher als Synonym für die wirtschaftliche Lage der Bewohner des Hauses im 19.Jahrhundert und nicht als Bezeichnung für eine krankenhausähnliche Einrichtung.

13. Topographie

Angaben zu Merkmalen und Bezeichnungen der Topographie Neumarks, die in den Belegen auftauchen und dem mit den örtlichen Gegebenheiten Neumarks Vertrauten u.U. auch

nicht mehr präsent sind, finden sich in der „Generalkarte von Neumark“[1] und in der „Flurkarte von Neumark“[2].
Die Generalkarte mit Gemarkungs- und Flurgrenzen zu den Nachbargemeinden (Berlstedt, Schwerstedt, Krautheim, Kleinbrembach, Vogelsberg, Thalborn, Vippachedelhausen) wurde vom Verfasser durch Straßen-/ Wegebezeichnungen und Ziffern zur besseren Orientierung auf der Karte ergänzt.
Die topographischen Hinweise des Belegs 66 wie Granertsplan und Schlevogtsplan sind nicht bestimmten Fluren zuzuweisen. Die Wege nach Vogelsberg und Sprötau sind ebenso wie die Wege/Straßen, die 1881 ausgebessert wurden (Krautheimer Weg 52,57, Großbrembacher Weg 62), in der Generalkarte erfasst. Die Arbeit am Großbrembacher Weg(62) besteht 1881 aus einer Kanalausbesserung. Dieser Weg zur Flurgrenze zu Krautheim wurde von einem Quellarm der Vippach gequert, der aber eine topographische Karte von 1905[3] nicht mehr enthält.
Ein als topographische Bezeichnung der Neumarker Gemarkung mehrmals auftauchender „Böhmerberg“ liegt laut dem Verfasser des Zeitbüchleins, Rudolph Valentin[4], *„zwischen Grossen Brempach und Newenmarckt“.*

---

[1] Generalkarte a.a.O.
[2] Flurkarte von Neumark . aufgenommen und gezeichnet 1864 bis 1865 von G.Heinrici. N° 1 bis N° 180 den Ort umfassend, Blatt I, Landesamt für Vermessung und Geoinformation Katasterbereich Erfurt
[3] Topographische Karte a.a.O
[4] Rudolph, Valentin: Zeitbüchlein Darinnen gründtlich auffs kürtzest und einfeltigste angezogen, Was nach Christi ... Geburt 1501 bis auff das 1586 Jhar sich begeben. Errfordt 1586

Die Vippach

Die Vippach 2012

Obwohl die Vippach im Belegbuch nicht weiter erwähnt wird, lohnt sich hier ein kleiner Umweg.
Die Vippach entspringt östlich von Neumark. Das Quellgebiet liegt zum Großteil auf Schwerstedter Gebiet, zu einem geringen Teil auf Berlstedter, speist sich aber ebenso aus dem Ried auf Neumarker Gebiet.Westlich grenzt die Vippach an das Einzugsgebiet der Scherkonde und fließt „[...] ca. 8 km zum Einzugsgebiet der Scherkonde [...] parallel verschoben“[1] in nordwestlicher Richtung durch Vippachedelhausen, Markvippach und Schloßvippach, um bei Alperstedt/Kranichborn in die Gramme, einem Nebenfluss der Unstrut zu münden.
Manfred Salzmann versucht in seinem Beitrag für die „[...] unspektakuläre Gegend im Norden Weimars [...], die Landschaft um Krautheim, um Buttelstedt, um Großbrembach, um Neumark“[2] eine Lanze zu brechen. Die Gegend „hinter dem Ettersberg“, wie man sich gerne in Weimar ausdrückt, habe sich bis einschließlich der „komplizierten Balanceakt zwischen Naturbedingungen und größtmöglichen Erträgen entwickeln können.“ Mit dem Slogan der sozialistischen Großraumwirtschaft „Ohne Gott und Sonnenschein bringen wir die Ernte ein“ in der DDR sei mit einer „großmäuligen Unterschätzung der Naturgesetze[...] eine Verarmung der Vielfalt im Bodengefüge, Biotop- und Artenverarmung“ Hand in Hand gegangen. Die Abschaffung eines eigenständigen Umweltressorts 1995 und der geplante [und 2012 schon in seinen umweltzerstörenden Dimensionen

---

[1] Salzmann, Manfred: Landschaft um Scherkonde und Vippach inmitten des Thüringer Beckens. In : weimarer heimat 10/1996, Erfurt 1996, S. 9.
[2] a.a.O. S. 7.

erkennbare] Bau einer ICE-Trasse hätten gleichermaßen zu einer Verödung der Landschaft beigetragen.[1]
In diesem Sinne sieht auch der Verfasser die Fragwürdigkeit solcher Unternehmungen wie den Bau der ICE-Trasse hinsichtlich wirtschaftlicher Notwendigkeit und Tragfähigkeit. Als Negativbeispiel solch wirtschaftlich sinnloser und die Umwelt zerstörender Bautätigkeit sei an den Bau des Rhein/Main-Donau-Kanals erinnert, der Teile des Altmühltals deformierte und ohne wirtschaftlichen Mehrwert Freizeitsportlern als Vergnügungsstätte dient.

Dörnsrain und Neuß(s)ig

Der in Beleg genannte „Dörnsrain“ ist der dem Neumarker Dialekt angepasste „Dornrain“ an der nordöstlichsten Spitze der Neumarker Gemarkung am Zusammentreffen der Flurgrenzen von Vogelsberg und Thalborn.
Die Flurnamen südlich des Dornrains wie „Auf dem Neusiger Berge“, „Am Neusiger Berge“, „Zu Neusig an der Kirche“, “Zu Neusig“, “Über der Gotteswiese“ verweisen auf eine Wüstung „Neuß[s]ig“.
Die Wüstung Neußig, etwa 2,5 km nördlich Neumarks in Richtung Thalborn liegend, war schon urgeschichtlicher Siedlungsort und laut der Bergung mittelalterlicher Keramik aus dem 11.- 15. Jahrhundert wahrscheinlich bis zur Mitte des 15.Jahrhunderts bewohnt, bevor er aufgelassen, zur Wüstung wurde. Im Jahr 1506 wird noch eine Kapelle erwähnt.[2]
Es ist nicht auszuschließen, dass die Wüstwerdung Neuß[s]igs mit dem Bruderkrieg zwischen Friedrich II. und Wilhelm II. im

---

[1] a.a.O. S. 7 ff.

[2] Der Landkreis Weimar. Eine Heimatkunde. Städte und Gemeinden 2. Erarbeitet von einem Autorenkollektiv unter Leitung von Manfred Salzmann.Weimar 1982, S. 35-36.

Zusammenhang steht. Friedrich II., im Bündnis mit Erfurt, „[...] brannte [...] auf seinem Heimwege von Tanna aus über Gebesee [...] Neumark, Eckartsberga und Naumburg[...] 60 Orte [nieder); darunter Kranichborn, Neumark (Neuseß?) und Buttelstedt“[1]. Wenn sich Neumark nach den Zerstörungen wieder erholen konnte, so war dies für das in der Nähe liegende, kleinere Neuß[s]ig, falls es mit dem erwähnten Neuseß identisch ist, kaum mehr möglich.

St.Michael, Obertor, Untertor

Im ersten Beleg des Belegbuchs zur „Weiden-Auction hinter dem Brauhaus und St.Michel“ (1) taucht mit „St.Michel“ eine topographische Bezeichnung auf, die in der Generalkarte ihre Spuren hinterlassen hat, sich aber auch auf die siedlungsgeschichtlichen Ursprünge der Stadt Neumark beziehen.

Die in der Generalkarte genannten Fluren „In St.Michael“ und „Hinter St.Michael“, im Sprachgebrauch des Verfassers des Belegs zu St.Michel verkürzt, verweisen auf ein sich ca. 500 m nördlich des Untertores (zu den Bezeichnungen der Tore vgl.unten) befindliches Areal. Dieses ist auch das Quellgebiet des Baches, der die oben beschriebene Flachsröste speist, und erhält im Sprachgebrauch der Neumarker Bevölkerung die Bezeichnung „Michelsbronn“. Die in der Bevölkerung erhaltene Überlieferung von einem Kloster St.Michael ist nicht belegbar.

---

[1] Spieß: Geschichte des Dorfes Großrudestedt. S.59 ;zit. In: Henschel : Beiträge zur Ortsgeschichte von Neumark(Kr.Weimar) in: Thüringer Bauernspiegel. 10.Jahrgang 1933, S. 264.

Im Jahr 1973 von Hartmut Wenzel durchgeführte Untersuchungen in diesem „wüstungsverdächtigen“[1] Gebiet bestätigten jedoch durch eine Vielzahl von Oberflächenfunden aus dem 8.-16. Jahrhundert dieses als eine ehemalige Siedlung um eine Kirche St.Michael. Schon vor dieser Untersuchung hatte „[...] man dort, jedenfalls auf dem ehemals zu der Kirche [St.Michael] gehörigen Friedhofe, Menschenknochen in großer Menge gefunden“[2].

Die auf St.Michael direkt oder indirekt Bezug nehmenden Quellen/Dokumente bestätigen ebenfalls die Existenz einer Siedlung nördlich Neumarks. Die Stadt Neumark, im Bestand von 1881 und von heute ist eine zwischen diesem „Oberdorf“ [St.Michael] und dem an der Vippach liegenden „Niederdorf“ gegründete Marktsiedlung. Sie entsteht zwischen diesen ursprünglichen Siedlungen ein nach dem Prinzip der Flachmotte[3] angelegter Herrenhof, der später zur Burg[1] ausgebaut wird.

---

[1] Wenzel, Hartmut: „villa seu oppidum Neuwenmarckt“.Über Marktflecken und kleine Städte in Thüringen.in:Entstehung und Wandel mittelalterlicher Städte in Thüringen. Erfurter Studien zur Kunst-und Baugeschichte, Bd.3.Berlin 2007, S. 21-29.; vgl. auch Wenzel, Hartmut: Mittelalterliche Siedlungsformen in Thüringen-dargestellt am Beispiel von Wüstungen im Gebiet des Stadt-und Landkreises Weimar. In: Urgeschichte und Heimatforschung 23, Weimar 1986

[2] Henschel, H.: Beiträge zur Ortsgeschichte von Neumark(Kr.Weimar). In: Thüringer Bauernspiegel, 10.Jahrgang 1933, S. 254.

[3] Flachmotte oder flache Motte: künstlicher Hügel in einer Niederung mit Wohnturm des Herrn und einige[n] kleinere[n] Nebengebäuden“; Grimm, Paul: Die ur- und frühgeschichtlichen Befestigungen. In: Timpel, W. / Grimm, Paul: Die ur-und frühgeschichtlichen Bodendenkmäler des Kreises Weimar. Weimar 1975

Eine, vom Abt des Klosters St.Peter in Erfurt ausgestellte Urkunde von 1324 beschreibt die Lage einer halben Hufe als „[...] situm in terminis et in campos ville seu oppidi, que vel quod Neuwenmarckt dicitur.“[2] [gelegen in den Grenzen und Feldern des Dorfes oder der Stadt, die allgemein Neuwenmarckt(Neumark) genannt wird.].“ Diese Beschreibung Neumarks sollte dem Zustand über Jahrhunderte bis heute entsprechen: ein Dorf mit Stadtrecht.
Die Beschäftigung mit St.Michael führt im Zusammenhangmit der topographischen Beschreibung Neumarks zu einem Problem, auf das hingewiesen werden sollte.
Die Anlage der Marktsiedlung Neumark im Schutze der Burg richtet sich nach den beiden Vorgängersiedlungen „Oberdorf“ und „Niederdorf“ aus und besaß zwei Stadttore, deren Lage sich auf diese Siedlungen bezog und ausrichtete. Beide Stadttore sind nicht mehr erhalten, jedoch durch die Straßenführung- besonders die der Hauptstraße- im Zusammenspiel mit der rhomboidförmigen Anlage der Stadt gut nachvollziehbar.
Die Öffnung der ehemaligen Stadtmauer in nordöstlicher Richtung erschließt den Bereich, der Zugang zur Siedlung von St.Michael verschaffte, und damit zu dem dort entspringenden Bach, der für die Wirtschaft der Stadt, den Schutz und die Fixierung der Stadt im Gelände wichtig war.
Der Bach von St.Michel ermöglichte einerseits die Anlage einer Flachsröste und eines Brauhauses, andererseits konnte seine Fließrichtung zur Anlage der Stadt innerhalb eines

---

[1] „municio – castrum“: Beyer, Carl : Urkundenbuch der Stadt Erfurt, Teil I, Halle 1889, Nr.308.310. zit.in Wenzel, Hartmut: „Vvilla seu oppidum“,S. 27.

[2] Overmann, Alfred : Urkundenbuch der Erfurter Stifter und Klöster, Teil I,Magdeburg 1926, Nr, 1227. Zit.in : Wenzel, Hartmut, a.a.O. S. 27.

Bogens, den der Bach beschreibt, bis zum Tor in Richtung Vippach ausgenutzt werden. Der ehemals aufgrund der Höhenunterschiede sicher in die Vippach mündende Michelsbach diente wegen seiner geringen Wasserführung und seiner leicht korrigierbaren Fließrichtung, was im Verlauf der Jahrhunderte von der Stadtgründung bis 1881 sicher geschah, lediglich der Begrenzung des Stadtraums und der Nutzung durch die Bürger: zum Eigenbedarf wegen der guten Wasserqualität und der Bewässerung der Gärten/ Gemüsegärten, die hinter der Ringmauer angelegt wurden.
Die Bezeichnungen Oberdorf und Niederdorf werden durch die unterschiedliche Höhenlage bestimmt. Die Flurkarte Neumarks von 1865 verzeichnet demgemäß mit einer „Niederdorfgasse" kosequent die Einbeziehung des ehemaligen Niederdorfes, einem Sackgassendorf, in das Stadtgebiet, jedoch außerhalb der ehemaligen Stadtmauer liegend und zum Teil aufgelassen.[1]
H. Wenzel beschreibt dies auch korrekt, indem er sich auf die 1864 von Heinrici gefertigte Flurkarte von Neumark bezieht. Bei der von ihm nach der Flurkarte gezeichneten Stadt Neumark[2] unterläuft ihm jedoch ein Fehler in der Bezeichnung der Tore: Das in Richtung Vippach liegende Tor wird von ihm als „Untertor" bezeichnet, das Tor in Richtung St.Michael als „Obertor". Nachvollziehbar ist dies nur, wenn Wenzel die Tore während der Beschäftigung mit dem Oberdorf und Niederdorf das Tor zum Oberdorf hin auch als Obertor identifiziert und das zum Niederdorf hin gelegene Tor als „Untertor" im Sinne von unter=nieder.

---

[4] Wenzel, Hartmut , a.a.O., S. 29.
[5] Flurkarte Neumark von Günther Heinrici 1864,Sekt.1, 1.M. 1:1000 (Thüringische Hauptstaatsarchiv Weimar), Wenzel, a.a.O. S. 25.

Die dem Verfasser in Kopie vorliegende, von G.Heinrici 1864-1865 gezeichnete Flurkarte (Urkarte) des Landesamtes für Vermessung und Geoinformation in Erfurt bestimmt das Tor zu Vippach hin als „Obertor“ („Vor dem Oberthore“) und das Tor zu St.Michael als „Untertor“ („vor dem Unterthore“).
Dies wird auch durch die im Belegbuch für 1881 vorhandenen Belege bestätigt.Friedrich Hülle schüttet „auf der Chaussee am Oberthore“(39) Steine auf. Die Wege, die aus dem Untertor führen, werden nicht als Chausse bezeichnet, lediglich die aus dem Obertor führenden nach Berlstedt und Vippachedelhausen.
Es ist anzunehmen, dass, nachdem im Laufe der Zeit das Tor nach Berlstedt aus Verkehrsgründen immer wichtiger wurde und die für das Wirtschaftsleben ehemals wichtigen Gebiete um Flachsröste, Brauhaus und Michelsbach an Bedeutung verloren hatten, die Bezeichnungen der Tore ihrer Bedeutung für die Bevölkerung nach vorgenommen wurden.
Da Belege zur Bezeichnung der Tore vor Anfertigen der Flurkarte durch Heinrici 1864/1865 (Blatt I) fehlen, muss davon ausgegangen werden, dass die von ihm verwendeten Bezeichnungen korrekt sind.

Ehemaliges Obertor (1959):
Teile der ehemaligen Stadtmauer und Turm der Stadtkirche St. Johannes, Pfarrhaus,

Lehmgrube und Steingrube

Mit den in der Generalkarte verzeichneten Flurnamen „Die Lehmgrube" und „Hinter der Steingrube" können einige, aus den Belegen nur schwer einzuordnende Informationen geklärt werden.

Der Zahlungsbefehl auf Antrag der Gemeinde an den Maurermeister Werner in Buttelstedt (11a) wegen Erstattung von 22,50 Mark für 40 Wagenladungen Lehm beinhaltet für den Kenner der topographischen Gegebenheiten Neumarks die Frage, wie die Gemeinde eine solche Menge Lehm stellen konnte. Aufklärung liefert hierfür die Flurbezeichnung „Die

Lehmgrube", die sich direkt im Anschluss an St.Michael befunden haben muss.
Ähnlich verhält es sich mit der Frage nach der Herkunft der für den Straßenbau oder die Straßenausbesserung notwendigen Steine in nicht unerheblicher Menge. Da sich in der Flur Neumarks in diesem Bereich das anstehende Gestein, der sowohl für Haus- als auch für Mauerbau verwendete charakteristische kräftig – gelbe Kalkstein, fast an der Oberfläche befindet, wurden die Steine einer Grube entnommen, in die wohl auch die Steine der abgebrochenen Ringmauer verbracht wurden., wenn sie nicht direkt zum Haus- oder Mauerbau Verwendung fanden. Die an die Grube anschließende Flur, die parallel zur Vippachedelhäuser Straße verläuft, erhielt auf diese Weise die Bezeichnung „Hinter der Steingrube"[1].
Die ehemalige Ringmauer, parallel zur Hintergasse in einem Bogen vom Obertor zum Untertor verlaufend, schützte die Stadt nach Westen. Hier fehlte eine natürliche Wehr wie im Süden durch Vippach, den durch die Vippach gebildeten See und die Sumpf- und Riedwiesen, so wie im Osten der Schutz der Stadt durch die befestigte Burg mit Wall und Graben gesichert wurde.
Von dieser Steingrube ist heute keine Spur mehr im Gelände erhalten.

Schlevogtsplan. Ernst-Plan, Granertsplan

Drei topographische Bezeichnungen im Beleg 66, der die Arbeiten der Feldgeschworenen beschreibt, sind anhand der Generalkarte ungefähr zu lokalisieren, hinsichtlich der Oberflächenbeschaffenheit des Geländes im Jahr 1881 schwer

---

[1] Neumark belieferte auch Weimar mit Material aus dieser Steingrube.

zu bestimmen. Die erwähnten Örtlichkeiten sind mit Flurbezeichnung, Wegenamen und allgemeiner Wüstungsbezeichnung verbunden: „Neuß[s]ig am Schlevogtsplan", „Ernst-Plan [am Dörnsrain]" und „Granertsplan" (66) und befinden sich somit an der Grenze zu den Fluren Vogelsbergs und Thalborns.

Die Bezeichnungen beziehen sich auf Familien, die im Jahr 1881 noch in Neumark ansässig sind oder ansässig waren. Das Belegbuch verzeichnet die Familie Schlevogt mit zwei Namen: Hermann Schlevogt(5) und Wilhelm Schlevogt(4). Die Familie ist bis heute noch in Neumark beheimatet. Ein Ernst Granert wird in Beleg 1 genannt, während der Name Ernst nicht mehr auftaucht.

Nach Adelung[1] bedeute „Plan>" eigentlich „einen ebenen Platz" und sei in diesem Sinne im 17. Jahrhundert häufig von Schriftstellern gebraucht worden. So spreche Opitz[2] von 'einem grünen Plane', d.h. von einem ebenen, mit Gras bewachsenen Platz.Eine weitere Bedeutung erhält der Begriff im Sinne von „ein[em] ebene[n] mit Gras bewachsene[n] Platz, „von dem z.B. das Holz „planweise" verkauft werden könne. Eine dritte Bedeutung, die zur Auswahl steht, ist der zu einer bestimmten Tätigkeit vorgesehene ebene oder geebnete Platz: der Schießplatz, Fechtplatz usw; insbesondere der synonyme Gebrauch als Kampf- oder Schlachtplatz[-feld].

Welche der Bedeutungen für die drei im Norden der Gemarkung Neumarks liegenden Plane zutrifft ist nicht festzustellen: einfach nur eine ebene Fläche, eine Grasfläche,

---

[1] Adelung : Grammatisch-kritisches Wörterbuch der Hochdeutschen Mundart, Bd.3. Leipzig 1798, S. 777-778.

[2] Martin Opitz (1597-1639), Begründer der Schlesischen Dichterschule, bedeutender Dichter des Barock

eine Fläche mit Baumbestand oder ein, einer bestimmten Tätigkeit gewidmetes Areal.
In diesem Zusmmenhang ist interessant, dass der Schlevogtsplan in der Flur Neuß[s]ig sich in der Nähe eines in der Topographischen Karte von 1905 verzeichneten Schießplatzes an der Flurgrenze zu Thalborn befindet.

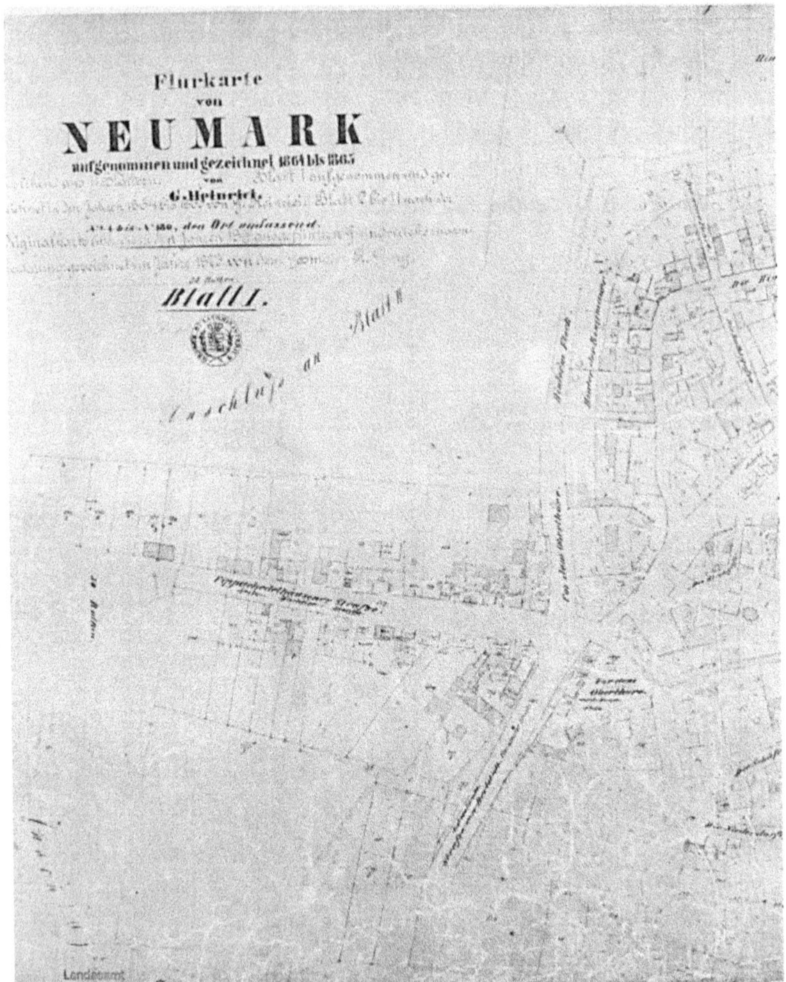

Flurkarte von Neumark gezeichnet von G.Heinrici 1864/65 (Urkarte) , Blatt I: westlicher Teil

Flurkarte von Neumark gezeichnet von G.Heinrici 1864/65 ,
Blatt I: östlicher Teil

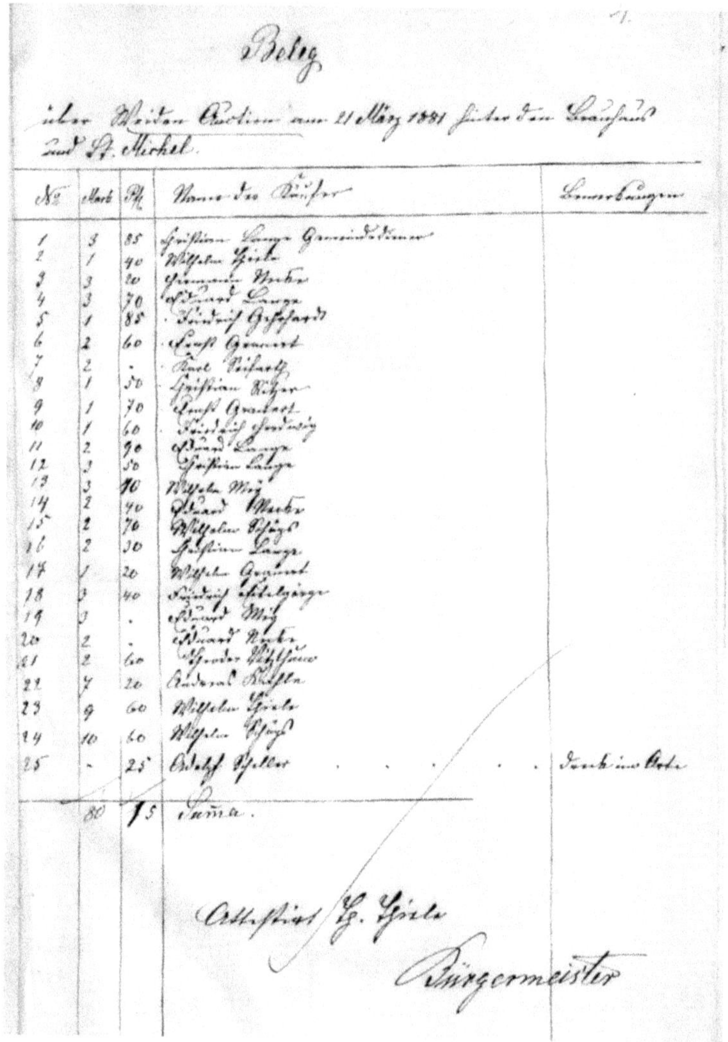

Beleg

über Weiden Auction am 21 März 1881 hinter dem Brauhaus und St. Michel

№	Mark	Pf	Name der Käufer	Bemerkungen
1	3	85	Christian Lange Gemeindediener	
2	1	40	Wilhelm Thiele	
3	3	20	Hermann Weber	
4	3	70	Eduard Lange	
5	1	85	Friedrich Gebhardt	
6	2	60	Ernst Gennert	
7	2	.	Karl Richardt	
8	1	50	Christian Richter	
9	1	70	Ernst Gerhardt	
10	1	60	Friedrich Hedwig	
11	2	90	Eduard Lange	
12	3	50	Christian Lange	
13	3	10	Wilhelm Merz	
14	2	40	Eduard Weber	
15	2	70	Wilhelm Schulz	
16	2	30	Christian Lange	
17	1	20	Wilhelm Gennert	
18	3	40	Friedrich Stiefelgänger	
19	3	.	Eduard Merz	
20	2	.	Eduard Weber	
21	2	60	Theodor Mühlhäuser	
22	7	20	Andreas Köhler	
23	9	60	Wilhelm Thiele	
24	10	60	Wilhelm Schulz	
25	-	25	Adolf Heller	[illegible]
	80	15	Summa.	

Attestirt G. Thiele

Bürgermeister

Beleg 1 über Weiden Auction am 21. März 1881 hinter de[m] Brauhaus und St.Michel

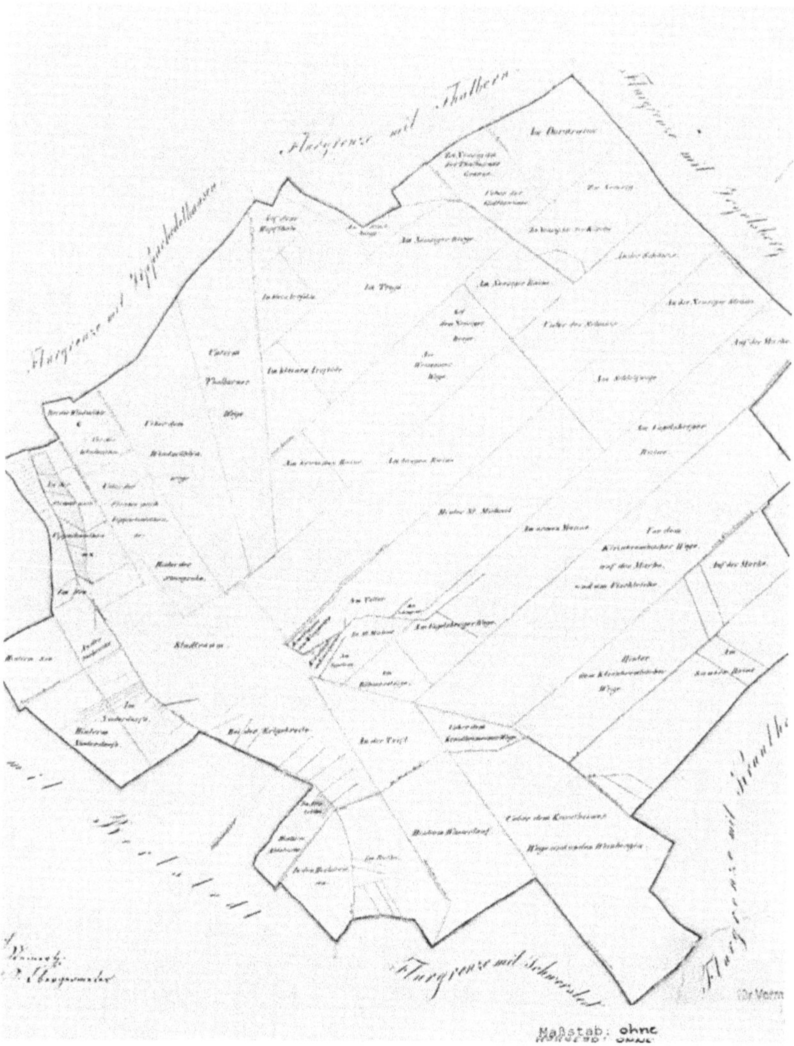

Generalkarte von Neumark gezeichnet von R. Gang 1873

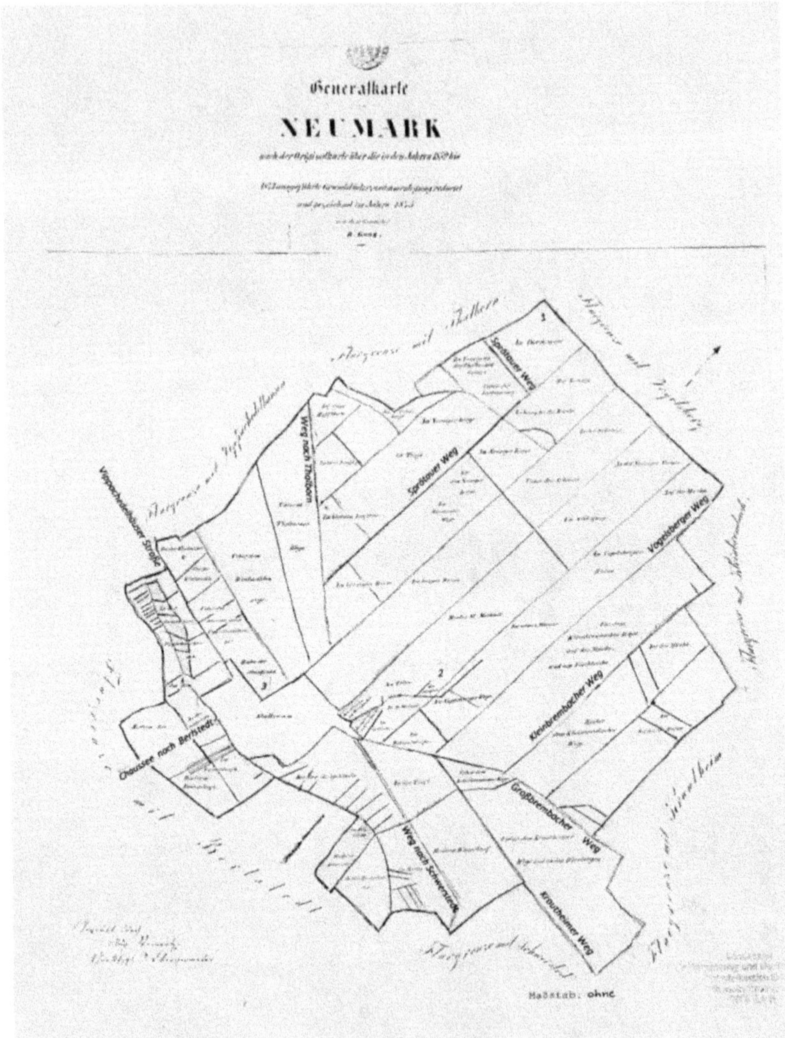

Generalkarte von Neumark mit vergrößerten Wegebezeichnungen [des Verfassers]

14. Belege zur Gemeinde = Rechnung von Neumark pro 1881

Beleg 1: Beleg über Weiden - Auction am 21 März 1881 hinter dem Brauhaus und St. Michel

No.	Mark	Pfg.	Name der Käufer	Bemerkungen
1	3	85	Christian Lange Gemeindediener	
2	1	40	Wilhelm Thiele	
3	3	20	Hermann Necke	
4	3	70	Eduard Lange	
5	1	85	Friedrich Gerhardt	
6	2	60	Ernst Granert	
7	2	60	Karl Seifarth	
8	1	50	Christian Ritzer	
9	1	70	Ernst Granert	
10	1	60	Friedrich Herdwig	
11	2	90	Eduard Lange	
12	3	50	Christian Lange	
13	3	10	Wilhelm May(?)	
14	2	40	Eduard Necke	
15	2	70	Wilhelm Schöps (Schüps ?)	
16	2	30	Christian Lange	
17	1	20	Wilhelm Granert	
18	3	40	Friedrich Eitelgörge	
19	3	40	Eduard May	
20	2	40	Eduard Necke	
21	2	60	Theodor Vitzthum	
22	7	20	Andreas Kahle	
23	9	60	Wilhelm Thiele	
24	10	60	Wilhelm Schöps(Schüps ?)	
25	--	25	Adolpf[1] Scheller	Dreck im Orte
--	80	15	Summa Attestirt[2] Th.(eodor) Thiele Bürgermeister	

[1] 1881 noch gebräuchliche Schreibweise des zweiteiligen Namens

[2] attestieren: schriftlich beglaubigen, bestätigen

Beleg 2*:* Beleg über Gras – Auction am 27 Juni 1881 an Chausseegräben

No.	Mark	Pfg.	Name der Käufer	Bemerkungen
1	--	95	Kaspar Barthel	
2	1	50	Richard Braunitz	
3	2	25	Karl Barthel	
4	--	80	August Vitzthum	
5	--	70	Richard Braunitz	
6	--	75	Eduard Nürnberger	
7	--	85	Andreas Kahle	
8	1	50	Adolpf Höhne	
9	1	40	Andreas Kahle	
10	1	50	Susanna Menge	
11	1	--	Christian Lange	
12	1	80	derselbe	
13	2	--	Andreas Holzhausen	
14	1	--	derselbe	
15	--	70	derselbe	
16	--	65	derselbe	
17	--	60	derselbe	
18	--	80	Christian Lange	
19	1	5	derselbe	
20	1	60	Karl Mohr	
-------	--------	----	--------------	
	-- 23	40	Summa Attestirt Theod.Thiele Bürgermeister	

Beleg 3: Beleg über Kirsch - Auction am 4 Juli 1881

No.	Mark	Pfg.	Name der Käufer	Bemerkungen
1	--	10	Eduard Lange	
2	1	90	Friedrich Geske	
3	2	90	Adolpf Scheller	
4	1	80	Eduard Lange	
5	2	10	Gotthold Helbig	
6	1	50	Friedrich Küfer	
7	--	75	Karl Kahle II	
8	2	75	Friedrich Eitelgörge	
9	3	20	Richard Braunitz	
10	3	10	Julius Walther	
11	1	40	Friedrich Reifert	
12	1	40	Friedrich Alex	
13	1	90	Christian Barthel	
14	--	50	derselbe	
15	1	50	Wilhelm Barthel	
16	1	--	Wilhelm Vollandt	
17	--	50	derselbe	
18	--	50	Friedrich Barthel	Holz alte Brunröhre
	28	5	Sum(m)a Attestirt Th[eodor] Thiele Bürgermeister	

Beleg 4: Beleg über Windbruch Holz Verkauf am 15.u.16 October 1881

No.	Mark	Pf.	Name des Käufers	Bemerkungen
1	1	--	Johanna Haase	Am 15. Oct.
2	2	20	Johann Schumann	1882[1]
3	2	40	Johanna Haase	
4	9	70	Julius Walther	
5	6	--	Friedrich Müller	
6	2	80	Eduard Necke	
7	2	--	Karl Mix	
1	1	60	Karl Barthel	
2	3	30	Wilh.(elm) Reifert	
3	1	70	Eduard Necke	
4	1	80	Karl Barthel	Am 16. Oct
5	3	10	Wilhelm May	1882
6	2	10	Wilhelm Schlevogt	
7	3	--	Eduard May	
8	1	60	derselbe	
9	2	--	Eduard Necke	
10	2	--	Karl Barthel	
11	1	--	derselbe	
12	10	--	Friedrich Alex	
13	3	--	Wilhelm Barthel	
14	1	30	Wilhelm Schlevogt	
15	2	--	Hermann Necke	
-------	--------		-------------------------	
	65	10	Sum[m]a	
			Attestirt Th.Thiele Bürgermeister	

[1] wohl Schreibfehler statt 1881

Beleg 5: Beleg über eingegangene Strafgelder vom 1 Januar 1881 bis den 31 Dezember 1881

	Mark	Pfg	Name des Bestraften	Bemer-kungen
	3	--	Albert Töpfer wegen unbefugten Schießens	
	1	--	Oskar Fulsche wegen ruhestörenden Lärms	
	1	--	Karl Fulsche desgleichen	
	1	--	Julius Funke desgleichen	
	1	--	Otto Haase desgleichen	
	1	--	Karl Haase desgleichen	
	1	--	Max Heyne desgleichen	
	1	--	Hermann Schlevogt desgleichen	
	1	--	Albert Töpfer desgleichen	
	11	--	Sum[ma][1]	
			Attestirt Theodor Thiele Bürgermeister	

Beleg 6: Beleg über ausgegebene Tanzscheine vom 1 Januar 1881 bis den 31 Dezember 1881

No	Mark	Pfg	Name des Tanzhalters	
1	2	--	Friedrich Müller den 10. Februar 1881	
2	2	--	Albert Schmidt den 27. Februar 1881	
3	2	--	Friedrich Müller den 18. April 1881	
4	2	--	Friedrich Müller den 7. August 1881	
5	2	--	Albert Schmidt den 2.September 1881	
6	2	--	Friedrich Müller den 2. October 1881	
7	6	--	Friedrich Müller den 25., 26. und 27.October 1881	
8	2	--	Otto Koch den 10. November 1881	

[1] Summa: lat. die Summe, der Betrag

9	2 ——— 22	--	Friedrich Müller den 31. Dezember 1881 Sum[ma] Attestiert Th[eodor]Thiele Bürgermeister	

<u>Beleg 7</u>: [amtliches Schreiben als Brief gefaltet mit Siegelstempeln]

An den Gemeindevorstand zu Neumark
Postbezirk: das[elbst]
Militaria!
Die Königliche Intendantur[1] des XI Armeecorps zu Kassel hat mich unterm 30.W.3.d. Mts. [Monats] davon in Kenntniß gesetzt, daß die unterm 3.November v[origen] Js[Jahres]von mirübersandte Servis[2] Liquidation[3] mit dem festgestellten Gesammtbetrage an 1810 M. 56 Pfg. an die Korpszahlungsstelle[4] zur Zahlung an die betreffenden Gemeinden angewiesen worden sei.
Die Zahlung der hiernach auf die Gemeinde Neumark entfallenden Summe von **34 M. 23 Pfg.** wird durch die Großherzogliche Hauptst[aats]kasse resp.(ektive)[5] durch das Mittel der betreffenden Regierungsamts erfolgen und wird der außengenannte [Adresse s.o.] Gemeindevorstand hiervon mit der Anweisung in Kenntniß

---

[1] Intendantur: franz. Militärbehörde zur Bezahlung, Verpflegung u. Bekleidung der Soldaten

[2] Servis (franz.Service): Dienst, Bedienung, Bezahlung für Bedienung in Gasthöfen ;militärisch ist S. die Geldvergütung der Militärpersonen,-pferde

[3] Liquidation: franz. Abrechnung

[4] Korps: Truppenverband, Abkürzung für Armeekorps

[5] respektive: beziehungsweise

gesetzt, für gehörige Abgewährung[1] der Servis–Gelder an die Empfangsberechtigten alsbald nach deren Empfang Sorge zu tragen
Weimar , den 3.Januar 1882.
Der Großherz[oglich] S[ächsische] Direktor des I Verwaltungsbezirks
[unleserlich]
Zu E 15
Attestiert Th[eodor] Thiele Bürgermeister

Beleg 8:

Beleg über Hafer- Auction am 28 August 1881 auf der Wittwe Thiele ihren Acker

No.	Mark	Pfg.	Name der Käufer	Bemerkungen
1	49	--	Karl Vollandt	
1	60	--	derselbe	
-	109	--	Sum(m)a	
			Attestirt Th[eodor] Thiele Bürgermeister	

Beleg 9:

IV. Armee–Corps
Erfurt, den 27.October 1881
8.Division
Intendantur
J.No.517.10
25 Mark
De[r] Ortsvorstand wird hierdurch ergebenst benachrichtigt, daß der Betrag der hier unterm 18. D[e]s M[ona]ts von der vorgegangenen Königlichen Intendantur des IV. Armee- Corps

[1] Abgewährung: von abgewähren – abgeben, abliefern

in Magdeburg ressortmäßig[1] übersandten Liquidation über Vergütung für gestellten Vorspann für den Monat September diesseits mit 25 Mark – Pf auf die Königliche Korps Zahlungsstelle des IV. Armee-Corps zur Zahlung durch die Königliche Regierungs-Hauptkasse zu Erfurt gegen
Der Landwirth H.Werner über 12,50 und K.Vollandt 12,50 Quittung heute angewiesen worden ist.
Bei der Revision[2] ist -- zu bemerken
gewesen.
An (unl.) den Ortsvorstand in Neumark bei Weimar
Militaria!
Attestirt Th[eodor]Thiele Bürgermeister

Beleg 10:

Abschrift
O.124. P r. 5.1.82
Abschrift.
Für die als Landarme anzuerkennende Ledige Marie Barthel zu Neumark ist der Gemeinde Neumark für Verpflegung in der Zeit vom 24. Mai bis 31. Dezember v[om] J[ahr] ein Kosten-aufwand von
46 M. 82 Pfg. erwachsen, dessen Erstattung dem Landarmenverband obliegt. Die Verwaltung der Großherzogl[ichen] Hauptstaatskasse wird deshalb hierdurch ersucht, den vorgedachten Betrag der obengenannten Gemeinde gegen Quittung zu erstatten und in Cap[itel] XXIX. 2. pro 1881 zu verausgaben,
Weimar, den 1.Januar 1882.
Großherzogl[ich] S[ächsische] Landarmen-Kommission

---

[1] Ressort: Geschäftskreis einer Behörde
[2] Revision: franz. erneute Durchsicht, Prüfung

An die Verwaltung der Großhl. Haupt-Staatskasse

Attestirt Theod[or] Thiele
Bürgermeister hier
Bne

Beleg 10: (Rückseite)

Beschluß Großherzogl[ich] Sächs[ische] Landarmen-Kommission

Weimar am 1.Januar 1882
In Abschrift an den Großherzogl. Direktor des I. Verwaltungsbezirks hier zur Nachricht auf den geehrten Beschluß vom 29.v[om] M[onat] bei Rückgabe der Anlagen desselben mit den vorgelegten Ersuchen, den Gemeindevorstand Neumark entsprechende Eröffnung zu machen.
M.Genast

An
den Großherzogl.Direktor
des I.Verw[altungs] Bezirks
hier
Lat[us][1].O 1092

Beschluß zu 6.124.
In Abschrift an den Gemeindevorstand zu Neumark zur Kenntnißnahme auf den Bericht vom 23 / 28. v(om) M.(onat)
Weimar, den 6.Januar 1882.
Der Großh[erzog]l[icher]Direktor des I. Verw[altungs]Bezirks

---

[1] Latus (lat.) als Substantiv Seite des Körpers , Flanke – von ferre – tragen , hier Summe einer Seite, die auf die nächste übertragen wird

An [unleserlich] den Gemeindevorstand zu Neumark zu 0.124.

Beleg 10: (Brief)

An den Gemeindevorstand zu Neumark
frei Lt. Avers[1]
Postbezirk Weimar
[Papiersiegel : Großherzl[ich] S[ächsischer]Direktor des I Verw. Bezirks

Beleg 11a:

Bei allen Eingaben ist das nachstehende Akten-Zeichen anzugeben.
Nr. 42 B/81
A.D.R.No. 71
Eingegangen am 25./1.81.
Rohmer Gerichtsvollzieher
Zahlungsbefehl
Auf Antrag des Gemeinderechnungsführers Karl Mohr und des Gemeindevorstands Theodor Thiele in Neumark wird dem Maurermeister Werner in Buttelstedt
aufgegeben, den Ersteren wegen des Anspruchs auf Zahlung von 22 M. 50 Pf. (in Buchstaben Zweiundzwanzig Mk. Fünfzig Pf.) für in der Zeit vom 15. Juli 1878 bis 31.Dezember 1880 käuflich erhaltene 40 Wagen Lehm a Wagen 50 Pfg. sowie wegen der unten berechneten Kosten des Verfahrens mit 0,90 Mark (in Buchstaben: --Mk. Neunzig Pf.) binnen einer vom Tage der Zustellung dieses Befehls laufenden Frist von zwei Wochen bei Vermeidung sofortiger Zwangsvollstreckung zu befriedigen oder bei dem unterzeichneten Gerichte Widerspruch zu erheben bei Vermeidung sofortiger

---

[1] Avers: Vorderseite einer Münze, Banknote; hier Schreiben

Zwangsvollstreckung zu befriedigen oder bei dem unterzeichneten Gerichte Widerspruch zu erheben.
Buttstädt, den 24.Januar 1881
Großherzoglich Sächs.Amtsgericht
Friderici (?)
Autorisirt
Th.Thiele Bürgermeister

Kostenberechnung Nr. 610/81
1.Gebühr für Zahlungsbefehl 0,80Mk. (§ 37 Nr.1 des Gerichtskostengesetzes)
2. Schreibgebühr 0,10 Mk.
3. Postgebühr des Gläubigers
4.Zustellungsgebühr
Hermann

Beleg 11a:

P.D.S. Post Zustellungsurkunde
A.D.R.Nr. 71
Absender: C.Rohmer
An
den Maurermeister Werner zu Buttelstedt
(Text lesbar / durchstrichen)
Buttelstedt, den 27. Januar 1881
Pfeiffer Postbote zu Buttelstedt)
(Rückseite: Post- Zustellungsurkunde
Vollzogen zurück
An den Gerichtsvollzieher C.Rohmer zu Buttelstädt [stedt!]
[Stempel d. Post vom 27. u.28.1. 81]

Beleg 11b:

Beleg über Einnahmen aus der Decimationskasse.[1]
Vom Jahr 1880 und 1881

	Mark	Pfg.	Einnahmen	
	5	9	im Jahre 1880	
	3	50	im Jahre 1881	
	--------	-------	-------------------	
	8	59	Sum[m]a	
			Neumark den 1 Februar 1881	
			Attestirt Theodor Thiele Bürgermeister	

Beleg 12*:*

Steuern und Brandkassenbeiträge für die Gemeinde Neumark p.(ro) 1881

M	Pfg.	
17	62	Brandkasse den 1 Apr.(il) a 1/7 Pfg. und zwar
		11 M 20 Pfg. die I. Schule
		4 M 61 Pfg. desgl. die II. (Schule)
		1 M 50 M desgl. das Armenhaus
		--- M 26 Pfg. desgl. das Spritzenhaus
12	34	Brandkasse den 1 October a 1/10 Pf und zwar
		7 M 88 Pfg. die I. Schule
		3 M 23 Pfg. die II. (Schule)
		1 M 5 Pfg. das Armenhaus

[1]Decimation – Zehntsteuer des Klerus an den Staat; Erhebung des Zehnten (Kirche an Staat)

		--M 18 Pfg. das Spritzenhaus
101	27	
		4 Quartale Einkommenst(euer) und zwar
		3 M 83 Pfg. Einkommenst. I.Theils der Ortsquote
		Auf 132 M 50 Pfg Kapitalrenten a 2 9/10 Pfg.
		88 M 74 Pfg. desgl. 2 Pfg. 1.Abth(eilung) auf 3060 M Einkommen von verpachteten Grundstücken
55	41 2/3	8 M 70 Pfg. desgl von 300 M Jagdpachtgelde a 2,9
6	----	8 1/3 Grundsteuer a 6 M 65 Pfg Zuschreibgeb.[ühr][1] im Fleck von Heyer getauscht
186	70 2/3	Summa
		Einhundertachtzig und Sechs Mark siebenzig u. 2/3 Pfg.
		aus der Gemeindekasse erhalten bescheinigt
		Neumark den 31 Dec[ember] 1881
		Wunderlich Steuereinnehmer
		Autorisirt Th[eodor] Thiele Bürgermeister

Beleg 13a:

49 Mark 90 Pfennige
Neun und Vierzig Mark Neunzig Pfennige
Lohn und Zinsrente p(ro) Ostern 1881 habe ich aus hiesiger Gemeindekasse richtig erhalten, worüber ich hiermit quittire.
Neumark den 4 April 1881
Theod[or] Thiele Bürgermeister

---

[1] Zuschreibgebühr: (auch Abschreibgebühr) zu zahlende Gebühr bei Besitzveränderungen lt. Grundbuch/Kataster

Beleg 13b:

49 Mark 90 Pfennige
Neun und Vierzig Mark Neunzig Pfennige) Lohn und Zinsrente p[ro] Michaeli[1] 1881 ist mir aus hiesiger Gemeindekasse richtig aus gezahlt worden worüber ich hiermit quittire.
Neumark den 30 September 1881
Lohn und Zinsrenteinnehmer[2] Th[eodor] Thiele
Autorisirt Th. Thiele Bürgermeister

Beleg 14:

300 Mark -- Pfennige (Drei Hundert Mark -- Pfennig auf 1881 Besoldung als Bürgermeister und Standesbeamter ist mir aus hiesiger Gemeindekasse richtig ausgezahlt, worüber ich hiermit quittire.
Neumark den 31 Dezember 1881
Der Gemeindevorstand und Standesbeamte Th[eodor]Thiele

Beleg 15:

15 Mark -- Pfennige (Fünfzehn Mark – Pfennig) Besoldung für die Fiskalische[3] Zinsrenten Einnahme habe
ich aus hiesiger Gemeindekasse richtig erhalten worüber ich hiermit quittire.
Neumark den 31 Dezember 1881
Theodor Thiele Lohn u[nd] Zinsrenteneinnehmer

---

[1] Michaelistag -29. September
[2] Zinsrente: festgesetzte Geldbezüge, welche die Zinsen eines Leihkapitals darstellen
[3] fiskalisch: alles, was sich auf finanzielle Angelegenheiten bezieht, insbesondere auf die staatliche Erhebung, Verwendung und Regulierung von Geldern der Besteuerung

Beleg 16:

75 Mark
Fünfundsiebenzig Mark Besoldung als Gemeinderechnungsführer von 1 Januar 1881. bis den 31 Dezember 1881. habe ich aus hiesiger
Gemeindekasse richtig erhalten, worüber andurch qüttire.
Neumark den 31 December 1881.
Karl Mohr
Autorisirt Theodor Thiele Bürgermeister

Beleg 17:

45 Mark (Buchstäblich Fünf und vierzig Mark) sind mir am heutigen Tage für Gemeindeschreiberei auf die Zeit vom 1.Jan[uar] bis ult[imo] Decbr.[December] 1881 aus hiesiger Gemeindekasse durch Herrn Rechnungsführer Karl Mohr richtig ausgezahlt worden.
Solches bekennt quittirend Neumark, am 31.Decbr.1881
A.Weißhuhn, Schriftführer
Autorisirt Th[eodor] Thiele Bürgermeister

Beleg 18:

180 Mark – Pfennige (Ein Hundert Achzig Mark) Besoldung als Gemeindediener und Nachtwächter von 1 Januar bis den 1 October 1881 ist mir aus hiesiger Gemeindekasse richtig ausgezahlt worüber ich hiermit quittire
Neumark den 1 October 1881
Christian Lange
Autorisiert Th.Thiele

Beleg 19:

15 Mark – Pfennige (Fünfzen Mark – Pfennige) für Besorgung des Gemeindediener = Amt auf den Monat October 1881 ist mir aus hiesiger Gemeindekasse richtig ausgezahlt, worüber ich hiermit quittire
Neumark den 16 November 1881
Theodor Schäler
Autorisiert Th[eodor] Thiele Bürgermeister

Beleg 20:

40 Mark
Vierzig Mark Besoldung von 1 November bis den 31 December 1881 als Gemeindediener habe ich baar und richtig erhalten, worüber ich hiermit quittire
Neumark, den 31 December 1881.
Eduard Necke
Autorisirt Th[eodor] Thiele Bürgermeister

Beleg 21:

1 M.(ark) 20 Pfg.
Eine Mark & 20 Pfennige für einen Weg nach Vippachedelhausen das Chausseegeld am 24. Febr[uar] d[es] J[ahres]zu holen, aus der Gemeinde Kasse erhalten zu haben bescheinigt hiermit.
Neumark d.27 Febr.1881
Karl Seifarth Bürgermeisterstellvertreter
Autorisirt Th[eodor] Thiele Bürgermeister

Beleg 22:

1 Mark 50 Pfg
Ein Mark 50 Pfg. für ein Weg nach Weimar 2 Gefangene Hermann Färber aus Herrnschwende und Eduard Roser aus Altona an das Amtsgerichts=Gefängnis abzuliefern, ist mir aus hiesiger Gemeindekasse richtig ausgezahlt worden worüber ich hiermit quittire.
Neumark den 9 Oktober 1881
Christian Lange
Autorisirt Theod[or] Thiele Bürgermeister

Beleg 23:

1 Mark -- Pfg.
Ein Mark -- Pfg. für ein Weg nach Weimar den Dienstknecht[1] Christopf Heinrich Reinhard aus Kölleda ans Großherzogl[iche] Amtsgericht zu bringen ist mir aus hiesiger Gemeindekasse richtig ausgezahlt, worüber ich hiermit quittire
Neumark den 16 April 1881
Christian Lange
Autorisirt Der Gemeindevorstand Th[eodor] Thiele

Beleg 24:

15 Mark -- Pfg.
15 Mark für Besoldung als Kreishebamme auf Jahr 1881 habe ich aus hiesiger Gemeindekasse richtig erhalten worüber ich hiermit quittire.
Neumark den 31 Dezember 1881
Auguste Ne[c]ke

---

1 Dienstknecht: unselbständige Hilfskraft, die sich für längere zeit verdingt und in den Haushalt des Arbeitgebersaufgenommen wird

Autorisirt Th. Thiele Bürgermeister
die 6 Abschlagszahlungen sind zu vernichten
Th. Thiele Bürgermeister

Beleg 25:

4 Mark -- Pfg.
Vier Mark -- Pfennig für eine Fuhre nach Schloßvippach 500 Ziegeln und 20 Holziegeln zu holen lt. Acort[1] von 7 November 1881 habe ich aus hiesiger Gemeindekasse richtig erhalten, worüber ich hiermit quittire
Neumark den 31 Dezember 1881
Chr[istian] Kahle [?]
Autorisirt Theod[or] Thiele Bürgermeister

Beleg 26:

4 Mark -- Pfg.
Vier Mark -- Pfg. für 3 Lt[Liter] Kalg aus Schloßvippach zu hohlen an das Armenhaus 1880: 1 Mark 15 Stück Ziegelbacksteine an die zweite Schule geliefert; 1Mark eine Brunröhre an den Magtbrun von Weimar zu hohlen; 2 Mark ist mir aus hiesiger Gemeindekasse
richtig ausgezahlt worden, worüber ich hiermit quittire.
Neumark den 21 Juli 1881
Wilhelm Gröger
Autorisirt Th[eodor] Thiele Bürgermeister

---

[1]Acort : (franz) Beschluss

Beleg 27 :

Schloßvippach,den 11.Dez.1881
Rechnung
Für die Gemeinde Neumark
von August Rudolph Ziegler

Datum		M Pfg	M Pfg
Novemb,9	500 Dachziegeln	20 --	-
	20 Firstziegeln	3 --	23 Mark
	Dankend erhalten	15	
	Aug.Rudolph Ziegler	-----------	
	AutorisiertTh.Thiele	--	
	Bürgermeister	Summa	

Beleg 28:

Neumark den 20 December 1881
Rechnung für die Gemeinde Neumark für Schmiedearbeiten
Von Schmiedemeister Wilh. Reifarth

		M	Pfg
Januar 8.	Ein neun Rost in den Ofen gemacht	1	75
Mai 16.	in dem Schulsaal 2 neue Schienen an den Ofen in der	---	40
Juni 14.	Schule 3 Radehacken geschärft u. ein neun		
Juli 3.	Verschlag dran gemacht für das alte Teil 2 Schienen an ein Ring in Ofen in der	---	55
Juli 18.	Schule 1Radehake[1].geschärft	---	40

[1] Radehacke: auch Rodehacke, Reuthhacke – eiserne Hacke zum Roden und anderen Landarbeiten

Jui 23.	1 Kettel[?] 2 Kramb[p]en an die Thür in den Gemeindehaus	---	55
	Summa	---	75
	Obige Summe erhalten W.Reifarth Autorisirt Th[eodor]Thiele Bürgermeister	3	

Beleg 29:

Rechnung
Für die Gemeinde Neumark
F. Helbig Tischlermeist. Neumark d. 31.De. 1881

	M	Pf.
Mai Zwei Stühle repariert in den Leersaal	1	--
Do...... zwei neue Fenster in Thurm	6	--
Vorstehenter Betrag ist mir aus der Gemeinte Kasse aus gezahlt worüber ich Quittier Neumark den 31 No[vember] 1881 F.Helbig Tischlermeister Autorisirt Th.Thiele Bürgermeister		

Sa[Summa] 7

Beleg 30:

4 Mark 76 Pfg
Vier Mark Sechs und und Siebzig Pfennige für 3 Tage Thagelohn und 44 Stück Baumlöcher zu machen, Bäumezuflanzen, ist mir aus hiesiger Gemeindekasse richtig ausgezahlt, worüber ich hiermit quittire.
Neumark den 14 April 1881
G.Barthel
Autorisirt Theod[or]Thiele Bürgermeister

Beleg 31:

4. M. -- 40 Pfg. für 22 Stück Schwarzpappelpflanzen a 20 Pfg. an die Gemeinde Neumark 20 Pfg. gebräuchlicher Ausmacherlohn[1]
4 M -- 60 Pfg. Summa

Vorstehenden Betrag habe ich aus der Gemeindekasse erhalten.
Autorisirt Theod[or]Thiele Bürgermeister
Dielsdorf d. 22 April 1881 F.Liebermann
30 Pfg. Botenlohn Chr.Schumann

Beleg 32:

1 Mark 30 Pfg.
Ein Mark Dreisig Pfennige für 20 Baumlöcher zu machen a Stück 4 Pfg. und ½ Tag Tagelohn Bäume zu pflanzen, ist mir aus hiesiger Gemeindekasse richtig ausgezahlt worden, worüber ich hiermit quittire.
Neumark den 24 April 1881
G. Barthel
Autorisirt Theod[or] Thiele Bürgermeister

Beleg 33:

8 Mark 80 Pfg
Acht Mark Achtzig Pfennige für 44 Stück Kirschbäume a Stück 20 Pfg. habe ich aus hiesiger Gemeinde-Kasse richtig erhalten, worüber ich hiermit quittire
Neumark den 8 Mai 1881

---

[1] kommt von „fertigmachen“-umgangssprachlich manchmal auch „schnell, endlich zu Ende kommen“Ausmacherlohn : nicht zu verwechseln mit der Entlohnung des Ausmachers in der Klingenherstellung im Ruhrgebiet

Theodor Thiele
Autorisiert Karl Seifarth Bürgermeister Stellvertreter

Beleg 34:

3 Mark -- Pfg.
Drei Mark „ Pfg. für 3 Tage Tagelohn bei denDachdecken auf den Schulen und Bäume feste zu machen, ist mir aus hiesiger Gemeindekasse richtig ausgezahlt worden, worüber ich hiermit quittire.
Neumark den 31 Dezember 1881
Eduard Necke
Autorisirt Theodor Thiele Bürgermeister

Beleg 35:

Rechnung über gelieferte Schmiede Arbeit für die Gemeinde Neumark
Dathum 1880

Juni	1 großen Hammer zurechtgemacht 1		
	Kießelstein zerschlagen	1	50
May	1 Böschhacke geschärft & 1	--	16
Juni 5	Böschhacke geschärft	--	8
12	1 Böschhacke geschärft	--	50
	2 alte Bänder um Plumpen Rohr		

Obige Summe erhalten Suma 2 24
Neumark d[en] 5 Januar 1881 Karl Fulsche
Autorisirt Theod[or] Thiele Bürgermeister

Beleg 36:

1 Mark 50 Pf
1 Mark 50 Pfennige für 3 Tage Arbeitslohn die Straß im Orte von Dreck zu reinigen, ist mir aus hiesiger Gemeindekasse richtig ausgezahlt worden worüber ich hiermit quittire

Neumark den 13 Februar 188
Im Auftrag Friedrich Hülle geschrieben Theodor Thiele
Autorisirt Theod[or] Thiele Bürgermeister

Beleg 37:

2 Mark -- Pfg.
Zwei Mark --Pfg. für 4 Tage Tagelohn die Chaussee zu reinigen a Tag 50 Pfg. ist mir aus hiesiger Gemeindekasse richtig ausgezahlt worden, worüber ich hiermit quittire.
Neumark den 27 Februar 1881
Friedrich Hülle
Autorisirt Theod[or]Thiele Bürgermeister

Beleg 38:

3 Mark -- Pfg.
Drei Mark -- Pfennig für 5 Tage Tagelohn a Tag 60 Pfg. Drek abzuziehen auf der Chaussee ist mir aus hiesiger Gemeindekasse richtig ausgezahlt worden worüber ich hiermit quittire
Neumark den 14 März 1881
Friedr.Hülle
Autorisirt Theod[or]Thiele Bürgermeister

Beleg 39:

3 Mark -- Pfg.
Drei Mark -- Pfg. für 5 Tage Tagelohn Steine auf zu schütten auf die Chaussee am Oberthore, ist mir aus hiesiger Gemeinde- Kasse richtig ausgezahlt, worüber diese Quittung
Neumark den 19 März 1881
Friedr.Hülle
Autorisirt Theod[or] Thiele Bürgermeister

Beleg 40:

3 Mark -- Pfg.
Drei Mark -- Pfg. für 5 Tage Tagelohn auszufüllen auf der Chaussee nach Berlstedt zu, ist mir aus hiesiger Gemeindekasse ausgezahlt worden, worüber die Quittung.
Neumark den 3 April 1881
Friedrich Hülle
Autorisirt Theodor Thiele Bürgermeister

Beleg 41:

2 Mark 40 Pfg.
Zwei Mark 40 Pfennige für 4 Tage Arbeit a Tag 60 Pfg. an der Chaussee, habe ich aus hiesiger Gemeindekasse richtig erhalten, worüber ich hiermit quittire
Neumark den 16 April 1881
Fried. Hülle
Autorisirt Theod[or] Thiele Bürgermeister

Beleg 42:

1 Mark 80 Pfg.
Ein Mark 80 Pfg. für 3 Tage Tagelohn an der Chaussee, a Tag 60 Pfg habe ich aus hiesiger Gemeindekasse richtig ausgezahlt erhalten, worüber ich hiermit quittire.
Neumark den 8 Mai 1881
Friedrich Hülle
Autorisirt Theod[or]Thiele Bürgermeister

Beleg 43:

1 Mark 80 Pfg.
Ein Mark Achtzig Pfennige für 3 Tage Tagelohn auf der Chaussee a Tag 60 Pfg, ist mir aus hiesiger Gemeindekasse richtig ausgezahlt worden worüber ich hiermit quittire.
Neumark den 14 Mai 1881
Friedrich Hülle
Autorisirt Theod[or] Thiele Bürgermeister

Beleg 44:

3 Mark -- Pfg.
Drei Mark -- Pfennig für 6 Tag Tagelohn a Tag 60 Pfg für Steine zu schlagen und auf zu schütten ist mir aus hiesiger Gemeinde-Kasse richtig ausgezahlt worden, worüber ich hiermit quittire
Neumark 22 Mai 1881
Friedrich Hülle
Autorisiert Theodor Thiele Bürgermeister

Beleg 45:

27 Mark „-- Pfg.
Sieben und Zwanzig Mark -- Pfennig für
Revision der Flurgrenze und sämtlicher Komumcation[1] und Kollturwege[2] in der Flur Neumark vom 9 (ten) bis 15 Mai d[es] J[ahres] haben wir aus hiesiger Gemeinde=Kasse richtig erhalten, worüber wir hiermit quittiren.
Neumark den 22 Mai 1881

---

[1] Komumkation = Kommunikation (?)

2 Kolltur = Kultur (?)

Die Feldgeschworenen[1] Karl Seifarth Michael Reifart
Autorisirt Theodor Thiele Bürgermeister

Beleg 46:

2 Mark -- Pfg.
Zwei Mark -- Pfg. für 3 ½ Tag Tagelohn Steine zu schlagen und aufzuschütten, im Orte ist mir aus hiesiger Gemeindekasse ausgezahlt worden,worüber ich hiermit quittire.
Neumark den 29 Mai 1881
Friedrich Hülle
Autorisirt Der Gemeindevorstand Theodor Thiele

Beleg 47:

1 Mark 80 Pfg.
Ein Mark Achtzig Pfennige für drei Tage Tagelohn a Tag 60 Pfg. ist mir aus hiesiger Gemeindekasse richtig ausgezahlt worden worüber ich hiermit quittire
Neumark den 12 Juni 1881
Friedrich Hülle
Autorisirt Theod[or] Thiele Bürgermeister

Beleg 48:

2 Mark -- Pfg.
Zwei Mark -- Pfg für Pappeln anbinden und Gossenreinigen[2] in der Hintergasse, ist mir aus hiesiger Gemeindekasse richtig aus-

---

[1] Feldgeschworene : wirken bei der Kennzeichnung von Grundstücksgrenzen mit; vgl.Kataster

[2] Gosse : offene Rinne zum Ableiten von Regen- und Schmutzwasser aus Häusern

gezahlt worden, worüber ich hiermit quittire
Neumark den 19 Juni 1881
Friedrich Hülle
Autorisirt Theodor Thiele Bürgermeister

Beleg 49:

2 Mark 10 Pfg
Zwei Mark Zehn Pfennige für 3 ½ Tag Tagelohn a Tag 60 Pfg. die Gosse in der Hintergasse auf zu hacken, ist mir aus hiesiger Gemeindekasse richtig aus gezahlt, worüber ich hiermit quittire
Neumark den 26 Juni 1881
Friedrich Hülle
Autorisirt Theodor Thiele Bürgermeister

Beleg 50:

1 Mark 50 Pfg.
Ein Mark Fünfzig Pfennige für 3 Tage Tagelohn für Steinschlagen in der Hintergasse, ist mir aus hiesiger Gemeindekasse richtig aus gezahlt worden, worüber ich hiermit quittire
Neumark den 3 Juli 188
Friedrich Hülle
Autorisirt Theod[or] Thiele Bürgermeister

Beleg 51:

1 Mark 50 Pfg.
Ein Mark Fünfzig Pfennige für 3 Tage Tagelohn an der Chaussee, a Tag 50 Pfg. ist mir aus hiesiger Gemeindekasse richtig ausgezahlt worden worüber ich hiermit quittire
Neumark den 24 Juli 1881
Friedrich Hülle

Autorisirt Theod[or] Thiele Bürgermeister

Beleg 52:

5 Mark 50 Pfg.
Fünf Mark fünfzig Pfennige für 1 Ruthe[1] Steine An die Chausse am Krautheimer Weg zu fahren lt. (laut) Acort vom 23 Juli 1881 ist mir aus hiesiger Gemeindekasse richtig ausgezahlt worden, worüber ich hiermit quittire
Neumark den 31 Juli 1881 Julius Walther
Autorisirt T[heodor] Thiele Bürgermeister

Beleg 53:

25 Mark -- Pfg.
Fünf und Zwanzig Mark -- Pfennig für Chaussee-bau am Krautheimer Wege lt[laut] Acort von 22 Juli 1881 habe ich aus hiesiger Gemeindekasse richtig erhalten worüber ich hiermit quittire
Neumark den 31 Juli 1881
Ado [Nachname unleserlich]
Autorisirt Theodor Thiele Bürgermeister

Beleg 54:

2 Mark 40 Pfg.
Zwei Mark Vierzig Pfennige für 4/16 Ruthen Steine zu schlagen, ist mir aus hiesiger Gemeindekasse richtig ausgezahlt worüber ich hiermit quittire
Neumark d. 7 August 1881
Friedrich Hülle
Autorisiert Theodor Thiele Bürgermeister

---

[1] Ruthe : Längenmaß, bei Baumaterialien 12 Fuß x 12 Fuß x 1 Fuß (Länge x Breite x Höhe) ; Fuß in Weimar = *281,98 mm*

Beleg 55:

1 Mark 80 Pfg.
Ein Mark und Achtzig Pfennige für 3/16 Ruthen Steine zu schlagen, ist mir aus hiesiger Gemeindekasse richtig ausgezahlt, worüber ich hiermit quittire
Neumark den 28 August 1881
Friedrich Hülle
Autorisirt Theod[or] Thiele Bürgermeister

Beleg 56:

Rechnung für Gemeinde Neumark
M. P.
1 ½ Kasten Stein geliefer -- ,60 Pfg.
Obige 60 Pfg. habe ich erhalten
Neumark den 28 August 1881
Meister Friedrich Geske
Autorisirt Th. Thiele Bürgermeister

Beleg 57:

15 Mark -- Pfg.
Fünfzehn Mark -- Pfg. für 2 ½ R. (Ruthen) gelieferde Chaussee= Steine an den Krautheimer Weg und im Ort und nach Vippachedelhausen zu a Ruth(e) 6 Mark -- Pfg. sind mir aus hiesiger Gemeindekasse richtig ausgezahlt worüber ich hiermit quittire
Neumark den 2 September 1881
Theodor Thiele
Autorisirt Th[eodor] Thiele Bürgermeister

Beleg 58:

1 Mark 50 Pfg.
Ein Mark 50 Pfennige für 3 Tage Tagelohn die Chausse abzuschaufeln, ist mir aus hiesiger Gemeinde Kasse richtig ausgezahlt worden, worüber ich hiermit quittire
Neumark den 4 November 1881
Friedrich Hülle
Autorisiert Th[eodor] Thiele Bürgermeister

Beleg 59:

2 Mark -- Pfg.
Zwei Mark -- Pfg. für abschaufeln der Chausse für 5 Tage ist mir aus hiesiger Gemeinde= Kasse richtig ausgezahlt, worüber ich hiermit quittire
Neumark den 20 November 1881
Friedrich Hülle
Autorisirt Theod[or] Thiele Bürgermeister

Beleg 60:

2 Mark -- Pfg.
Zwei Mark -- Pfennig für 4 Tage Tagelohn die Chausse im und auser dem Orte abzukratzen ist mir aus hiesiger Gemeindekasse richtig ausgezahlt worüber ich hiermit quittire
Neumark den 27 November 1881
Friedrich Hülle
Autorisirt Theod[or]Thiele Bürgermeister

Beleg 61:

1 Mark 50 Pfg.
Ein Mark Fünfzig Pfennige 3 Tage Tagelohn die Chausse abzuschaufeln, ist mir aus hiesiger Gemeindekasse richtig ausgezahlt worden, worüber ich hiermit quittire
Neumark den 10 Dezember 1881
Friedrich Hülle
Autorisirt Theod[or] Thiele Bürgermeister

Beleg 62*:*

Rechnung
1 M.20 Pf.
Schreibe ein Mark zwanzig Pfennige für ein Kanal am Großbrembacher Wege auszubessern vom 29 August dieses Jahres ist mir aus hiesiger Gemeindekasse baar und richtig ausgezahlt worden worüber diese Quittung
Neumark den 18 December 1881
Aug[ust] Vitzthum
Autorisirt Th[eodor] Thiele Bürgermeister

Beleg 63:

2 Mark -- Pfg.
Zwei Mark -- Pfennig für 4 Tage
Tagelohn an der Chaussee, ist mir aus hiesiger Gemeindekasse richtig ausgezahlt worden, worüber ich hiermit quittire
Neumark den 31 Dezember 1881
Fried.Hülle
Autorisirt Th[eodor] Thiele Bürgermeister

Beleg 64:

1 Mark 50 Pfg.
Ein Mark Fünfzig Pfennige für 3 Tage Tagelohn im Orte Drek abzuschaufeln im Dec[em]b[e]r.81 ist mir aus hiesiger Gemeindekasse richtig ausgezahlt, worüber ich hiermit quittire
Neumark den 15 Januar 1882
Fried.Hülle
Autorisirt Th[eodor] Thiele Bürgermeister

Beleg 65:

1 Mark 50 Pfg.
Ein Mark 50 Pfennige für 3 Tage Tagelohn an der Chaussee Drek abzuschaufeln im Dec[em]b[e]r.81 ist mir aus hiesiger Gemeindekasse richtig ausgezahlt, worüber ich hiermit quittire
Neumark den 15 Januar 1882
Fried. Hülle
Autorisirt Th[eodor] Thiele Bürgermeister

Beleg 66:

Rechnung für die Gemeindecasse , für Wegesteine zu setzen pr[o] 1881. nebst Verzeichniß über folgende Stein
1 Wegestein gesetzt am Vogelsberger Wege, war abgebrochen
1 desgl. [eichen] am Dörnsraine, Ernst Plan.
1 desgl. an der Flachsröste[1], tiefer gesetzt.
1 desgl. am Sprötauer Wege , K.Granertsplan.
1 desgl. zu Neusig am Schlevogtsplan, gehoben.

---

[1] Flachsröste : (auch Flachsrotte) mit Wasser gefüllte Grube zur Verarbeitung der geernteten Flachshalme(Lein)

¼ Tag Flurgrenzstein No 34 an d. Thalborner Grenze
Zwei Mark 50 Pf. für 2 Mann, für Oben verzeichnete Wege, u Flurgrenzsteine 1881 zu setzen aus der Gemeindecasse erhalten zu haben bescheinigt hiermit
Neumark, d. 7 Dcbr.[December] 1881
Die Feldgeschworenen
Karl Seifarth. Michael Reifart.
Autorisiert Th[eodor] Thiele Bürgermeister

<u>Beleg 67</u>:

Quittung Über 10. Mark 8 Pfg.
Besichtigung der Feuerstätten in Neumark
Die verpflichteten Baugewerken
Weimar den Juli 1881
Ed[uard] Linding

<u>Beleg 68</u>:

Rechnung für Gemeinde Neumark 1881

		M.	Pf.
Jan 21	Für Verwaltung des Spritzenamts Neumark D. 8/I 82. Summa Mk. F. Geske Schmiedemstr. erhalten Qttg[1] fehlt Friedrich Geske Autorisirt Th[eodor] Thiele Bürgermeister	6.	00

[1] Quittung

Beleg 69:

Rechnung über gelieferte Schmiede- Arbeit für die Gemeinde Neumark 1879

Dathum		M	Pfg.
März 5.	4 große Nagel a 12 Pfg. 2 Plat Nagel[1] a 30 Pfg.zu Latern Fühse	1	8
Apr. 23.	Ein neun Radegerl [?] beschlage	5	50
Juni 19	1 neuen Ring 2 Niethe in Plumpen Stange		25
	2 Schien[en]an Plumpen Schwengel 2 neue Bolzen/Feder zu	--	85
	1 Stütze an Auskuß der Plumpe / Nieth in [...]Klap	---	40
Juli 14	1 Böschhacke[2] geschärft 15 Böschhacke geschärft	1	16
Sept.10	1 Böschhacke geschärft		8
Dezb.6.	1 Leiter zu Latern anbren beschlagen	---	80
	1 großen Nagel zu Laterne		10
	Suma	10	22

Obige Summe erhalten
Neumark d. 10 Juni 1880
K. Fulsche
Autorisirt Th[eodor] Thiele Bürgermeister

[1] Plattnagel (auch Blattnagel):plattköpfiger Nagel zum Vernieten

[2] Böschhacke: Hacke zum Bearbeiten einer schräg abfallenden Seitenfläche (vgl.Böschung)

Beleg 70:

Quittung
Fünf Mark sind mir für eine Fuhre am 17 Januar 1881 mit dem Wasserzubringen nach Buttelstädt zu fahren, aus hiesiger Gemeindekasse richtig ausgezahlt, worüber ich quittire
Julius Walther
Neumark den 18 Januar 1881
Autorisirt Th[eodor] Thiele Bürgermeister

Beleg 71:
Neumark den 27 März 1882
Rechnung Für die Gemeinde Neumark 1881 von Richard Seifarth Apotheker

			Mk	Pfg.
Mai	23	Baumoel[1] und Schmiere zur Spritze durch Geske		50
Septmbr.	2	An Pulver zur Sedan Feier	5	
Oktob.	28	Uhrenoel durch Theodor Schäfer		35
"	24	1000 St[ück]Schwed[ische] Zündhölzer d[it]o		25
Nov.	14	1Cylinderputzer, Schlem(m)kreide zum Putzen		
"		u. 2 große Cylinder		60
	18	Docht in die Lampen und 1	1	20
Jan.	9	Cylinder		
"		1000 Zündhölzer u. 2 große Cylinder		55

[1]Baumöl : unangenehm riechendes Olivenöl aus zweiter Pressung

Von Oct. bis 16/3 82	13	2 große Cylinder 256 Ltr. Petroleum a Ltr. 16 Pf.	40	30 96

Summa 49 71

erhalten 11/4 82 Seifarth
Autorisirt Theod.Thiele Bürgermeister

<u>Beleg 72</u>:

Neumark d. 12 April 1881
Rechnung für die Gemeinde Neumark 1881
von S. Braunitz M. Pf.

			M.	Pf.
Jan	29.	(....) 4 Ltr.Petroleum		
	30.	„ 4 Ltr. „		
	31	„ 4 Ltr. „		
Febr.	1.	„ 4 Ltr. „		
	2.	„ 4 Ltr. „		
	3.	„ 4 Ltr. „		
	4.	„ 4 Ltr. „		
	17.	„ 4 Ltr. „		
	18.	„ 4 Ltr. „		
	19.	„ 4 Ltr. „		
	20.	„ 4 Ltr. „		
	21.	„ 4 Ltr. „		
	22.	„ 4 Ltr. „		
	23.	„ 4 Ltr. „		
	24.	„ 4 Ltr. „		
	25.	„ 4 Ltr. „		
	26.	„ 4 Ltr. „		
März	18.	„ 3 ½ Ltr. „		
	19.	„ 2 Ltr. „		

	20.	„ 3 ½ Ltr. „		
	22.	„ 3 ½ Ltr. „		
	23.	„ 3 ½ Ltr. „		
	24.	„ 3 ½ Ltr. „		
	25.	„ 3 ½ Ltr. „		
	26.	„ 3 ½ Ltr. „		
	27.	„ 3 ½ Ltr. „		
	28.	„ 3 ½ Ltr. „		
	29.	„ 3 ½ Ltr. „		
	30.	„ 3 ½ Ltr. „		
	31.	„ 3 1/2 Ltr „		

An 112 Ltr M. 18 S[umm]a Mark 20 16
Obige Zwanzig Mark 16 Pfg. aus hiesiger Gemeindekasse
richtig erhalten worüber ich hiermit quittire
Neumark den 10 April 1881 Sidonie Braunitz
Autorisirt Th[eodor]Thiele Bügermeister

Beleg 73:

Rechnung
Über eine neue verfertigte gelieferte Brunröhre mit Zubehör für die Gemeinde zu Neumark
Betrag 34 M 45 Pf.
Vierunddreißig Mark fünf= undfirzig Pfenige sind mir aus der Gemeinde Kasse zu Neumark, richtig ausgezahl worden
Tannroda, den 2.Juni 1881
Karl Pflantz
Autorisirt Th.Thiele Bürgermeister

Beleg 74:

Rechnung
Über eine regratür[1] an den GemeindeBrunn bei der Schmidte zu Neumark
Betrag 5 M. 75 Pfg.
sind mir in der Gemeinde zu Neumark richtig ausgezahlt worden
Tannroda den 29 t(e)n Juni 1881 Karl Pflantz
Autorisirt Th[eodor] Thiele Bürgermeister

Beleg 75:

Rechnung für Gemeinde Neumark

11	Die Brunnenröhre an den Marktbrunnen	M	Pf.
Mai	beschlagen	.	50
	2 Polsen [Bolzen?]nachgelocht u. 2 neue		10
	Sylinde[r]	1	
	4 Nägel ausgespitzt	1	
	An die Schwengelgabel 4 neue Platten	2	35
	1 Stück in einen Ring geschweißt	1	50
	1 neues Schwengelband mit Schraube		50
	1 neuer Ring		50
	Die Zugstange eingeniet[et]		50
	2 neue Nieten		
	1 neuen Polsen in Schwengel		
	Summa Mark	7	95

Obige 7 Mark 95 Pfg. habe ich aus hiesiger Gemeindekasse erhalten
Neumark den 28 August 1881
Meister Friedrich Geske
Autorisirt Theodor Thiele Bürgermeister

---

[1]Reglertür (?)

Beleg 76:

Rechnung
Für Gemeinde Neumark

		M.	Pf.
Juni 7.	Den Wasserbringer ausgebessert	3.	00.

Sum(m)a 3. 00

Obige 3 Mark erhalten
Neumark den 28 August 1881
Meist[e]r Friedrich Geske
Autorisirt Th[eodor] Thiele Bürgermeister

Beleg 77:

Rechnung für Gemeinde Neumark

		Mk.	Pf.
November 15	1 neues Vorlegeschloß, mit 2 Schlüsseln, & neues Schließblech mit Kette	2	00.

Summa Mark 2. 00
Erhalten Friedrich Geske (Qttg[Quittunng] fehlt.)
Neumark d. 8/I 82
F.Geske Schmiedemeister
Autorisiert Th[eodor] Thiele Bürgermeister

Beleg 78: 1 Mark 70 Pfg.
Ein Mark Siebnzig Pfennige für Blechflasche und Gemüßn zum Peterolium für die Straßenlaternen 50 Pfg. für 5 Zilinder auf die Lamben in Straßenlaternen sind mir aus hiesiger Gemeindekasse richtig ausgezahlt worden, worüber ich hiermit quittire.
Neumark den 27 November 1881
Christian Lange
Autorisirt Theod[or] Thiele Bürgermeister

Beleg 79:

16 Mark -- Pfg.

Sechzehn Mark -- Pfennig für zwei Spritzen-fuhren nach Berlstedt und Ollendorf l[au]t Beschluß des Gemeinderaths von 22 Dezember 1881 habe ich aus hiesiger Gemeindekasse richtig erhalten, worüber ich hiermit quittire.
Neumark den 31 Dezember 1881
Christian Lange
Autorisirt Theod[or] Thiele Bürgermeister

Beleg 80:

5M
Fünf M.[Mark] Pfg.[Pfennig] Fuhrlohn den Wasserzubringen bei den in der Nacht vom 15 zum(auf) 16 Januar. stattgefundenes Feuer in Buttelstedt zu fahren sind mir lt[laut] Beschluß des Gemeinderaths aus der Gemeindekasse ausgezahlt worden
solches wird hierdurch bescheinigt
Neumark den 31 Mai 1881
Wunderlich
Autorisirt Th[eodor] Thiele Bürgermeister

Beleg 81:

45 Mark, nämlich
15 M. Besoldung
30 M. Holzfuhrgeld auf das Jahr 1881 aus hiesiger Gemeinde-Kasse erhalten zu haben bescheinigt
Neumark d 13.Dec. 1881
M.Schäfer,Pf[arrer] das[elbst]
Autorisirt Theod[or] Thiele Bürgermeister

Beleg 82:

Vier Mark 80 Pf. für das Festbier auf den 3 hohen Festen als Pfarrer und als Verwalter der Diakonatstelle bar aus der Gemeindekasse erhalten zu haben bescheinigt

Neumark d 13.Dez. 1881
M. Schäfer , Pf[arrer] das[elbst]
Autorisirt Th[eodor] Thiele Bürgermeister

Beleg 83:

318 Mark 25 Pfg.
Wörtlich Dreihundertachtzehn Mark fünf & zwanzig Pfennige alljährliche Besoldung des I. Lehrers auf das Jahr 1881 aus hiesiger Gemeindekasse bar und richtig empfangen, bekannt
Neumark, 31.Dez[em]b[e]r 1881
A. Weißhuhn, Lehrer
Autorisirt Th[eodor] Thiele Bürgermeister

Beleg 84:

75 Mark -- Pfg.
Buchstäblich Fünf und siebenzig Mark- & Honorar für die Fortbildungsschule pro Michaeli 1880 bis Ostern 1881 hat der Unterzeichnete aus hiesiger Gemeindekasse durch den Gemeinderechnungsführer Herrn Mohr baar und richtig erhalten, worüber dankbar quittiert
Neumark, am 27.Mai 1881.
A.Weißhuhn, Lehrer
Autorisirt Th[eodor] Thiele Bürgermeister

Beleg 85:

40 M.
Vierzig Mark Schulbeitrag p[ro] II.Sem [ester] 1880 aus der Gemeindekasse erhalten bescheinigt.
Neumark d 3 Febr. 1881
Wunderlich [unleserlich]
Autorisiert Theodor Thiele Bürgermeister

Beleg 86:

40 M.
Vierzig R.M. [Reichsmark] für das I.Sem[ester] 1881 sind aus der Gemeindekasse an die unterzeichnete Einnahme als beauftragte Hebestelle bezahlt worden solches wird hierdurch bescheinigt
Neumark den 1 Dec[ember] 1881.
Wunderlich Steuereinnehmer
Autorisirt Th[eodor] Thiele Bürgermeister

Beleg 87:

Für die Kirchen & Schulblatt
Exemplar, für das Jahr 1881
hat 4 Mark 70 Pf. entrichtet. und 10 für Nachbestellung
Neumark, den 31 ten December 1881
Zeitungs=Expedition der Postanstalt
Seifarth
Autorisirt Th[eodor] Thiele Bürgermeister

Beleg 88:

Weimar,den 1881 1/9
Hof-Buch-& Kunsthandlung
Rechnung Für die Schule zu Neumark
Von Alexander Huschke
1881

27.	1 Bräutigam Methodik d[es] Rechenunterrichts Dankend empfangen A.Huschke 19/2 82 Autorisirt Th[eodor] Thiele Bürgermeister	1	30

Beleg 89:

Weimar, den 10.Novbr.1881

Rechnung für die Schulgemeinde Neumark

Von Gustav Mesmer Buchbinderei, Schreib- und Zeichenmaterialien-Handlung

Juni	16.	3 Zeichenbücher a 30 (Pf.) M(ark)	-- --	90
Aug.	14.	7 Unterrichtspläne	1	44
		2 Pausiertabellen	--	95
		Stundenplan aufgezogen		25
Septb.	16	30 Zeichenbücher a 15(Pf.)	4	50
		13 ----- do(dito) – „ „	1	95
		44 Unterlagen in Zeichenbücher		

Novb.	10..	5 T(afel)lappen a 17 Pfg	1 --	10 85

M. 11.94

Dankend empfangen G.Mesmer

Autorisirt Theodor Thiele Bürgermeister

Beleg 90:

2 Mark
Wörtlich Zwei Mark als 2/3 des Betrags für Scheuern des Schulsaals am 9. April d.J., aus hiesiger Gemeindekasse durch Herrn Mohr richtig erhalten, bekennt dankbar quittirend
Neumark, am 19. April 1881. Auguste Ne[c]ke
Besteht in Wahrheit A.Weißhuhn
Autorisirt Theod[or] Thiele Bürgermeister

Beleg 91:

Quittung
4 Mark
Vier Mark für einen Ofen zu setzen, und für verschiedene Ausbesserungen incl[usive] Material liefer in der Mietwohnung des Brauer Lange sind mir aus hiesiger Gemeindekasse baar und richtig ausgezahlt worden: Worüber quittiret
Neumark den 10. Mai 1881
Wilh. Seiler
Autorisirt Theod[or] Thiele Bürgermeister

Beleg 92:

Rechnung
Für wohllöbliche Gemeinde zu Neumark
Fr. Bachmann / Stellmacher

Juni/July	Drei Reck-Säulen	10	50
	Zwei Reck-Stangen	4	40
	Zwei Barren	14	40
	[unleserl.]Sprunggestell nebst	9	90
	Sprungbrett		75
	Reck - Säulen setzen		

Summa 33 95

Betrag dankend empfangen
Neumark, d.24 July 1881
Achtungsvoll Fr. Bachmann (Stellmacher)
Autorisirt Theod. Thiele Bürgermeister
Beleg 93 : (fehlt)

Beleg 94:

6 Mark 72 Pfg.
Buchstäblich Sechs Mark zwei und siebenzig Pfennige für 48 Liter geliefertes Festbier an den Lehrer Weißhuhn für (a Liter 14 Pfg.) heute aus hiesiger Gemeindekasse bar und richtig erhalten, bekennt quittirend
Neumark, am 30.Septr. 1881
Der Restaurateur
[unleserlich]
Autorisirt Theod[or]Thiele Bürgermeister

Beleg 95:

Zwei Mark 10 Pfg. für Dachreparaturen an der alten Schule
1 M. 60 [Pf.] zu 2/3 für dergleichen an der neuen Schule
3 M. 70 Pf. Sa(Summa) aus hiesiger Gemeindekasse erhalten
zu haben bescheinigt
Neumark d 18.Dez.1881
August Vitzthum
Attestirt Th[eodor] Thiele Bürgermeister

Beleg 96:

Weimar, den 18. Februar 1881
Rechnung für die Schulgemeinde Neumark
Von Gustav Mesmer
Buchbinderei, Schreib- und Zeichen-Materialien – Handlung

1881

Janr.	13.	12 Unterrichtspläne	1.	--
Febr.	5.	6 Buch quer lin[iertes] Schulpapier	2.	40
		1 weiß --- d[it]o)---	-	40
		2 Hefte Rechtschreibung	-	30
März	26.	2 Probeschriften gebunden	-	50
April	16.	2 Schultagebücher	3.	60
		durchschossen[1]	1.	60
		2 Versäumnislisten durchschossen	-	70
		Schülerbuch	-	80
		4 Hefte a 6 lag [ig] in Umschlag	-	50
Juni	7.	6 Unterrichtspläne	1.	--

---

[1]durchschießen : beim Heften eines Buches zwischen zwei gedruckte Blätter ein Blatt weißes Schreibpapier(Durchschuss) heften, um etwas darauf schreiben zu können

		Duden, Wörterbuch	3.	50
		Wangemann, Handreichung	1.	85
	13.	Benthien , Dictirstoff	3.	50
		Die mathematischen Körper, 2 Bände	- -	
		Tabellarisches Verzeichniß		20
		dasselbe aufgezogen		35

Mark 22. 20 Pfg.

Weimar, am 25. Dec[em]b[e]r 1881.
Erhalten G.Mesmer
Autorisirt Th[eodor] Thiele Bürgermeister

Beleg 97:

4 Mark
Wörtlich Vier Mark für Schulsaalscheuern im August und Dezember 1881 als 2/3 des Betrages heute aus der Gemeindekasse richtig erhalten, bekennt
Neumark, am 31.Dezember 1881
Auguste Ne[c]ke
daß Frau Necke zweimal gescheuert hat, bestätigt A.Weißhuhn
Autorisirt Th[eodor] Thiele Bürgermeister

Beleg 98:

Achtzig Pfennig verlegtes Porto für die Schule pr.(o) 1881
nämlich 10 Pfg. Bericht an G[roß] H[erzoglichen] Bezirksschulinspektor 15 .Aug[ust] wegen Schulferien
10 [Pfg.] von demselben wegen der Herbstferien
10 [Pfg.] an denselben an October
10 [Pfg.] von demselben

20 [Pfg.] an denselben wegen Unterrichtsplan
20 [Pfg.] von demselben für die Fortbildungsschule______
80 Pf. Wie oben aus der Gemeindekasse allhier erhalten zu haben bescheinigt
Neumark d. 31.Dec[ember] 1881
M.Schäfer. Pf[arrer] das[elbst] Als Ortsschulaufseher

Beleg 99:

35 Mark 50 Pfg.
Wörtlich Fünf und Dreißig Mark fünfzig Pfg. an baren Auslagen, Gebühren und Verlägen des Unterfertigten für die Gemeinde auf das Jahr 1881
1 M. 50 Pfg. von Chr.Lange für Schulsaalschlösserreparatur am 6. u.12.Jan.
6 [M] –[Pfg.] Besengeld lt.Beschluß des Gemeinderats v. 12.Juni 1879
1 [M] 70 Pfg.Transport u.Postporto der Gemeinderechnung u. Belege Legatverzeichnis[1], Besoldungstabellen, Lehrziele u. Stundenpläne
12 [M] – [Pfg.] 4 maliges Wegegeld nach Weimar in Schulangelegenheit a 3 M.
1 [M] 40 Pfg. ein Kreidekasten nach Anordnung
2 [M] 40 Pfg. sechs Stundenpläne a St[ück] 40 Pfg. v[on] Chr.Voigt
9 [M] 60 Pfg. Papier zu Probeschriften für d[ie] Kinder l[au]t Verordnung
90 [Pfg.]Papier zu der Gemeinderechnung p[ro] 1881
----

[1] Legat : letztwillige Verfügung, durch welche Jemandem auf Kosten des Nachlasses eines Verstorbenen ein vermögensrechtlicher Vortheil zugewendet wird

35 M.50 Pfg
Obige Summe bar und richtig aus hiesiger Gemeindekasse durch Herrn Mohr erhaltend, bekennt
Neumark. Am 31.Dec[em]b[e]r 1881
A. Weißhuhn Lehrer

Beleg 99b:

Vierundzwanzig Mark Interesse pr.(o) 1881 von 600 M.(ark) Lebertsches Armenlegat aus hiesiger Gemeindekasse erhalten zu haben bescheinigt
Neumark den 13. Dec. 1881
M.Schäfer Pf.(arrer) das.(elbst)
Autorisirt Th. Thiele Bürgermeister

Beleg 100:

6 Mark -- Pfg.
Sechs Mark -- Pfg. für Erziehung der Rosalie Wenzel ihr Kind von 1 Februar bis den 1 April 1881 ist mir aus hiesiger Gemeindekasse richtig ausgezahlt, worüber ich hiermit quittire
Neumark den 30. März 1881
Auguste Ne[c)]ke
Autorisirt Theodor Thiele Bürgermeister

Beleg 101:

74 Mark 88 Pfg.
Vier und Siebzig Mark Acht und Achtzig Pfennige für 468 Pfund Brot von 1 Mai bis den 31 Dezember 1881 an die Wittwe Ernestine Thiele und Maria Barthel geliefert a Pfund 16 Pfg. ist mir aus hiesiger Gemeinde-Kasse richtig ausgezahlt worden, worüber ich hiermit quittire.

Neumark den 31 Dezember 1881
Richard Klemm Bäcker
Autorisirt Theod[or] Thiele Bürgermeister

Beleg 102:

19 Mark 50 Pfennige Inderesse von Herrn Karl Mohr aus Neumark am heutigen Tag dankend erhalten
Weimar, den 13 Juli 1881
Frau Fiedler
Autorisirt Th[eodor] Thiele Bürgermeister

Beleg 103:

Quittung
Über Sieben und Dreißig R.M.[Reichsmark] 50 Pfg. Interesse[1] zu 5% vom 1. Juli 1880 bis dahin 1881 auf ein Kapital von 750 R.M. welches mir aus hiesiger Gemeindekasse aus gezahlt worden ist, welches bescheinigt wird.
Neumark den 18 t. Juli.1881.
Karl Kahle
Autorisiert Th[eodor] Thiele. Bürgermeister

Beleg 104:

1 Mark 65 Pfg.
Buchstäblich Ein Mark fünf und sechzig Pfennige Zinsen zu 4% von 41 M.25 Pfg. Schulkapital auf dasJahr 1881 bar empfangen, bescheinigt
Neumark, am 31.Decbr. 1881.
A.Weißhuhn Autorisirt Theod[or] Thiele Bürgermeister

---

[1]Interesse : Zinsen

Beleg 105a:

Für / Vierteljahr 1881 bestellt Herr Gemeinde Vorstand Neumark

Exemplare	Benennung der Zeitungen	Bezugszeit	Vorausg. Betrag M	Pf.	Bestell-Geld M	Pf.
--	Weimarische Zeitung	¼	3	15		40
--	Regierungsblatt	Jahr	2	50		60
--	Reichsgesetzblatt	Jahr	---			60
	Summa Summarum		8	25		

Quittung
Obige 8 Mark 25 Pf. Sind heute richtig gezahlt
Neumark den 23 ten Dezember 1880
Kaiserliche Post: [unleserlich]
Autorisirt Th.Thiele Bürgermeister

Beleg 105b:

Für die Weimarische Zeitung / Exemplar, für 2 Vierteljahr 1881 hat Gemeindevorstand , Neumark
drei Mark 55 Pf. entrichtet
Weimar, den 20 ten März 188/
Zeitungsexpedition der Postanstalt Rang
Autorisirt Th[eodor] Thiele Bürgermeister

Beleg 105c:

Für die Weimarische Zeitung / Exemplar , für 4.Vierteljahr 188/ hat die Gemeinde Neumark drei (3) Mark 55 Pf. entrichtet
Neumark, den 21 ten September 1881
Zeitungsexpedition der Postanstalt Seifarth
Autorisirt Theod[or] Thiele Bürgermeister

Beleg 106:

Weimar den 31 1880
Inserat - Nota Für die Gemeinde Neumark von der Expedition der Weimarischen Zeitung (H.Böhlau)

Nr. Der Zeitung		Zeilen Je 10 Pfg	Nr. der Bekanntm.	Mark	Pfg.
260. 294.	[unleserlich] Verpachtung je	12		2	70

erhalten Expedition der Weimarischen Zeitung
Autorisirt Theod.Thiele Bürgermeister

Beleg 107*:*

Fol.
Rechnung für Löbl.(ichen) Gem.(einde) Vorst.(and) Neumark Über Inserate im Tage- und Gemeindeblatt der Zeitung Deutschland.
Die einspaltige Zeile 7 Reichs-Pfge. , auf der ersten Seite 20 Reichs-Pfg. Rabatt kann bei diesem Preise nicht gewährt werden

No.d.Bl.		Mk	Pfg.
1880	Back[?]hausverkauf 2 x 84	1	68
304.			
41.	Erhalten Expedition der Zeitung „Deutschland" F.Schobra Autorisirt Theod[or] Thiele Bürgermeister Weimar, den 3.Nov[em]b[e]r 1880	.	

Beleg 108:

Fol.
Rechnung für Löbl(ichen) Gem[einde] Vorst[and] Neumark über Inserate im Tage-und Gemeindeblatt der Zeitung Deutschland
Die einspaltige Zeile 7 Reichs.Pfge., auf der ersten Seite 20 Reichs.-Pfge. Rabatt kann bei diesem Preise nicht gewährt werden.

No.d.Bl. 1879		Mk.	Pfg.
256	Dank	3.	08
		-	10
	Beleg	3.	18
			30Porto
	Summa SS erhalten	3.	48
	Expedition der Zeitung Deutschland Weimar, den 19/ 9 1879 [unleserlich] Autorisiert Theod[or] Thiele Bürgermeister		

[dazu Nachnahmebeleg der Expedition der Weimarischen Zeitung über 3 Mk. 18 Pfg. an den löblichen Gemeindevorstand Neumark bei Weimar]

Beleg 109:

Weimar, den 24.Septr.1879
Inserat - Nota
Für die Gemeinde in Neumark von der Expedition der Weimarischen Zeitung (H.Böhlau)

Nr. .d. Zeitung	1879	Zeilen Je 10	Nr. der Bekanntm	Mark	Pfg

		Pf.			
218	Dank	46.	227 i	4.	60 40 Porto

Betrag erhalten Expedition der Weimarischen Zeitung SS 5
(unleserlich)
Autorisirt Th[eodor] Thiele Bürgermeister
(dazu Nachnahmebeleg der Expedition der Weimarischen Zeitung über 4 Mark 60 Pfg an den Gemeindevorstand Neumark bei Weimar)

Beleg 110:

Berlin, den 5.März 188/
Inserat – Rechnung
Für Herrn Th. Thiele Bürgermeister Neumark bei Weimar
Von August Hirschwald, Verlagsbuchhandlung in Berlin N.W.,68 Unter den Linden

(Titelversch. Zeitschriften Vgl. Original)	Zeilen oder deren Raum	Betrag M Pfg.
Ein Inserat in d[er] Berliner Klinischen Wochenschrift 1881 Nummer der Zeitschrift 6 Betreffend: Arztgesuch f[ür] Neumark Quittung über 7 M. 25 Pfg Autorisiert Th. Thiele Bürgermeister	11 Inserat & Porto	6. M. 60 65 7 M 25

(dazu Nachnahmebeleg der Expedition der Berliner Klinischen Wochenschrift Verlag Hirsch-wald über 6 M.60Pf. an Herrn Th.Thiele Bürgermeister Neumark bei Weimar)

Beleg 111:

Quittung zu Nr. 1929 des Sportelbuchs[1] von 188/ Reg.Nr. N.30
Von Gemeinde Neumark sind
Vier Mark 39. Pfennige unter vorstehender Nummer liquidirte Gebühr P[ro] Tauschbr.[ericht] richtig anher gezahlt worden.
Weimar, den 19 / 3. 1881
Die Sportel- Einnahme des Großherzoglich Sächs[ischen] Amtsgerichts
Trommler[2]
Autorisirt Th[eodor] Thiele Bürgermeister

Beleg 112:

Dr. Voigt (Seite 1)
Rechtsanwalt Weimar
Quittung über 285 M. 50 Pfg.
An
den verehrlichen Gemeindevorstand
Neumark bei Weimar

Weimar den 25, März 1881.
In Sachen der Gemeinde Neumark gegen die Schröterschen Erben überreiche ich nachstehend Liquidation der bei mir entstandenen Kosten und Auslagen, mit Ersuchen um Zahlbarmachung.

Mit achtungsvoller Ergebenheit Der Rechtsanwalt Voigt
/ Kosten

---

[1] Sporteln (lat. sportula – das Geschenk): Entgelt der Untertanen für gerichtliche- oder Amtshandlungen

[2] Carl Trommler – als Gerichtsschreibergehilfe beim Amtsgericht Weimar [Staatshandbuch 1885, S.150]

I. Band 265 (Seite 2)

Gebühren Verläge[1]

1M(ark)	50 Pf	-- M	-- Pf	Information
--	20 --	--	10	Gesuch Schreibgebühr
--	20 --	--	10	Desgl[eichen]
--	20 --	--	15	desgl.
--	--	--	10	Abschrift
--	50 --	--	--	Acteneinsicht
--	10 --	--	--	Actenauszug
--	--	--	80	Gerichtskosten Nr.5043/ 7b
--	60 --	--	80	Antrag Schreibgebühr
--	20 --	--	10	desgl.
			10	Porto
--	20 --	--	10	Eingabe Reinschrift
--	13 --	--	13	Brief Reinschrift
--	37 --	--	29	desgl.
--	13 --	--	18 -	desgl.
			5	Porto
--	20 --	--	10	Eingabe Reinschrift
			10	Porto
--	13 --	--	13	Brief Reinschrift u. Porto
--	13 --	--	13	desgl.
			10	Porto
--	13 --	--	13	Brief Reinschrift u. Porto
--	20 --	--	10	Eingabe Reinschrift
--	13 --	--	10	Brief Reinschrift u. Porto
--	13 --	--	13	desgl.
5 M	68 Pf.	4 M	5 Pf	Latus

Dr.Voigt
Rechtsanwalt
Weimar

Gebühren Verläge (Seite 3)

5 M 68 Pf 4 M 5 Pf Tr[ansport][1]

---

[1] Verläge : hier Auslagen

--	20	--	10	Eingabe Reinschrift u. Porto
--	50	--	--	Acteneinsicht
--	20	--	--	Actenauszug
--	70			Acten Einsicht u. Auszug
--	70			desgl[eichen]
		2	60	Abschrift
--	40	--	20	Eingabe Reinschrift
--	20	--	15	desgl u. Porto
--	50			Einsicht des Rezesses[2]
		1	15	Abschrift
--	20	--	10	Eingabe Reinschrift und Porto
--	50			Einsicht Auseinandersetzungsplan
			80	Abschrift
--	20	--	15	Eingabe Reinschrift u. Porto
		--	80	Gerichtskosten
2	--	80	40	Klage u. Schreibgebühr
1	88	--	75	Appellation[3] u.Schreibgebühr
--	20	--	17	Brief Reinschrift u. Porto
7	88	75	25	Hülfsantrag[4] u. Schreibgebühr
--	40			Vollmacht

22 M 34 Pf 166 M 72 Pf Latus

(Seite 4)

Gebühren Verläge

22 M 34 Pf 166M 72 Pf Transport

---

[1] Transport: Übertrag

[2] Rezess: Schriftlicher Vertrag über die Feststellung gewisser Rechte

[3]Appellation: Anfechten einer Entscheidung

[4]Hilfsantrag: Antrag, über den entschieden wird, wenn über den Hauptantrag negativ entschieden wurde

--	20	--	10 „	Antrag Reinschrift
--	20	--	10 „	desgl[eichen]
--	20	--	10 „	desgl[eichen]
	20		10 „	desgl[eichen]
1	10			Actenhalten

24 M 24 Pf 167 M 12 Pf
6 6 ¼ Zuschlag
167 12 Verläge
197 M 42 Pf. SS Gesamtsumme I Band

II. Band N 3907

Gebühren Verläge

1 M	50 Pf	M	Pf	Information
2	--	5	55	Imploration[1] u. Schreibgebühr
		--	5	Porto
---	20	--	22	Brief Reinschrift u. Porto
		--	55	Abschrift
	60	--	35	Schreiben Schreibgebühr u.Porto
1	50	--	65	Beschwerde u. Schreibgebühr
	60	--	35	Schreiben Schreibgebühr u.Porto
	40	--	25	desgl[eichen]
		3	27	Generalkommissionskosten

6 M 80 Pf 11 M 24 Pf Latus

(Seite 5)
Gebühren Verläge
6 M 80 Pf 11 M 24 Pf Tr.(ansport)

---

[1] Imploration: Gesuch an ein Gericht, welches keine Klage enthält

7	50	48	80	Eilantrag u. Schreibgebüh
		--	5	Porto
		--	53	Amtskosten
--	13	--	13	Brief Reinschrift u. Porto
--			5	Porto
--	30	--	20	Schreiben Schreibgebühr u.Porto
1	--	--	40	Beschwerde u. Schreibgebühr
--	20	--	85	Schreiben Schreibgebühr und Porto
--	50	1	60	Beweismittelangabeu.Schreibgebühr
--	13	--	13	Brief Reinschrift u. Porto
--		1	20	Generalkommissionskosten[1]
--	25	--	21	Brief Reinschrift u. Porto
--	20	--	15	Eingabe Reinschrift und Porto
--	20	--	10	desgl[eichen]
	70			Actenhalten
		--	5	Porto

17 M 91 Pf 65 M 69 Pf
4 M 48 Pf ¼ Zuschlag
65 M 69 Pf Verläge
88 M 8 Pf S[umma] S[ummarum]

Zusammenstellung
197 M 42 Pf S.S. I Bd
88 M 8 Pf S.S. II Bd.
285 M 50 Pf. S[umma] S[ummarum9
(Seite 6)
285 M 50 Pf

[1] Kameralkommission: Kammer –Verwaltungsbehörde für Verwaltung der fürstlichen Einkünfte und für Geschäfte der allgemeinen Landesverwaltung

Vorstehend liquidirte Kosten von der Gemeinde Neumark erhalten zu haben bekennt
Weimar, dn 27 Juli 1881
Der Rechtsanwalt Dr.Voigt u. (unleserlich)
Autorisiert Theodor Thiele Bürgermeister

Beleg 113:

Von der Gemeinde Neumark
sind heute an den unterzeichneten Vollstreckungsbeamten
Eine M. 20 Pf. rückständige Amtskosten nach Buttelstädt
N° 610/81 in S.(Sachen) % Werner Incl. 20 Pf. Porto-- 10 Pf.
[unleserlich] baar gezahlt worden; deren Empfang wird hierdurch bescheinigt.
Weimar, am 14 / 6, 1881.
Der Vollstreckungsbeamte [unleserlich]
Autorisirt Th.Thiele Bürgermeister

Beleg 114: (zu **113**)

A.D.R. N° 71
Absender : C. Rohmer, Gerichtsvollzieher in BUTTSTÄDT
--Mark 95 Pf. durch Postnachnahme entnommen
Portopflichtige Dienstsache M. 95 Pfg Nr. 807
Eine Mark 25 Pfg. --,30 Nachnahme -- M. 95 Pf. 1.25 M.
An
den Gemeinderechnungsführer Herrn
Karl Mohr zu Neumark bei Weimar
Autorisirt Th[eodor] Thiele Bürgerm.

Beleg 115:

Quittung
In der Grundstückszusammenlegungs-Sache von Neumark

wird dem Gemeinde- Vorstand daselbst der Empfang des auf die Verfügung der Großhzl. S. General - Kommission vom 9.April 1881. No. 1657 von ihm in die Kasse eingezahlten Betrages von 85 Mark 46 Pfg. buchstäblich : Fünf und Achtzig Mark 46 Pfg.-- und zwar:
79. Mrk. 13 Pfg. Kosten und 6.Mrk. 33 Pfg. 8% Zuschlag wie oben hiermit bescheinigt.
Weimar, den 18 Juni 1881
Die Kasseverwaltung der Großhzl. S. General – Kommission
Merker
Eingetr[agen] Gegenbuch Blatt 227
Pfefferkorn
Autorisiert Th[eodor] Thiele Bürgermeister

Zu 115:

Nach der in beglaubigter Abschrift angeschlossenen Einnahme – Verfügung der Großherzogl[ich] S[ächsischen] General-Kommission vom 9.April 1881. No. 1657. hat die Gemeinde Neumark in der da-sigen Grundstückszusammenlegungssache die Hälfte der im Betrage von 158 M. 25 Pfg.entstandenen Kosten, nämlich:
79. Mark 13 Pfg. und 6.Mark 33 Pfg. im §. 7. des Gesetzes vom 23.April 1862 verwilligter Zuschlag von 8 % darauf Zusammen 85. Mark 46 Pfg. zu tragen und es wird der Gemeindevorstand zu Neu-mark veranlaßt diesen Kostenbetrag binnen 4 Wochen
bei Vermeidung der Zwangsvollstreckung portofrei anher einzuzahlen.
Weimar, den 23. April 1881
Die Kasseverwaltung der Großherzl[ich] S[ächsischen] General-Kommission
Merker

E. 66
Anbei:
1 beglaubigte Abschrift coll.

Beleg 116:

1 M 20 Pfg.
Buchstäblich Eine M. Zwanzig Pfg. restituirte[1] Verläge der Gemeinderechnungsführer K.Mohr, nämlich 10 Stück Fassionen[2] a St. 10 Pfg. – 1 M. und 20 Pfg. Portoverlag aus der Gemeindekasse zurückerhalten, bekennt
Neumark, am 31. Dec[em]b[e]r 1881.
Karl Mohr
Autorisirt Theod[or] Thiele Bürgermeister

Beleg 117:

4 Mark --Pfg.
Vier Mark u. --Pfg. für die Vertheilung der Einquartirung nach der Steuerrolle, welche am 4 August 1880 hier einquartirt wurden, haben wir Unterzeichneten aus hiesiger Gemeindekasse richtig ausgezahlt erhalten, worüber wir hiermit quittiren.
Neumark den 13 Juli 1880
Theodor Thiele Bürgermeister, Karl Seifarth, Michael Reifarth
Autorisirt Theod.Thiele Bürgermeister Wunderlich

Beleg 118:

Rechnung für die Gemeinde Neumark
von Fr. Müller Fleischer u.Gastwirt daselbst

---

[1]restituieren (lat.) ersetzen, wiederherstellen
[2]Fassion mlat. Vermögens-oder Einnahmenangabe, Bekenntnis

1880

Monat	Datum		M.	Pf.
Januar	12.	Für Heitzung der Schätzungsstube	2.	--
Mai	3.	Spritzenprobe	3.	60
Juni	24.	Johannisfest[1] 71.Liter Einfach Bier	8	52
„	24	50 Liter Weißbier	7.	50
Juli	1.	Feuer Berlstedt	1	40
„	„	Feuer Ollendorf	1	26
„	„	Für die Rathsstube	6	„

Summa 30 M 28 Pf.
Quittung
Obigen Betrag aus der Gemeindekasse zu Neumark erhalten zu haben bescheinigt
Neumark d. 25 Juli 1881.
Fr[iedrich] Müller Gastwirt
Autorisirt Th[eodor] Thiele Bürgermeister

Beleg 119:
8 Mark 50 Pfg.
Acht Mark Fünfzig Pfennige für der Witwe Thiele ihren Acker auf Kosten der Gemeinde zu bestellen l[au]t Acort von 1 Mai 1881 ist mir aus hiesiger Gemeindekasse richtig ausgezahlt worden, worüber ich hiermit quittire
Neumark den 28 August 1881
Adalbert Göring
Autorisirt Th[eodor] Thiele Bürgermeister

Beleg 120:

Aus der Gemeindekasse zu Neumark sind Sechs M. 24. Pf.

---

[1] Johannisfest: Johannistag Gedenktag der Geburt Johannis des Täufers am 24.Juni

Als Bezirkslasten-Beitrag aufs Jahr 1881 und zwar 1/5. Pf. von der im Jahre 1880 zu entrichten gewesenen Staatseinkommensteuer von 3121 M. 46 Pf. richtig anher gezahlt worden.
Weimar, den 5. September 1881.
Die Kasseverwaltung des Grossherzogl[ichen] Direktors des I. Verwaltungsbezirks
[Unterschrift unleserlich]

Beleg 121:

19 Mark 50 Pfg.
Neunzehn Mark Fünfzig Pfennige für 1 Militär-fuhre den 3 September von hier nach Erfurt und 1 Militärfuhre den 8 September von hier nach Olbersleben Lt. Acort von 21 August und 28 August, ist mir aus hiesiger Gemeinde-Kasse richtig ausgezahlt worden, worüber ich hiermit quittire.
Neumark den 17 September 1881
Gustav Vollandt
Autorisirt Th[eodor] Thiele Bürgermeister

Beleg 122:

14 Mark 25 Pfg.
Vierzen Mark Fünf und Zwanzig Pfennig für 1 ½ Ltr.S[a]amenhafer auf den Thielischen Acker a Ltr, 9 Mark 50 Pfg, ist mir aus hiesiger Gemeinde-Kasse richtig ausgezahlt worden, worüber ich hiermit quittire.
Neumark den 1 October 1881
Karl Mohr
Attestiert Th[eodor] Thiele Bürgermeister
Beleg 123:

Weimar den 1 October 1881
Rechnung

Wohllöbliche Gemeinde Neumark
von Albert Voigt
1 Bd. Rechnung 1880 geb[unden] 1, ---
1 Bd. Belege dazu 1 . 50 gebunden
Summa M. 2 . 50
Richtig erhalten
A Voigt
Autorisirt Th[eodor] Thiele Bürgermeister

Beleg 124:

3 Mark
Drei Mark „-- Pfg für einen Weg nach Weimar zu der Militär-Musterung d. 20. April d[es] J[ahres] aus der Gemeindekasse erhalten zu haben bescheinigt hiermit.
Neumark, d. 15 Oct[o]b[e]r 1881.
Karl Seifarth
Bürgermeist[e]r Stellvr. [vertreter]
Autorisirt Theod[or] Thiele Bürgermeister

Beleg 125:

Zwei Mark, 63 Pfg. für ein Buch Lehrbuch der Kriminal Polizei betr[effend] aus der G[emeinde]kasse erhalten zu haben bekennt
Weimar 2 / 11. 81
Petersilie
Autorisirt Th[eodor] Thiele Bürgermeister

Beleg 126:

3 M. 3 Pf
Drei Mark 3 Pfennige für Reinigen der Schornsteine in den Gemeinde-gebäuden zu Neumark p.a. 1881 aus der Gemeindekasse erhalten bekennt.
Buttstedt d. 16./ 11.1881
A.Bär[?]

Schornsteinfegermeister
Autorisirt Theod[or] Thiele Bürgermeister

Beleg 127:

1 Mark 50 Pfg.
Ein Mark Fünfzig Pfennige für die kleine Glocke auf den Monat October 1881 zu läuten, ist uns aus hiesiger Gemeindekasse richtig ausgezahlt worden, worüber wir hiermit quittiren.
Neumark den 1 Dezember 1881
Karl Friedrich Barthel, Hermann Noka, Kaspar Barthel
Autorisirt Theod.Thiele Bürgermeister

Beleg 128:

Vierundzwanzig Mark Buchung der Gemeinde Neumark zur Kasse der Industrie-Schule daselbst auf das Jahr 1881 aus
der Gemeinde-Kasse erhalten zu haben bescheinigt
Neumark d. 15. Dec. 1881
M. Schäfer, Pf(arrer).das.(elbst) Als Kassen Verwalter
Autorisirt Th.Thiele Bürgermeister

Beleg 129:

Rechnung für die Gemeinde Neumark p[ro] 1991
10 M -- Pf für Aufstellung des Heberegisters behufs Erhebung der Gemeindeumlage 4 M -- Pf für Anferdigung der Stim[m]liste zur Gemeinderaths Wahl auf Grund der Stammrollen 14 M ---- Pf S[umma]
obigen Betrag von 14 R[eichs] M[ark] aus der Gemeindekasse erhalten bescheinigt
Neumark den 31 Dec[ember]1881
Wunderlich Steuereinnehmer

Beleg 130:

15 Mark -- Pfg.

Fünfzehn Mark -- Pfg. für Papier zum Militärstammrollen Wahlzettel [,] Militäreinquartirungs Billette und zum Standes-Beamten Acten u. so[nstiges] habe ich aus hiesiger Gemeinde-Kasse richtig erhalten, worüber ich hiermit quittire.

Neumark den 31 Dezember 1881

Th[eodor] Thiele Bürgermeister u. Standes-Beamter

Beleg 131:

25 Mark 95 Pfg.

Fünf und Zwanzig Mark Fünf und Neunzig Pfennige für Postporto Auslagen im Jahre 1881 habe ich aus hiesiger Gemeindekasse richtig ret[o]ur erhalten. Worüber ich hiermit quittire.

Neumark den 31 Dezember 1881

Theodor Thiele Bürgermeister

Autorisirt Karl Seifarth Bürgermeist[e]r.- Stellv[ertreter]

Beleg 132:

24 Mark -- Pfg

Vier und Zwanzig Mark für läuten der großen Glocke auf Jahr 1881 habe ich aus hiesiger Gemeindekasse richtig erhalten worüber ich hiermit quittire

Neumark den 31 Dezember 1881

Hermann Necke

Autorisirt Th[eodor] Thiele Bürgermeister

Beleg 133:

2 Mark 50 Pfg.

Zwei Mark Fünfzig Pfennige bezahlt für Schnaps und Brot für die Spritzenmannschaft bei dem Feuer in Ollendorf und Buttelstedt habe ich wieder aus der Gemeindekasse retur erhalten, worüber ich hiermit quittire
Neumark den 31 Dezember 1881
Theod[or] Thiele Bürgermeister
Autorisirt Karl Seifahrt. Bürgermeister - Stellvertreter

Beleg 134:

Abschrift der Erlasse und Kaduzitäten[1]

1.Heinrich Reichmann	Rest	pro	1864	30	M.	--	Pf.
2.Friederike Koch	„		1870-1876	2	„	33	
3.Minna Menge	„		„ - 1875	--	„	16	„
4.Friedrich Braunroth	„		1871-1877	45	„	25	„
5.Christoph Vollandt	„		1871	1	„	50	„
6.Friedrich Gehrhardt	„		1867-1870	5	„	96	„
7.Christian Funk	„		1870-1872	16	„	75	„
8.Friedrich Heuschkel	„		1871.	--	„	39	„
9.Heinrich Förster	„		1871-1872	--	„	68	„
10.Therese Thiele	„		1871.	1	„	13	„
11.Witwe Kneisel	„		1871-1872	3	„	89	„
12.Witwe Müllers					„		„
Erben	„		1872.	--	„	50	„
13.Karl Vollandt	„		1872.	--	„	28	„
14.Karl	„				„		„
TheodorVollandt	„		1870.	--	„	31	„
15.Mey`s Erben	„		1871.	1	„	20	„
16.Karoline Barthel	„		1871-1872	4	„	15	„
17.Marie Vitzthum	„		1870-1872	2	„	5	„
18.Dorothea Breitung	„		1870-1872	11	„	20	„
19.Karl Braunroth	„		1872	1	„	--	„
20.Emma Thiele	„		1877.	--	„	21	„
21.Albert Paulin	„		1879.	9.	„	9	„
22.Dorothea Holzheim	„		1875-1877.	22.	„	24	„
23.Karl Wächter	„		1879-1876	15.	„	--	„
24.Friedrich Wenzel	„		1876-1877	7	„	70	
25.Dorothea Haase	„		1875-1877.	4	„	26	„
26.Ferdinand Helbig	„		1875.	2	„	44.	„
27.Otto Müller	„		1867-1877	35	„	48.--	„

Summa Summarum 225 M. 15 Pfg.
Vorstehende Gemeindereste sind auf Grund eines Beschlusses des hiesigen Gemeinderates vom 4, März 1878 zu kaduzieren[2] Neumark, am 31. Dezember 1881
der Gemeindevorstand

---

[1]Kaduzität lat. Hinfälligkeit

[2] kaduzieren lat. etwas für hinfällig, ungültig erklären

15. Belegbuch 1833

Nr. 6

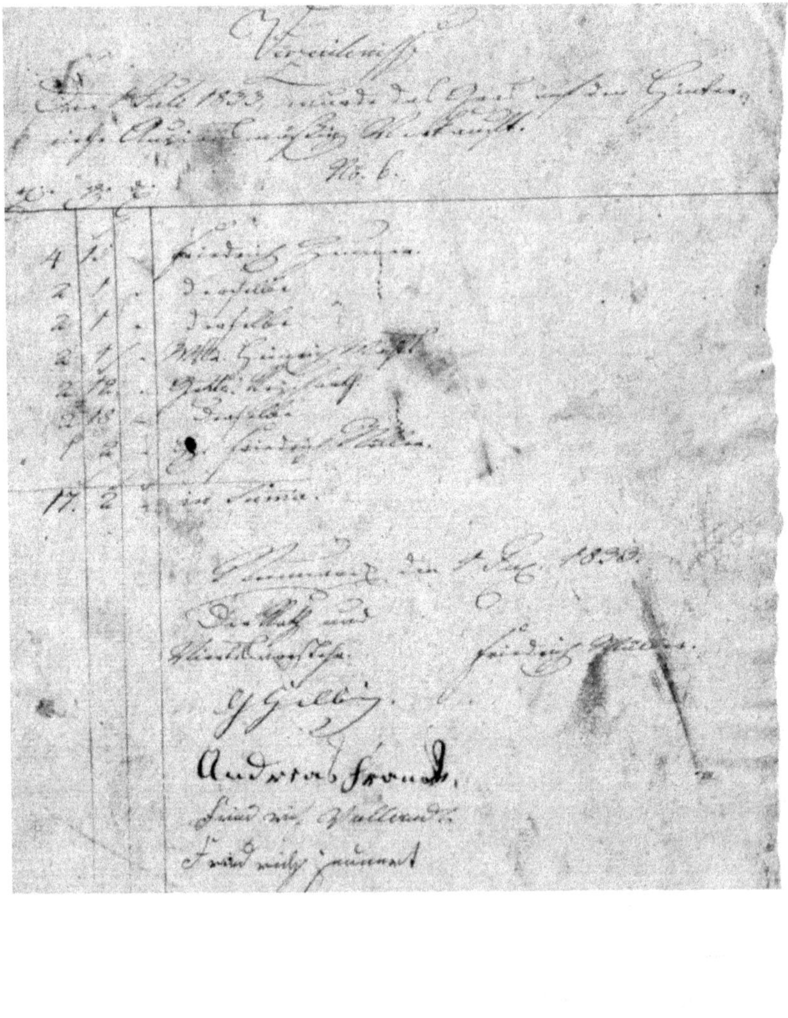
Verzeichniß

No. 6.

in Summa

No. 6

Verzeichnisse

Den 1. Juli 1833. Wurde das Gras[1] auf den Hinterriethe[2] Auctionsmäßig verkauft.

Th.	Gr.	Pfg.	
4	15	--	Friedrich Zeunert
2	1	--	derselbe
2	1	--	derselbe
2	1	--	Meister Heinrich Machts
2	12	--	Gotth. Reifarth
2	18	--	derselbe
1	2	--	Herr Friedrich Müller
17	2	--	in Summa

Neumark den 1. Jul.[y] 1833

Der Rath und Viertelsvorsteher Friedrich Müller

G. Helbig, Andreas Franck, Friedrich Vollandt, Friedrich Zeunert

[1] Gras als Viehfutter ist ständig nachgefragt.

[2] vor dem Untertor

Nr. 7.1 (Vorderseite)

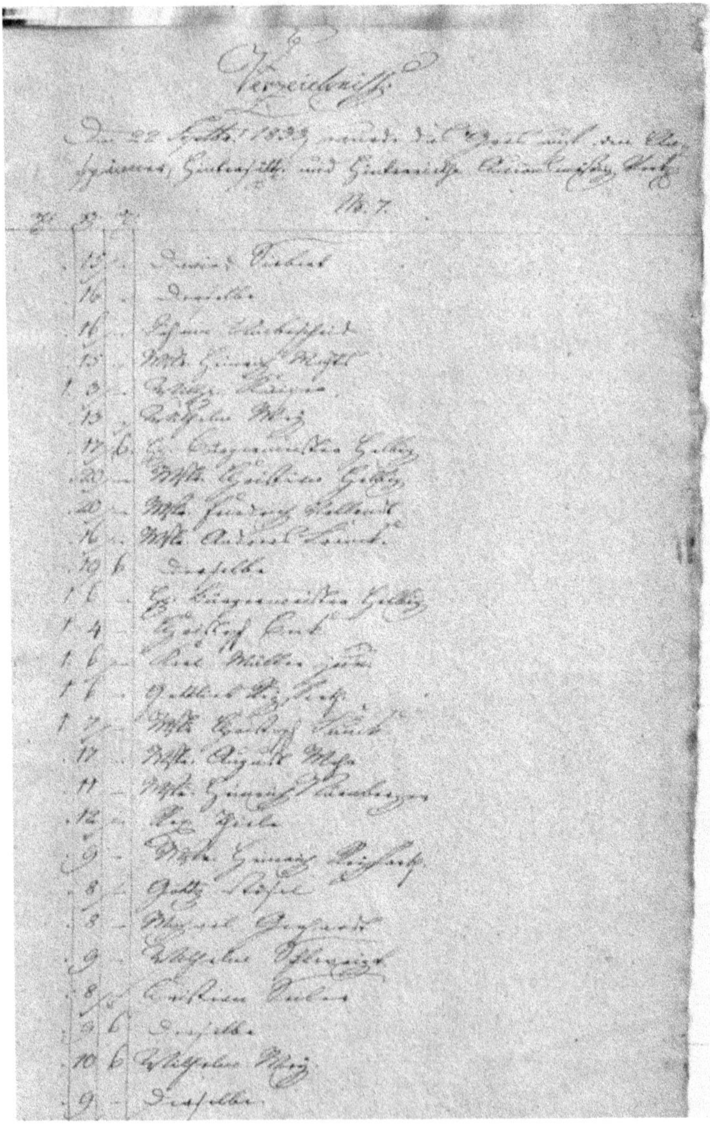

Nr.7.2 (Rückseite)

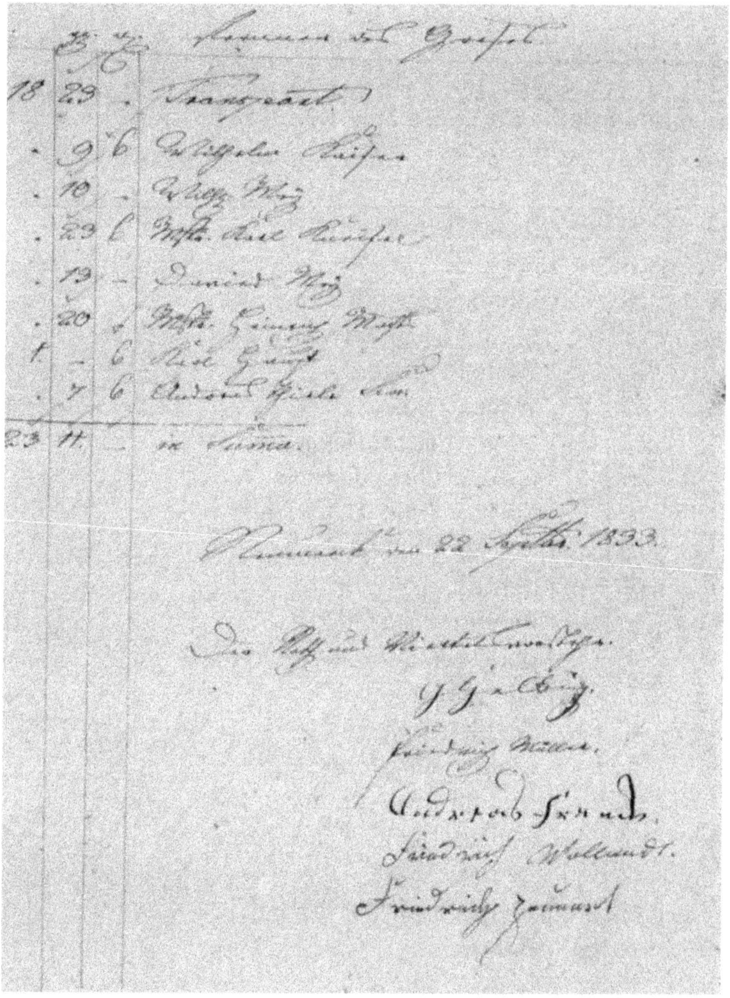

18	23	–	Transport
.	9	6	[illegible]
.	10	–	[illegible]
.	23	6	[illegible]
.	19	–	[illegible]
.	20	–	[illegible]
1	–	6	[illegible]
.	7	6	[illegible]
23	11	–	in Summa

[illegible] den 22 [illegible] 1833.

[illegible]

No. 7

Verzeichnisse

Am 22. September 1833 wurde das Gras auf dem , Hinter und Hinterriethe Auctionsmäßig verkauft.

Th.	Gr.	Pfg.	
--	15	--	David Siebert
--	16	--	derselbe
--	16	--	Johann Unbescheid
--	15	--	Meister Heinrich Machts
-1	-3	--	Wilhelm Krüger
--	13	--	Wilhelm Mey
--	17	-6	Bürgermeister Helbig
--	20	--	Meister Christian Helbig
--	20	--	Meister Friedrich Vollandt
--	16	--	Meister Andreas Saamke
--	19	-6	derselbe
-1	-6	--	Bürgermeister Helbig
-1	-4	--	Christoph Buk
-1	-6	--	Karl Müller junior
-1	-6	--	Gottlieb Reifarth
-1	-7	--	***Meister Christoph ....***
--	17	--	Meister August Mohr
--	14	--	Meister Heinrich Nürnberger
--	12	--	Meister Thiele
--	-9	--	Meister Heinrich Reifarth
--	-8	--	***Götz-----***
--	-8	--	Michael Gerhardt
--	-9	--	Wilhelm Schlevogt
--	-8	--	Christian Seiler
--	-9	-6	Derselbe
--	10	-6	Wilhelm May

--	-9	--	Derselbe
18	29	--	Transport (Rückseite →)
--	-9	-6	Wilhelm Kaiser
--	12	--	Wilhelm May
--	23	-6	***Meister Karl---***
--	13	--	David May
--	20	--	Meister Heinrich Machts
--1	--	-6	Karl Haupt
--	-7	-6	Andreas Thiele senior
23	11		in Summa

Neumark den 22. September 1833
Der Rath und Viertelsvorsteher
G. [Gotthold] Helbig, Friedrich Müller, Andreas Franck, Friedrich Vollandt, Friedrich Zeunert

Nr. 8.1

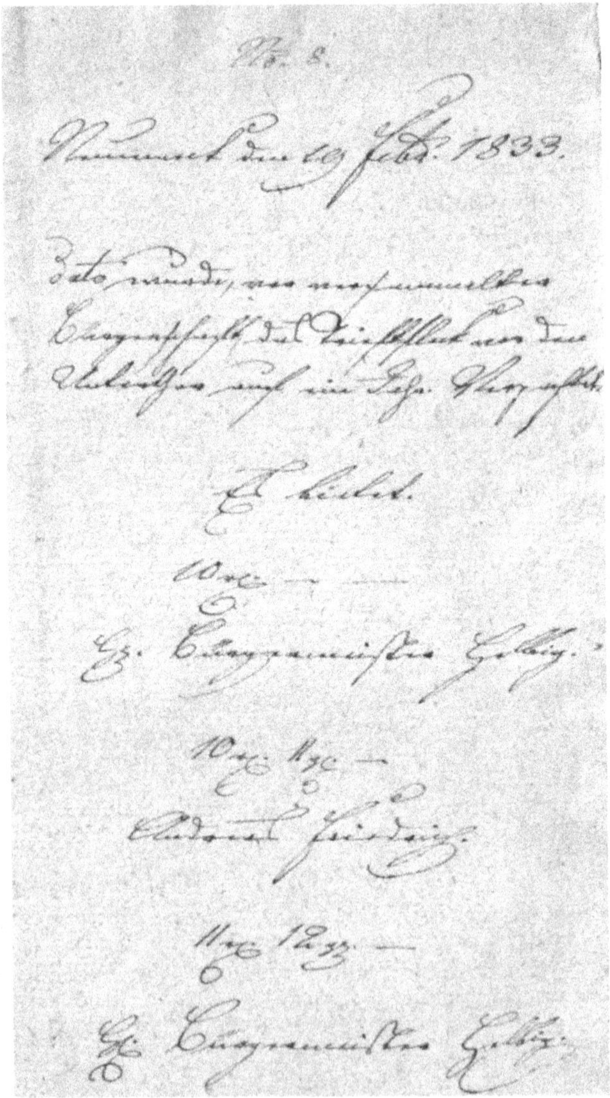
No. 8.

Neumarkt den 19 Febr. 1833.

Dato wurde, von nachgemeldter
Bürgerschaft das [illegible] von den
[illegible] auf ein Jahr [illegible]

Es bietet.

10 xr — —

Hr. Bürgermeister [illegible]

10 xr. 11 xr —

Andreas Friedrich.

11 xr. 12 xr. —

Hr. Bürgermeister [illegible]

Nr. 8.2

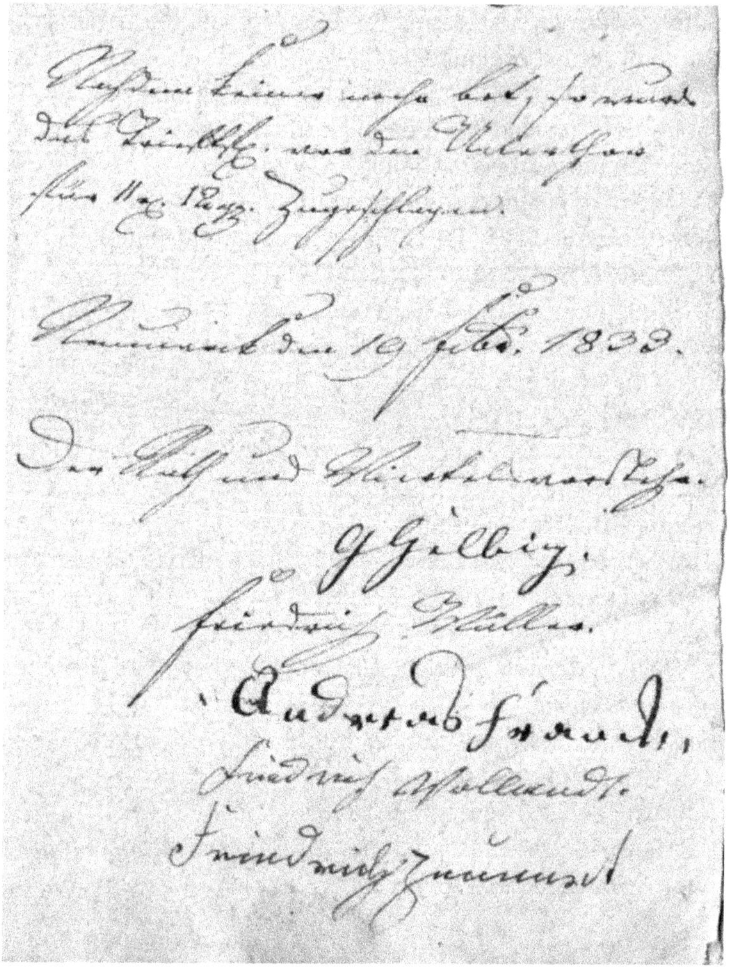
Nachdem keiner mehr bot, so wurde das Grundstück von den Unterschrieben für 11 rt. 12 ggr. zugeschlagen.

Neumark den 19 Febr. 1833.

Der Schulz und Kirchenvorsteher.

J. Gilbig.

Friedrich Müller.

Andreas Franck.

Friedrich Schollandt.

Friedrich Zimmermann

No. 8

Neumark den 19. September 1833

Dato wurde vor versammelter Bürgerschaft, das Trieftfleck vor dem Unterthore auf ein Jahr verpachtet.

Es bietet: Gebot 10 Thaler Bürgermeister Helbig; Gebot 10 Thaler 11 Groschen Andreas Friedrich; Gebot 11 Thaler 12 Groschen Bürgermeister Helbig.

Nachdem keiner noch bot, so wurde das Trieftfleck vor dem Unterthore für 11 Thaler 12 Groschen zugeschlagen.

Neumark den 19. September 1833

Der Rath und Viertelsvorsteher

G. Helbig, Friedrich Müller, Andreas Franck, Friedrich Vollandt, Friedrich Zeunert

No. 9

Neumark den 19. September 1833

Dato wurde vor versammelter Bürgerschaft das Communal-Riet[1] auf ein Jahr verpachtet.

Es bietet:

1 Thaler Meister Heirich Machts; 1 Thaler 2 Groschen ***Hironymus Lenz*** [?]

Nachdem keiner mehr bot, so wurde das Rieth für ein Thaler 2 Groschen zugeschlagen.

Neumark den 19. September 1833.

Der Rath und Viertelsvorsteher G. Helbig; Friedrich Müller, Andres Franck, Friedrich Vollandt, Friedrich Zeunert

---

[1] Lage ungewiss; evtl. entlang der Vippach vor dem Obertor

Nr. 9.1

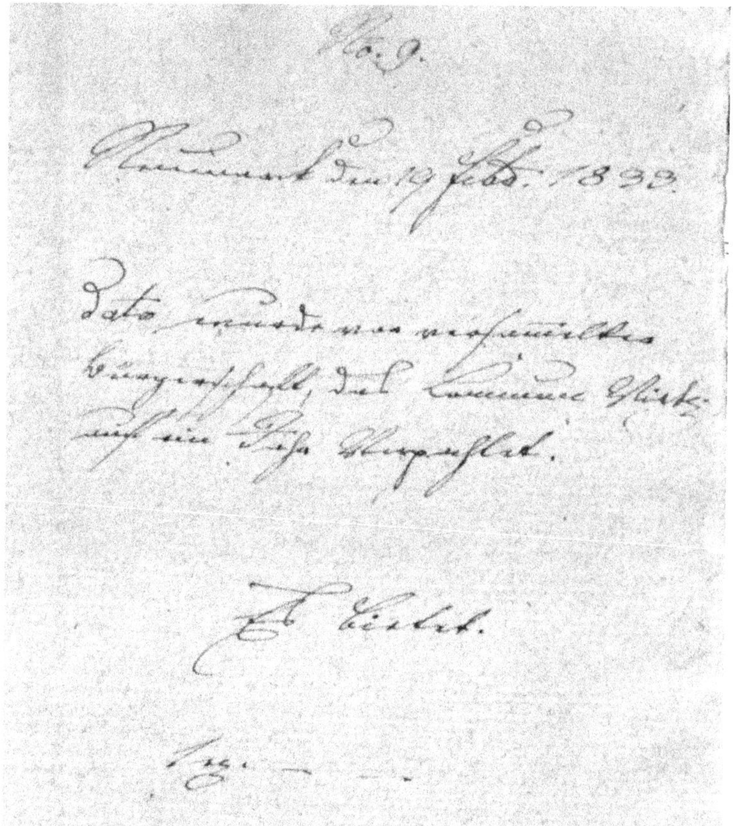
No. 9.

[illegible] den 19 Febr. 1893.

Dato wurde von versammelter Bürgerschaft, das Gemeinde Stück auf ein Jahr verpachtet.

[illegible]

Vg. – –

[illegible]

Nr. 9.2

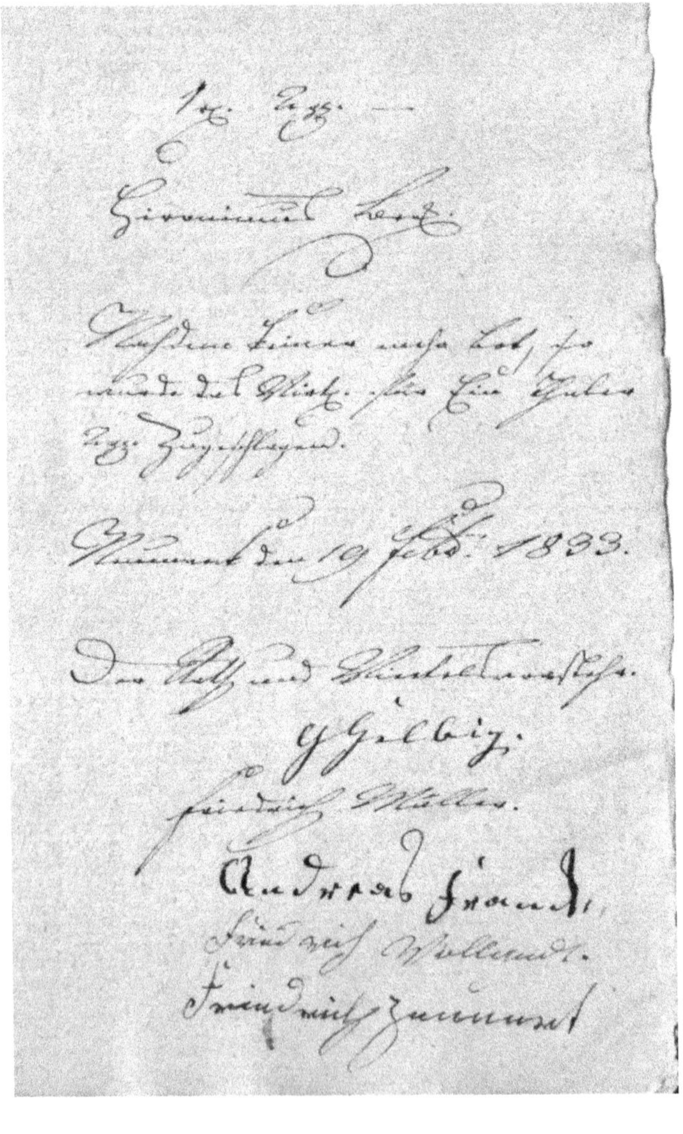

1 Rthlr. 2 ggr. —

Hiermit [illegible]

Nachdem keiner mehr bot, so wurde das [illegible] 1 Thaler 2 ggr. zugeschlagen.

Neumark den 19 Febr. 1833.

Der Kirch- und Schulvorsteher.

G. Gelbig.

Friedrich Müller.

Andreas Freund.

Friedrich Wollandt.

Friedrich Zimmermann

Nr. 10.1

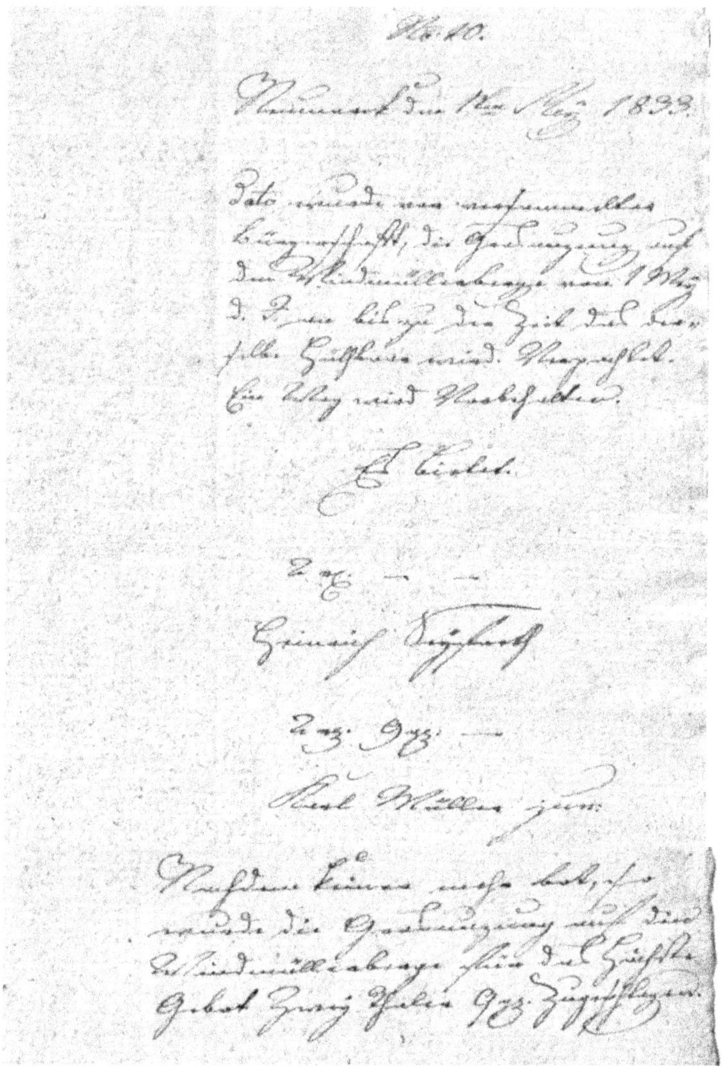

No. 10.

Neumark den 1ten May 1833.

Dato wurde von versammelter
Bürgerschaft, die Verdingung auf
den Windmühlenberge vom 1 May
d. J. an bis zu der Zeit daß derselbe Hüthung wird. [illegible]
[illegible] wird [illegible].

[illegible]

z. v. — —

Heinrich [illegible]

z. z. Dgz. —

Carl Müller jun.

Nachdem keiner mehr bot, so
wurde die Verdingung auf den
Windmühlenberge für das Höchste
Gebot Georg Thiele 9 Thl. zugeschlagen.

Nr. 10.2

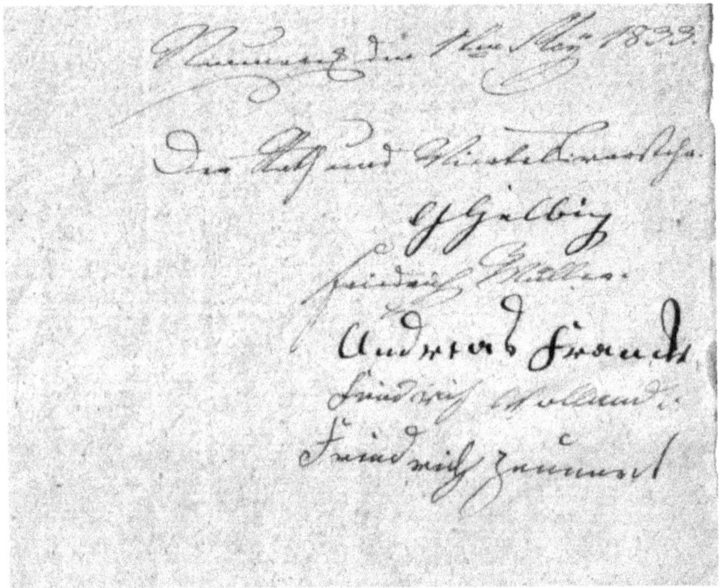
Neumark den 1ten May 1833.
Der Rath und Viertelsvorsteher
G Helbig
Friedrich Müller
Andreas Franck
Friedrich Vollandt
Friedrich Zeunert

No. 10:

Neumark den 1 ten May 1833.

Dato wurde vor versammelter Bürgerschaft die-Grasnuzung auf den Windmühlenberge von 1 May d. J. [des Jahres] an bis zu der Zeit das derselbe ***Hülhbaar*** wird verpachtet. Ein Weg wird vorbehalten.

Es bietet: 2 Thaler Heinrich Seyfarth; 2 Thaler 9 Groschen Karl Müller junior

Nachdem keiner mehr bot, so wurde die Grasnuzung auf den Windmühlenberge für das höchst Gebot 2 Thaler 9 Groschen zugeschlagen.

Neumark den 1ten Mey 1833.

Der Rath und Viertelsvorsteher: G. Helbig, Friedrich Müller, Andreas Franck, Friedrich Vollandt, Friedrich Zeunert

No. 11
Neumark den 1ten Mey 1833.
Dato wurde vor versammelter Bürgerschaft das 2 ½ Flurstück am Böhmersteige auf ein Jahr auctionsmäßig verpachtet.
Es bietet: 22 Thaler Karl Müller; 25 Thaler Meister Christian Helbig junior
Nachdem keiner mehr bot so wurde das 2 ½ Stück am Böhmersteige für das höchste Gebot fünf und Zwanzig Thaler zugeschlagen.
Neumark den 1ten Mey 1833.
Der Rath und Viertelsvorsteher: G. Helbig, Friedrich Müller, Andreas Franck, Friedrich Vollandt, Friedrich Zeunert

Exkurs Topographie nach Belegnummern

Einige der topograhischen Kennzeichnungen der Belege sind entweder nicht zu entziffern oder in ihrer Lage topographisch nicht zuzuordnen: der **Riethgraben,** das **Hinterrieth (12)** und der **Trieftfleck (13)** vor dem Unterthor, andere laut Generalkarte und Flurkarte zu identifizieren:
Spitzwiese (16) zwischen Gelände „beim Brauhaus" und „Hinterm Fleck" in nordwestlicher Richtung vor dem Untertor; **Hinterm Fleck (13)** im Anschluß an die Ringmauer gegen Vippachedelhausen, der **Windmühlenberg (10.2)** an der Flurgrenze zu Vippachedelhausen, ebenso der **Böhmersteig (11)** und der **Böhmerberg (132).**

Nr. 11

No. 11.

[illegible] den 1. May 1833

Dato wurde von versammelter Bürgerschaft das [illegible] an Meistbietende auf eine Reihe [illegible] [illegible]

[illegible]

22 rg. – –

Karl Müller.

25 [illegible]

[illegible] Gülleing

Nachdem keiner mehr bot, so wurde das [illegible] dem Meistbietenden für das Gebot fünf und Zwanzig Thaler zugeschlagen.

[illegible]

[illegible] den 1. May 1833

Der Rath und Stadtverordneten

J. Gilling

Friedrich Müller

Andreas [illegible]

Friedrich [illegible]

Friedrich [illegible]

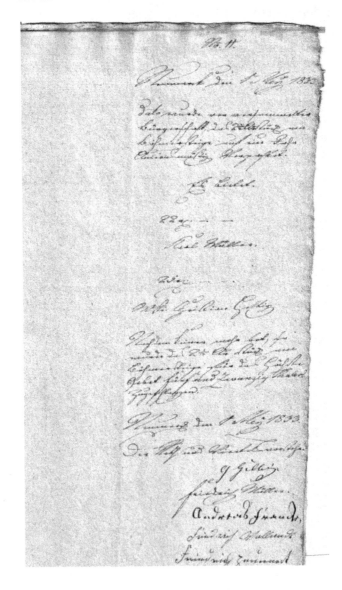

No. 12

Verzeichnisse
Die Länder, die am 27 October 1831 auf drei nacheinander folgenden Jahren auf den Hinterrieth auctionsmäßig verpachtet wurden.

Th.	Gr.	Pfg.	
1	--	--	Michael Haupt
1	1	--	derselbe
1	2	--	Meister Zacharias Fischer
1	--	--	derselbe
1	2	--	Meister Friedrich Vollandt
1	--	--	derselbe
1	1	--	Meister Gotth. Künitzer
-	2	--	derselbe
1	2	--	derselbe
-	19	--	Meister Christian Helbig
-	16	--	derselbe
-	22	--	derselbe
1	3	--	Michael May
1	1	--	Herr Bürgermeister Helbig
-	21	--	derselbe
-	19	--	derselbe
-	20	--	Andreas Slevoigt
-	21	--	Friedrich Müller
-	9	--	derselbe
-	7	--	Bürgermeister Helbig
-	9	--	derselbe
-	9	--	Andreas Friedrich

-	9		derselbe
18	22		Lat. [Latus][1]
Th.	Gr	Pfg.	Namen der Bieter
18	22.	--	Transport
--	13	--	August Schäler
--	17	--	derselbe
--	18	--	Meister Gotth. Künitzer
--	22	--	derselbe
--	17	--	Meister Andreas Vollandt junior
22	15	--	In Summa

Neumark den 27. October 1833
Der Rath und die Viertelsvorsteher: Gotthold Helbig, Friedrich Müller, Andreas Franck, Friedrich Vollandt, Friedrich Zeunert

---

[1] Latus: Übertrag

Nr. 12.1

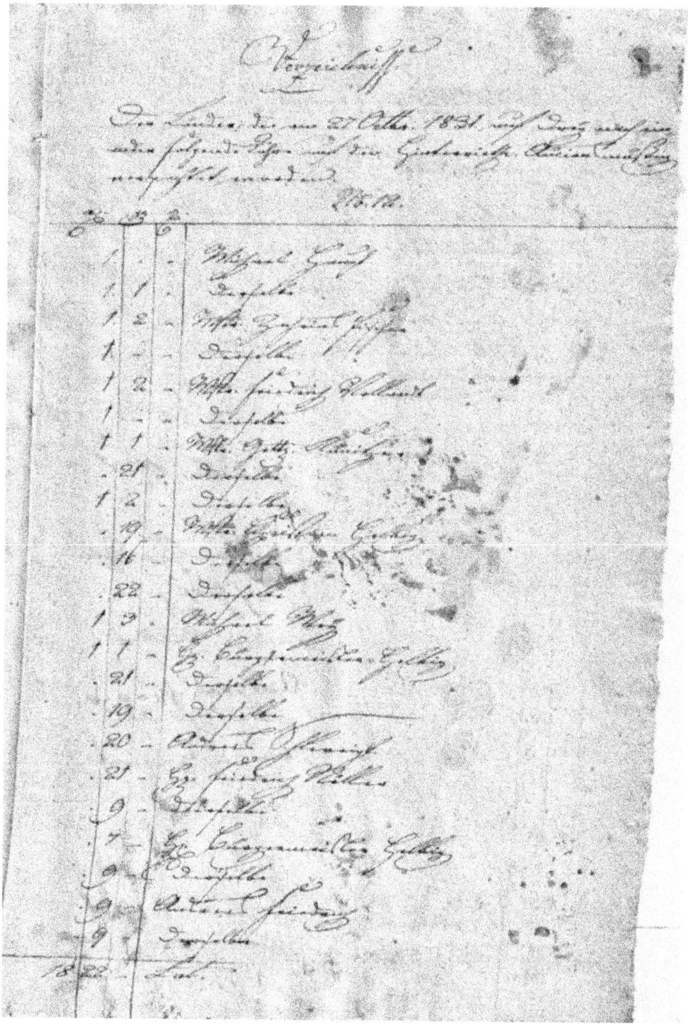

Nr. 12.2 (Rückseite)

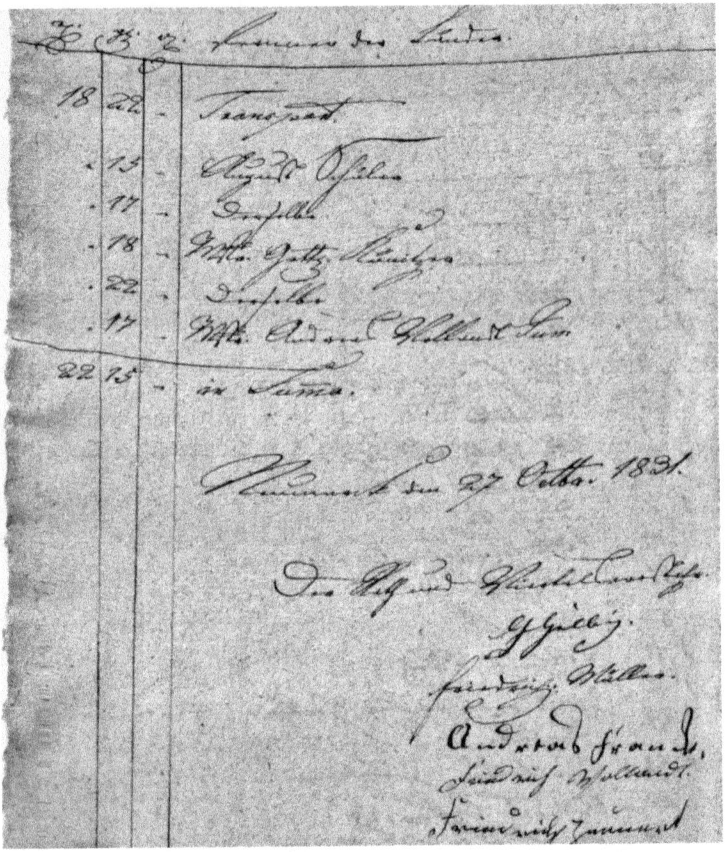

Th.	Gr.	Pf.	Namen der Lieferer
18	22	-	Transport
-	13	-	[illegible]
-	17	-	Dieselbe
-	18	-	[illegible]
-	22	-	Dieselbe
-	17	-	Mstr. Andreas Wollandt [illegible]
22	15	-	in Summa.

Neumarkt den 27 Octbr. 1831.

[illegible]

Andreas Franck,
Friedrich Wollandt.
Friedrich Zimmert

Nr. 13

Verzeichniß

L. M.

Den 24 May 1833 wurde an [illegible] für [illegible]

Nr. 13

1.	2	6	Carl Müller sen.
1.	2	-	Derselbe
1	3	6	Derselbe
1.	9	-	Gr. Friedrich Müller
.	22	-	Daniel [illegible]
1	11	-	Daniel May
.	23	6	Derselbe
1.	3	-	Daniel [illegible]
1.	1	-	[illegible] May
1	-	-	Wtb. Heinrich [illegible]
.	22	-	[illegible]
.	21	-	Wtbe. August May
.	18	-	Wtb. Heinrich [illegible]
1	4	-	Andreas [illegible] jun.
15.	3	6	in Summa.

[illegible] den 24 May 1833.

Der [illegible] und [illegible]

G. [illegible]

Friedrich Müller.

Andreas Freund

Friedrich [illegible]

Friedrich [illegible]

No. 13:

Verzeichnisse
Den 24 Mey wurde der Klee hinterm Fleck auctionsmäßig verkauft.

Th.	Gr.	Pfg.	**No. 19**
1	2	6	Karl Müller sen. [ior]
1	2	--	derselbe
1	3	6	derselbe
1	9	--	Herr Friedrich Müller
--	22	--	David Haupt
1	11	--	David Mey
--	23	6	derselbe
1	5	--	David Haupt
1	1	--	Wilhelm Mey
1	3	--	Meister Heinrich Machts
--	22	--	Christopf Ollendorf
--	21	--	Meister August Mohr
--	16	--	Meister Heinrich Nürnberger
1	4	--	Andreas Thiele jun.[ior]

15 5 in Summa
Neumark den 24 May 1833.
Der Rath und Viertelsvorsteher: G. Helbig, Andreas Franck, Friedrich Vollandt, Friedrich Zeunert

Nr. 14

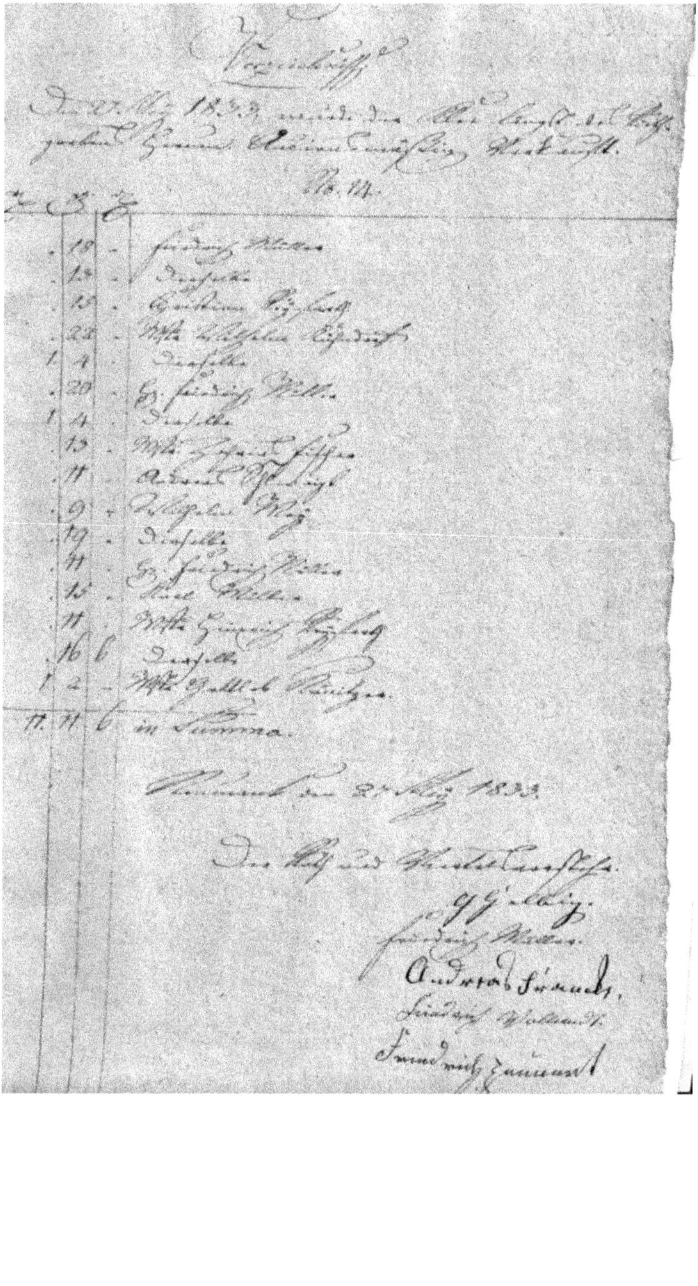

Verzeichniß

Den 27. May 1833 wurde [illegible]

No. 14

.	18	.	Friedrich Müller
.	12	.	Derselbe
.	15	.	Christian [illegible]
.	22	.	Witwe Wilhelm [illegible]
1	4	.	Derselbe
.	20	.	Ch. Friedrich Müller
1	4	.	Derselbe
.	13	.	Witwe [illegible]
.	11	.	Andreas [illegible]
.	9	.	Wilhelm [illegible]
.	19	.	Derselbe
.	11	.	Ch. Friedrich Müller
.	15	.	Carl Müller
.	11	.	Witwe Heinrich [illegible]
.	16	6	Derselbe
1	2	.	Witwe Gottlieb [illegible]
11	11	6	in Summa

[illegible] den 27. May 1833

Der Hof- und [illegible]

[illegible]

Friedrich Müller

Andreas [illegible]

Friedrich [illegible]

Friedrich [illegible]

No. 14

Verzeichnisse

Den 27. May 1833 wurde der Klee längst des Rieth-Grabens auctionsmäßig verkauft.

Th.	Gr.	Pfg.	No.14
--	18	--	Friedrich Müller
--	13	--	derselbe
--	15	--	Christian Reifarth
--	22	--	Meister Wilhelm Kühndorf
1	4	--	derselbe
--	20	--	Herr Friedrich Müller
1	4	--	derselbe
--	13	--	Zacharias Fischer
--	11	--	AndreasSchlevoigt
--	9	--	Wilhelm May
--	19	--	derselbe
--	11	--	Herr Friedrich Müller
--	15	--	Karl Müller
--	11	--	Meister Heinrich Seyfarth
--	16	-6	derselbe
1	2	--	Meister Gottlob Künitzer

11 11 in Summa

Neumark den 27. May 1833.

Der Rath und Viertelsvorsteher: G. Helbig, Friedrich Müller, Andreas Franck, Friedrich Vollandt, Friedrich zeunert

Nr. 15

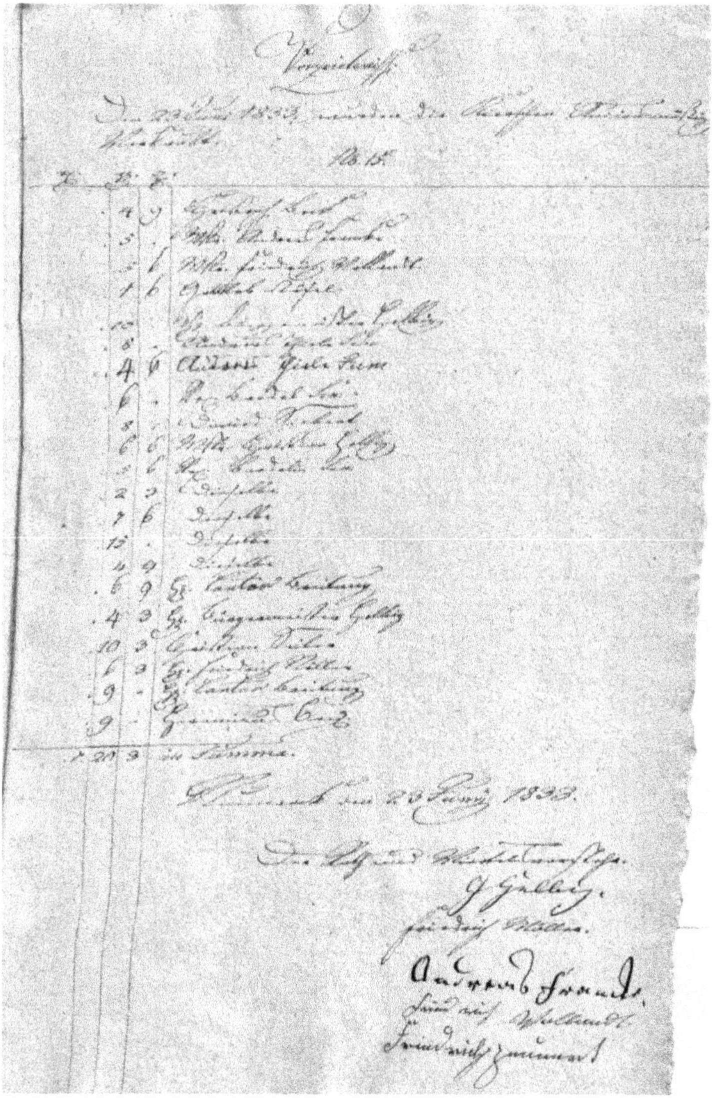

No. 15

Verzeichnisse
Den 23 Juni wurden die Kirschen auctionsmäßig verkauft.

Th.	Gr.	Pfg.	No. 15
--	4	9	Christoph Beck
--	5	--	Meister Andreas Funke
--	5	6	Meister Friedrich Vollandt
--	1	6	***Gottlob [?]öfel***
--	10	--	Herr Bürgermeister Helbig
--	8	--	Andreas Thiele Sen. [ior]
--	4	6	Andreas Thiele Jun. [ior]
--	6	--	***[?] Bandel sen***.[ior]
--	8	--	David Siebert
--	6	6	Meister Christian Helbig
--	5	6	***[?] Bandel Sen.[ior]***
--	2	3	derselbe
--	7	6	derselbe
--	15	--	derselbe
--	4	9	derselbe
--	6	9	Herr Cantor Breitung
--	4	3	Herr Bürgermeister Helbig
--	10	3	Christian Thiele
--	6	3	Herr Friedrich Müller
--	9	--	Herr Cantor Breitung
--	9	--	***Hironimus Benz*** [?]
5	20	3	in Summa

Neumark den 23. Juny 1833.
Der Rath und Viertelsvorsteher: G. Helbig, Friedrich Müller. Andreas Franck, Friedrich Vollandt, Friedrich Zeunert

Nr. 16

Verzeichniß

Den 20 Juni 1833. wurde der Acker auf der Spitz- wiese [illegible] meistbietend verkauft.

No. 16

Rt.	gr.	pf.	
1	5	.	Gottlieb [illegible]
1	12	.	Derselbe
1	7	.	Friedrich Hermann
1	3	.	Derselbe
4	3	.	in Summa

[illegible] den 20 Aug. 1833.

Der Richter und Gerichtsschöppen. Friedrich Müller

J. G. Helbig.

Andreas Brandt.

Friedrich Wollandt.

Heinrich Zimmermann

Nr. 16

<u>Verzeichnisse</u>
Den 23 Juni wurde der Klee auf der Spitzwiese auctionsmäßig verkauft.

Th.	Gr.	Pfg.	No. 16
1	5	--	Gottlieb Reyfarth
1	12	--	Derselbe
1	7	--	Friedrich Zeuner [t]
1	3	--	derselbe

5 3 -- in Summa
Neumark den 23 Juny 1833
Der Rath und Viertelsvorsteher Friedrich Müller
G. Helbig, Andreas Franck, Friedrich Vollandt, Friedrich Zeunert

Exkurs Klee - Kleesamen

Eine besondere, heute nicht mehr zu bemerkende Rolle in der Landwirtschaft des beginnenden 19. Jahrhunderts, spielten Klee und Kleesamen. Die bevorzugten Kleearten, der weiße Feld- oder Wiesenklee und der brauen Wiesenklee, dienten auf Weiden, Wiesen zusammen mit Gräsern dem weidenden Vieh, frisch geschnitten oder als Kleeheu der Stallfütterung.
Kleesamen wurde entweder auf gesonderten Ackerflächen oder zusammen mit Sommergetreide, besser mit Wintergetreide, ausgebracht (besonders Gerste).
Der Samen wurde nicht enthülst, was nur bei Verkauf des Samens nach Maß oder Gewicht geschah.

Nr.17

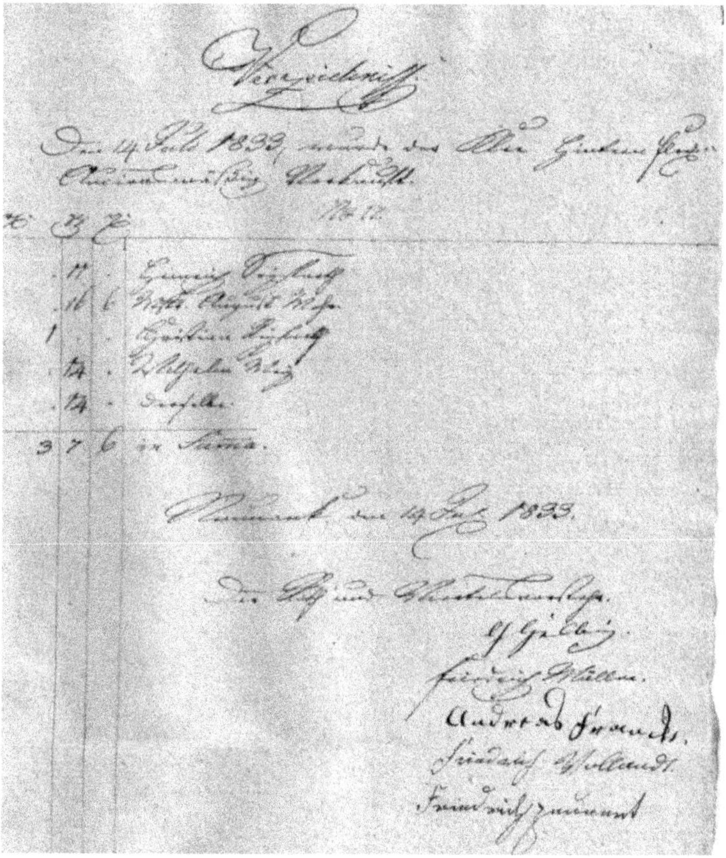

Nr. 17

Verzeichniss
Den 14 Juli 1833 wurde der Klee hinterm Fleck Aucionsmäßig verkauft.

Th.	Gr.	Pfg.	No. 17
--	17	--	Heinrich Seyfarth
--	16	6	Meister August Mohr
1	--	--	Christian Reyfarth
--	14	--	Wilhelm Mey[1]
--	14	--	derselbe
3	7	6	..........in Summa

Neumark den 14 July 1833
Der Rath und Viertelsvorsteher: G. Helbig, Friedrich Müller, Andreas Franck, Friedrich Vollandt, Friedrich Zeunert

[1] wohl May

Nr. 18

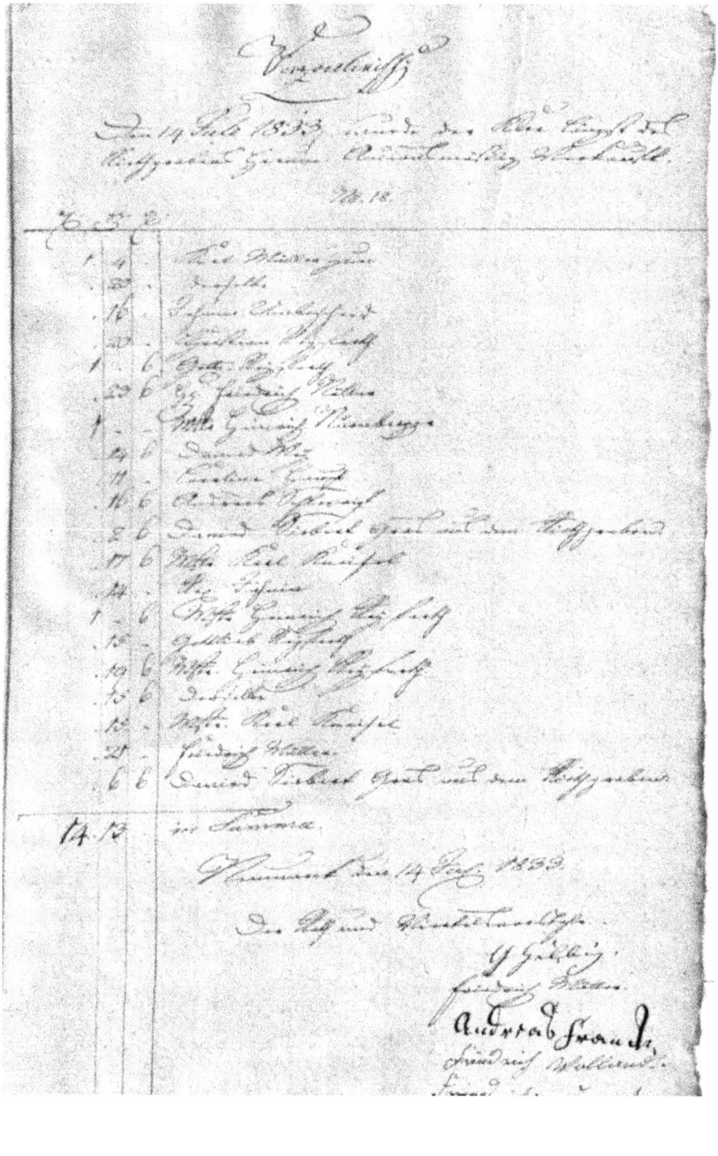

Verzeichniß

Den 14 [illegible] 1833 wurde [illegible]

Nr. 18

fl.	kr.	d.	
1	4	.	[illegible]
.	20	.	[illegible]
.	16	.	[illegible]
.	20	.	[illegible]
1	.	6	[illegible]
.	20	6	[illegible] Friedrich [illegible]
1	.	.	[illegible] Heinrich [illegible]
.	24	6	Daniel [illegible]
.	11	.	[illegible]
.	16	6	Andreas [illegible]
.	8	6	Daniel [illegible]
.	17	6	[illegible] Carl [illegible]
.	14	.	[illegible]
1	.	6	[illegible] Heinrich [illegible]
.	15	.	Gottlieb [illegible]
.	10	6	[illegible] Heinrich [illegible]
.	15	6	[illegible]
.	12	.	[illegible] Carl [illegible]
.	21	.	Friedrich [illegible]
.	6	6	Daniel [illegible]
14	13		in Summa

[illegible] den 14 [illegible] 1833

[illegible]

[illegible]

Andreas Franck

[illegible]

Nr. 18

<u>Verzeichniss</u>
Den 14 July 1833 wurde der Klee längs des Riethgrabens herum Aucionsmäßig verkauft.

Th.	Gr.	Pfg.	No. 18
1	4	--	Karl Müller jun.
--	20	--	derselbe
--	16	--	Johann Unbescheid
--	20	--	Christian Reyfarth
1	--	6	Gotthold Reyfarth
--	23	6	Herr Friedrich Müller
1	--	--	Meister Heinrich Nürnberger
--	14	6	David May
--	11	6	Caroline Haupt
--	16	6	Andreas Schlevoigt
--	2	6	David Siebert Gras aus dem Riethgraben
			Meister Karl Kneifel
--	17	6	***... Tichain[?]***
--	14	--	Meister Heinrich Reyfarth
1	--	6	Gottlieb Reyfarth
--	15	--	Merister Heinrich Reyfarth
--	19	6	Gottlieb Reyfarth
--	15	6	Meister Heinrich Reyfarth
--	19	6	derselbe
--	15	6	Meister Karl Kneifel
--	15	--	Friedrich Müller
--	20	--	David Siebert Gras aus dem Riethgrab.
--	6	6	

14 13 -- in Summa
Neumark den 14 July 1833
Der Rath und Viertelsvorsteher: G. Helbig, Friedrich Müller, Andreas Franck, Friedrich Vollandt, Friedrich Zeunert

Nr. 19

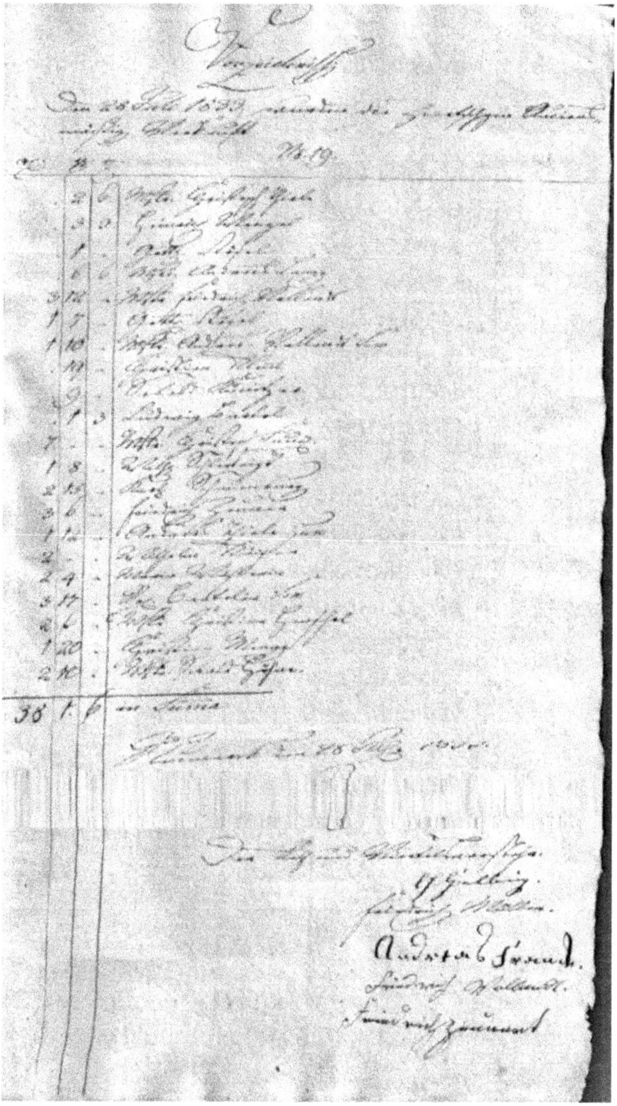

Verzeichniß

[illegible]

No. 19

	2	6	[illegible]
	3	0	[illegible]
	1	-	[illegible]
	6	6	[illegible]
3	12	-	[illegible]
1	5	-	[illegible]
1	10	-	[illegible]
	14	-	[illegible]
	9	-	[illegible]
	1	3	[illegible]
7	-	-	[illegible]
1	8	-	[illegible]
2	15	-	[illegible]
3	6	-	[illegible]
1	12	-	[illegible]
2	-	-	[illegible]
2	4	-	[illegible]
3	17	-	[illegible]
2	6	-	[illegible]
1	20	-	[illegible]
2	10	-	[illegible]
38	1	6	in Summa

[illegible]

Nr. 19

Verzeichnisse
Den 28 Juli 1833, wurden die Zwetschgen Auctionsmäßig verkauft

Th.	Gr.	Pfg.	No. 19
	2	6	Meister Christoph Thiele
	3	3	Heinrich Wenzel
	1	--	***Gotthold –öfel***
	6	6	Meister Andreas Lange
3	12	--	Meister Friedrich Vollandt
1	7	--	Gotth. Stöfel [?]
1	10	--	Meister Andreas Sen.[ior]
	19	--	***Christian ----***
	9	--	Sebald Künitzer
	1	--	Ludwig Bartel
7	--	--	Meister Christoph---
1	8	--	Wilhelm Schlevoigt
2	15	--	Karl Schauenburg
3	6	--	Friedrich Zeuner
1	12	--	Andreas Thiele jun.[ior]
2	--	--	***Wilhelm ----***
2	4	--	Maria Wächterin
3	17	--	***--Bartelin Sen.[ior]***
2	6	--	Meister Christian Henschel
1	20	--	Christian Menge
2	7	--	Meister Sebald Höhne

38 1 6 in Summa
Neumark den 28 July 1833.
Der Rath und Viertelsvorsteher: G. Helbig, Friedrich Müller, Andreas Franck Friedrich Vollandt, Friedrich Zeunert

Nr. 119

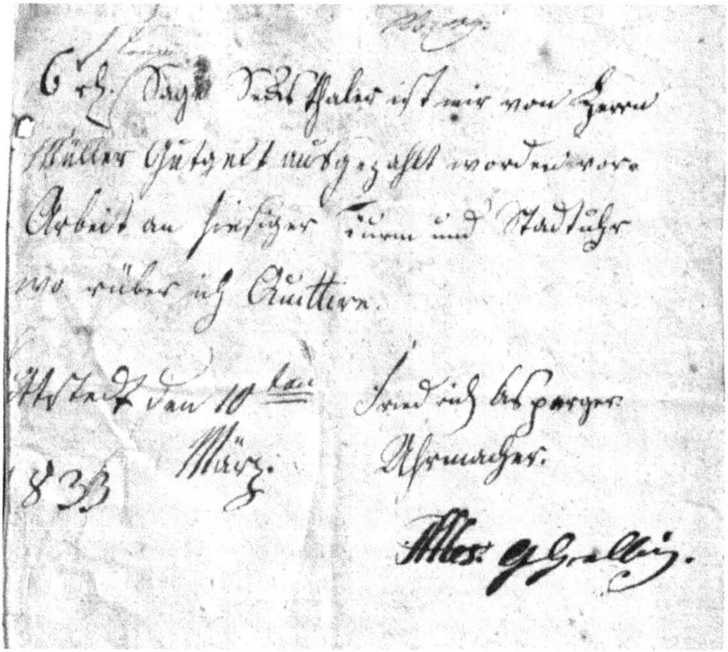

6 Thaler. Sage Sechs Thaler ist mir von Herrn Müller Gutgelt ausgezahlt worden vor [für] Arbeit an hiesiger Turm und Stadtuhr wo rüber ich Quittire.
Buttstedt den 10ten März. 1833
Friedrich Asperger Uhrmacher
Attes. [tiert] G. Helbig

Nr. 120

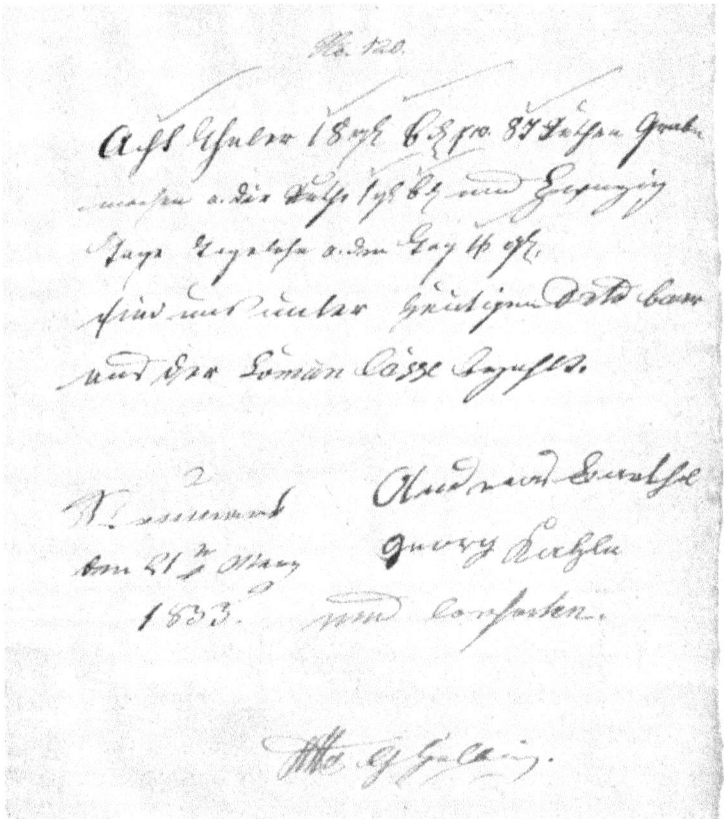

Acht Thaler 10 Groschen 6 Pfennig pro 87 Ruthen Graben machen a die Ruthe 1 Groschen 6 Pfennig und zwanzig [?] Tage Tagelohn a den Tag 4 Groschen sind uns unter heutigem Dato baar aus der Com [m]un Casse[1] bezahlt.
Neumark den 21ten May 1833

---

[1] Gemeindekasse

Andreas Barthel, Georg Kahle und Consorten
Attestiert G.[otthold] Helbig

Nr. 121

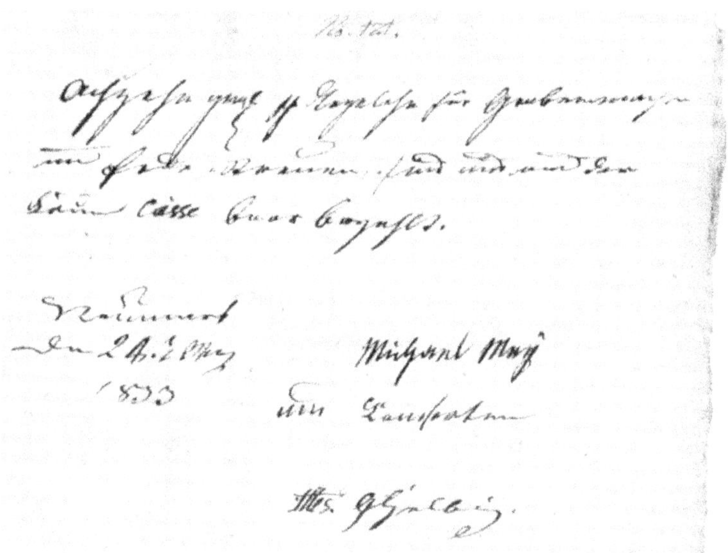

Achzehn Groschen –Pfg. Tagelohn für Grubenzuschaufe[l]n und Erde streuen sind uns aus der Commun Casse baar bezahlt.
Neumark den 24ten May1833
Michael May und Consorten
Attestiert G. Helbig

Nr. 122

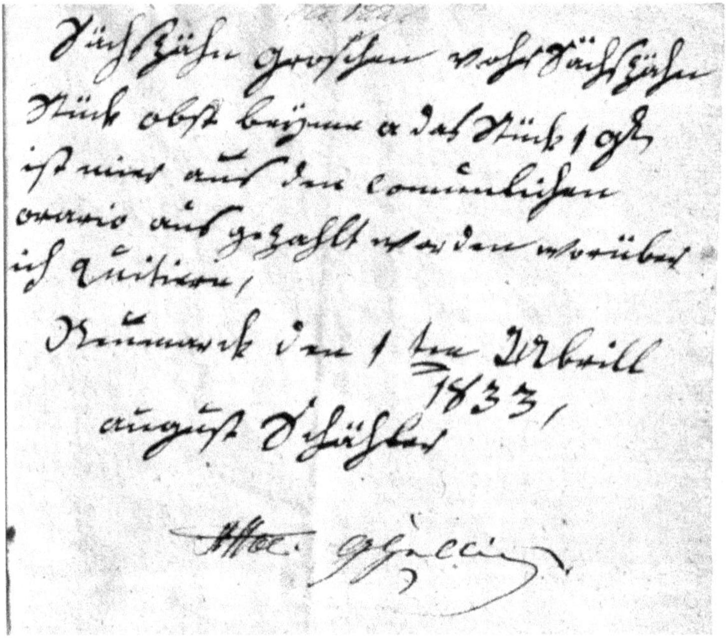

Sächzähn Groschen vohr Sächzähn Stück obstbäyme a das Stück 1 Groschen ist mir aus den communlichen orario[1] ausgezahlt worden worüber ich quitire,
Neumark den 1ten Abrill 1833,
August Schähler
Attes.[tiert] G. Helbig

---

[1] Fehlerhaft für Aerar (lat. aerarium): Vermögen

Nr. 123

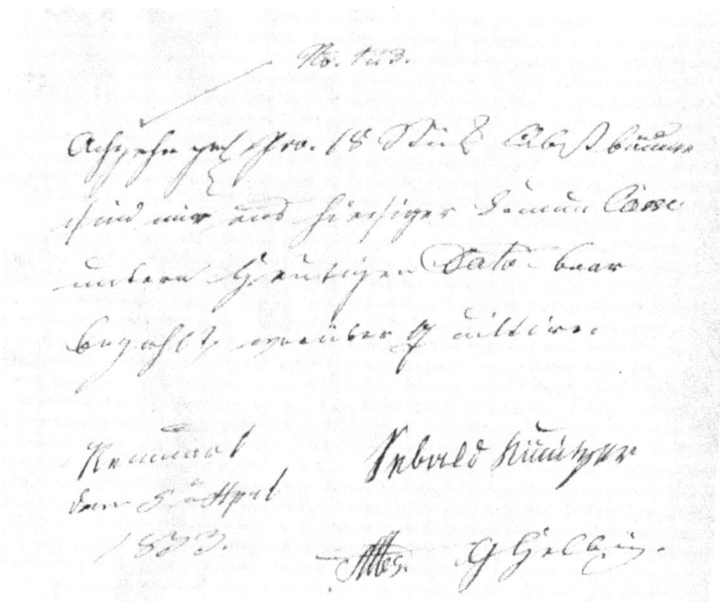

Achzehn Groschen pro 18 Stück Obstbäume sind mir aus hiesiger Commun Casse unterm heutigen Dato baar bezahlt, worüber quttire
Sebald Künitzer
Neumark den 5ten April 1833
Attestiert G. Helbig

Nr. 124

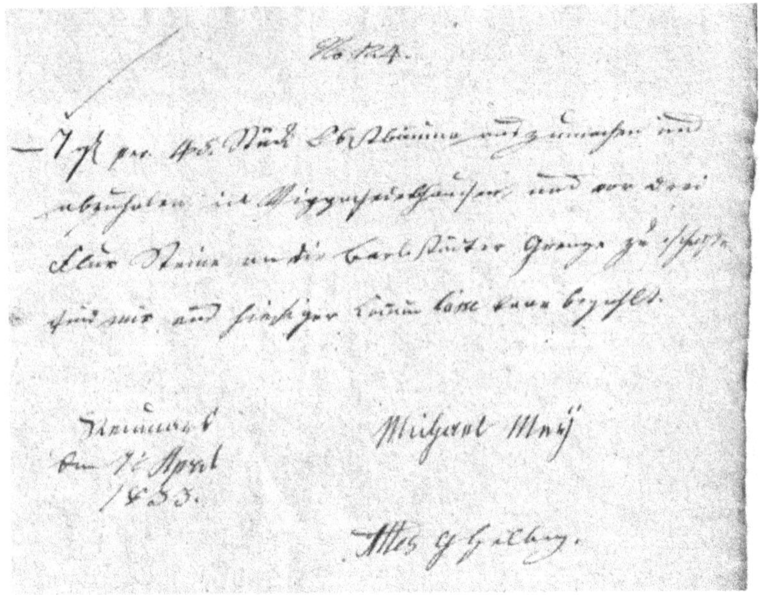

7 Groschen pro 45 Stück Obstbäume auszumachen und abzuholen in Vippachedelhausen und vor [für] drei Flur Steine an die berlstädter [Berlstedter] Grenze zu schaffen sind mir aus hiesiger Commun Casse baar bezahlt
Neumark den 7ten April 1833.
Michael May
Attestirt G. Helbig

Nr. 125

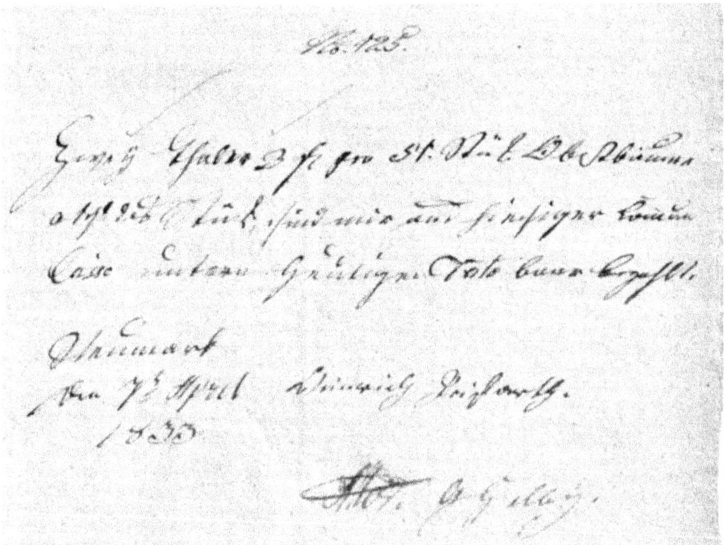

Zwey Thaler 3 Groschen pro 51 Stück Obstbäume a 1 Groschen das Stück sind mir aus hiesiger Commun Casse baar unterm heutigen Dato baar bezahlt.
Neumark den 7ten April 1833.
Heinrich Reifarth
Attestirt G. Helbig

Nr. 126

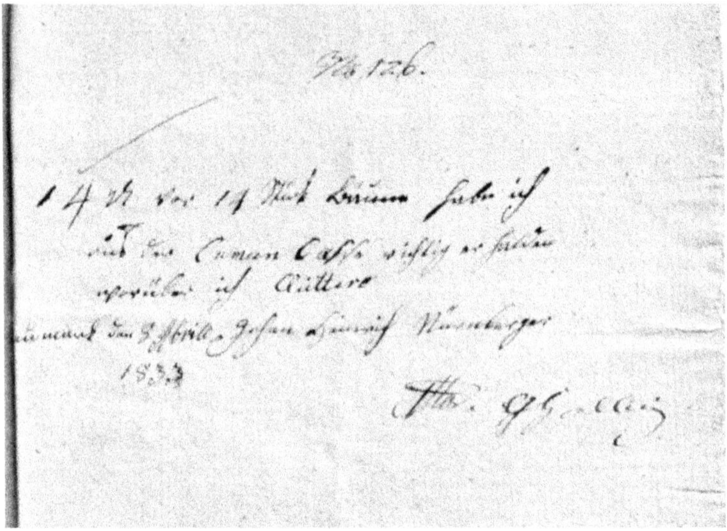

14 Groschen vor 14 Stück Bäume habe ich aus der Commun Casse richtig erhalden worüber ich Qüttire
Neumark den 8 Abrill 1833
Johan Heinrich Nürnberger
Attestirt G. Helbig

Nr. 127

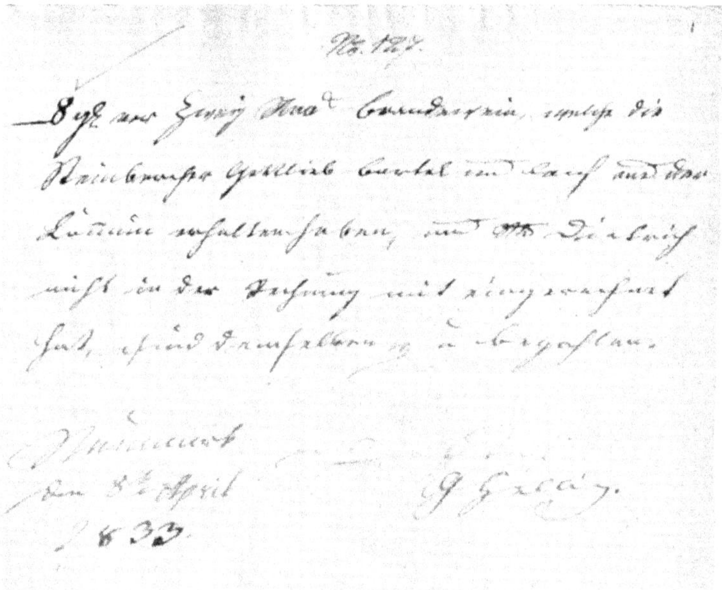

8 Groschen vor Zwey -------, welche die Steinbrecher Gottlieb Bartel und con [sorten] aus der Commune erhalten haben, und Otto Dietrich nicht in der Rechnung mit eingerechnet hat, sind demselben zu bezahlen.
Neumark den 8ten April 1833.
G. Helbig

Nr. 128

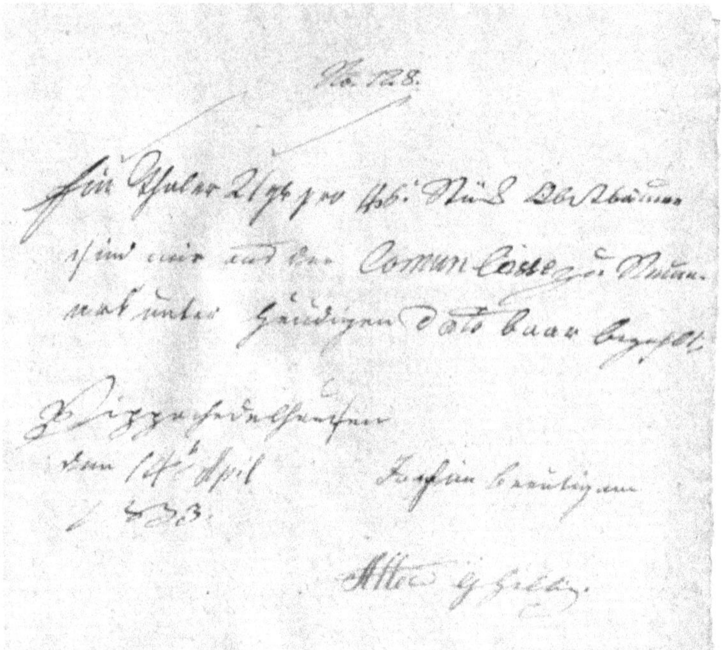

Ein Thaler 21 Groschen pro 45 Stück Obstbäume sind mir aus der Comun Casse zu Neumark unter heudigem Dato baar bezahlt.
Vippachedelhausen den 14ten April 1833
Joachim Breutigam
Attestirt G. Helbig

Nr. 129

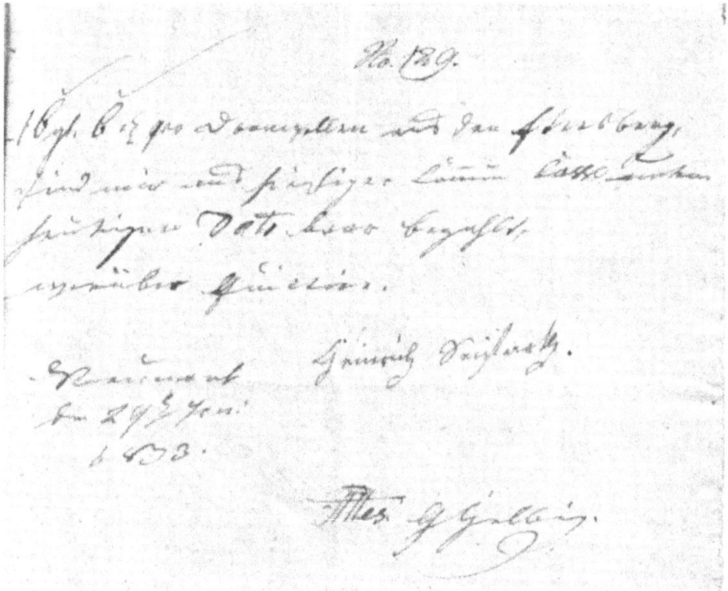

16 Groschen 6 Pfennige pro ***Dornhollen*** [?] aus dem Et[t]ersberg, sind mir aus hiesiger Commun Casse unterm heutigen Dato baar bezahlt, worüber quittire.
Neumark den 24ten Juni 1833.
Heinrich Seifarth
Attestirt G. Helbig

Nr. 130

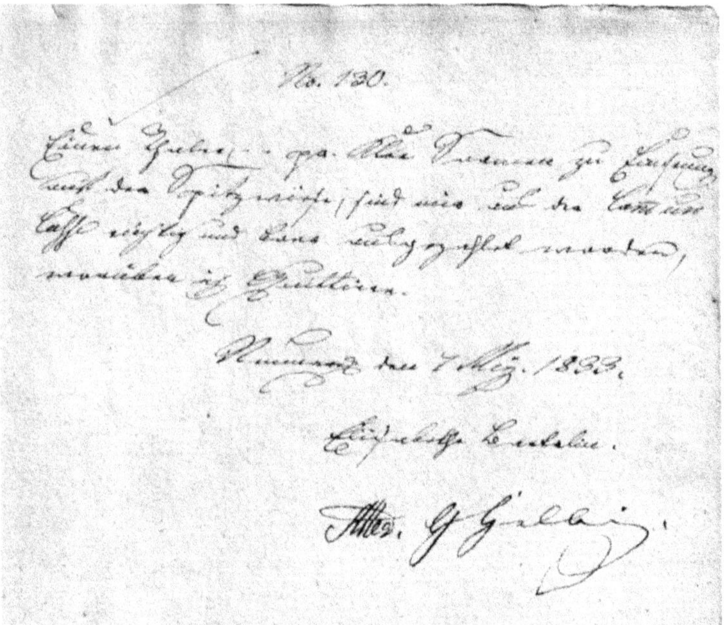

Einen Thaler – Groschen Klee Saamen zu Einsamung auf der Spitzwiese, sind mir aus der Commun Casse richtig und baar ausgezahlt worden, worüber ich quittiere.
Neumark den 7 März 1833.
Elisabetha Bartelin[1]
Attestiert G. Helbig

---

[1] Elisabetha Bartel führt laut Schriftbild der Verzeichnisse das Belegbuch.

Nr. 131

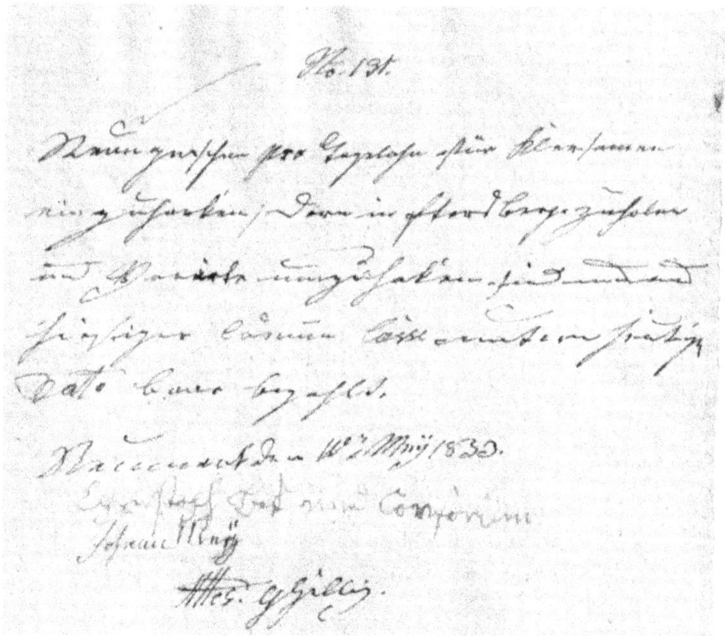

Neun groschen pro Tagelohn für Kleesamen einzuharken, Dorn in Etersberge zuholen und [***unleserlich***] umzuhaken, sind uns aus hiesiger Com [m]un Casse unterm heutigen Dato baar bezahlt.

Neumark den 10ten Mey 1833.

Christoph Bart [thel] und Consorten Johann Mey

Attestiert G. Helbig

Nr. 132

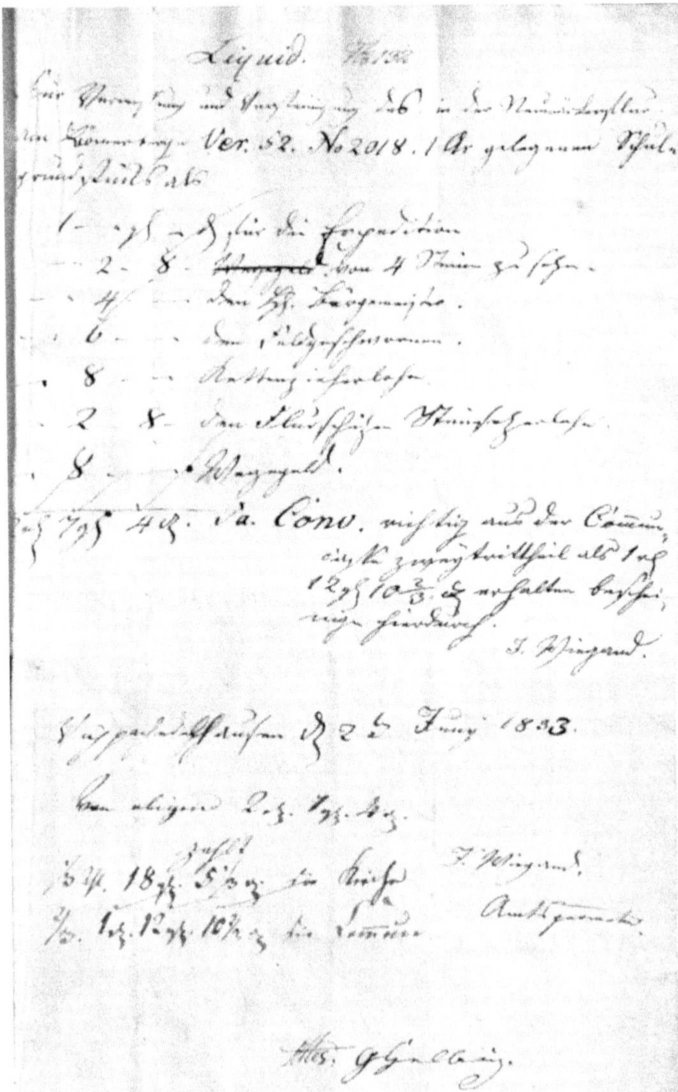

Liquid. [illegible]

[illegible] Ver. 52. No 2018. [illegible]

1 - [illegible]
- 2 - 8 - [illegible] 4 [illegible]
- 4 - - [illegible]
- 6 - - [illegible]
- 8 - - [illegible]
- 2 8 - [illegible]
- 8 - - [illegible]

7 [illegible] 4 [illegible] Conv. [illegible]

[illegible] J. W[illegible]

[illegible] 2 Juni 1833.

[illegible]

1/3 [illegible]

2/3 [illegible]

Nr. 132

Liquid. [ation]

Für Vermessung und Versteinigung des, in der Neumärkerflur am Böhmerberge Verz.[eichnis] 52. No. 2018 1 Ar gelegenen Schulgrundstücks als

1 [Thaler]	--Gr	--Pf	für die [*?*]pedition
--	2.	8	von 4 Steine zu setzen
--	4	--	den H [errn] Bürgermeister
--	6	--	den Feldgeschworenen
--	8	--	Kettenzieherlohn
--	2	8	den Flurschätzer Steinsetzerlohn
--	8	--	Wegegeld

2 Th. 7 Gr. 4 Pf. Sa.[Summa] Cono aus der Commun-Casse zweytrittheil [2/3] als 1 Thaler 12 Groschen 10 2/3 Pfennig erhalten bescheinigen hierdurch.
Vippachedelhausen den 2ten Juny 1833.
J. Wiegand

Von obigen 2 Th.[alern] 7 Gr.[oschen] 4 Pf.[ennigen]
Zahlt
1/3 -- 18 Gr. 51/3 Pf. die Kirche
2/3 – 1 Th. 12 Gr. 10 2/3 die Commun
J. Wiegand Amtsgenannter
Attesti[e]rt G. Helbig

Nr. 133

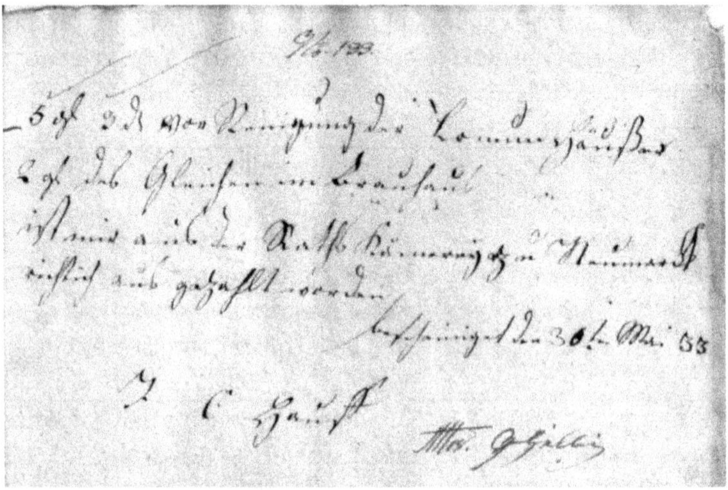

5 Groschen 6 Pfennig vor [für] Reinigung der Commun Häußer 2 Groschen desgleichen im Brauhaus ist mir aus der Rathskämmerey zu Neumark richtig ausgezahlt worden
Bescheinigt den 30ten Mai 1833
J. E. Haupt
Attestiert G. Helbig

Nr. 134

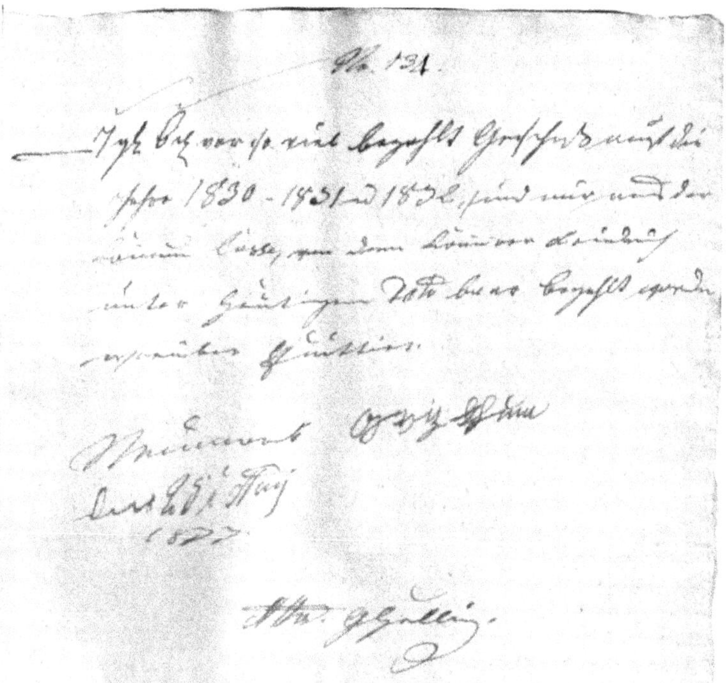

7 Groschen 6 Pfennig vor so viel bezahlt Groschen [?] auf die Jahre 1830-1831 und 1832, sind mir aus der Commun Casse, von dem Commun Friedrich [Müller] unter heutigem Dato baar bezahlt worden worüber quttirt
Neumark den 25ten Mey 1833.
[unleserlich]
Attestirt G. Helbig

Nr. 135

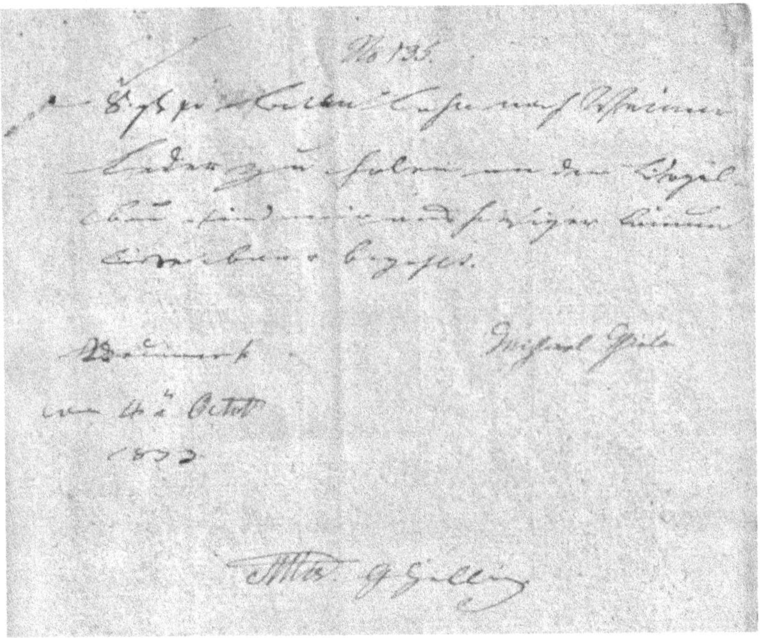

8 Groschen pro Botenlohn nach Weimar leder zu holen an den ***Vogelbau*** [?] sind mir aus hiesiger Commun Casse baar bezahlt
Neumark den 4ten October 1833.
Michael Thiele
Attestirt G. Helbig

Nr. 136

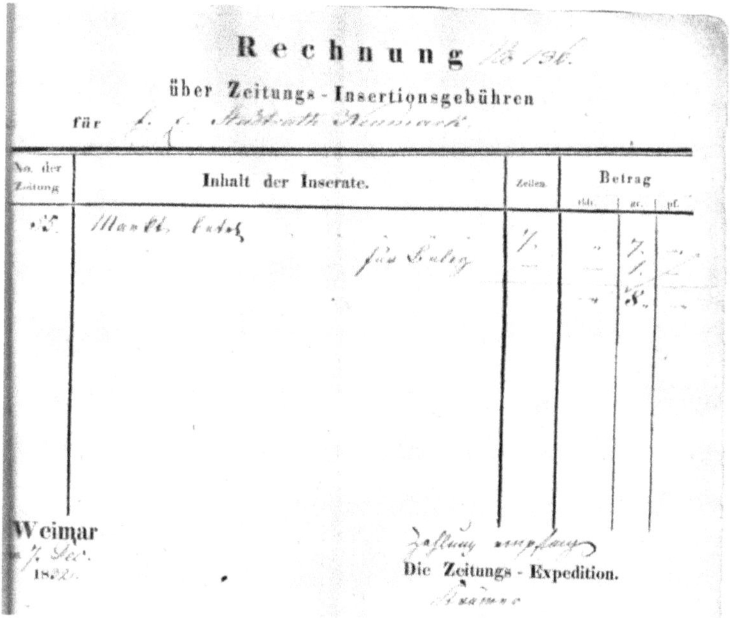

Rechnung No. 136.

über Zeitungs-Insertionsgebühren

für E. E. Stadtrath Neumark

No. der Zeitung	Inhalt der Inserate.	Zeilen	Betrag rthl.	gr.	pf.
55	Markt [illegible]	7	–	7	–
	für Beleg		–	1	–
			–	8	–

Weimar 7. Dec. 1832.

Zahlung empfangen
Die Zeitungs-Expedition.
Krämer

Rechnung über Zeitungs-Insertionsgebühren für E. E. Stadtrath Neumark
No. der Zeitung: 55
Inhalt des Inserats: Markt bete [?]
Zeilen: 7
Betrag 7 Groschen – für Beleg 1 Groschen
Zahlung empfangen Die Zeitungs-Expedition Krämer
Weimar den 7. Dec.[ember] 1832.

Nr. 137

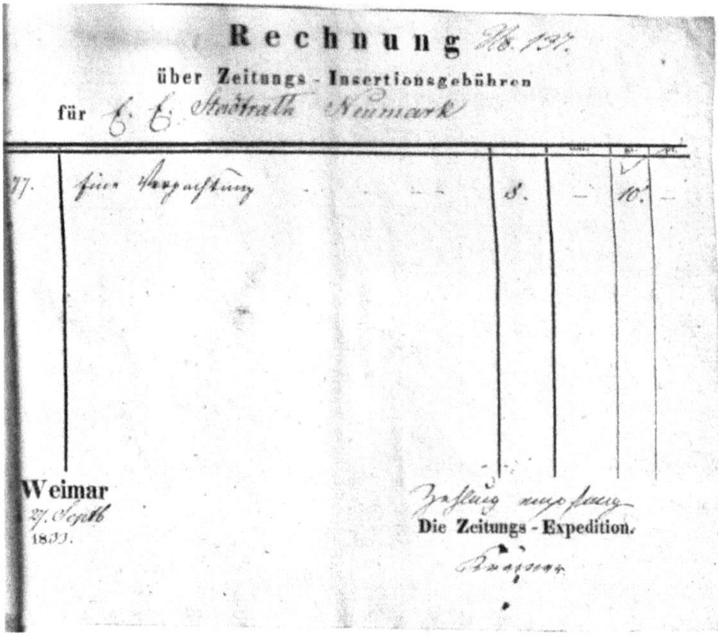

Rechnung No. 137.
über Zeitungs-Insertionsgebühren
für E. E. Stadtrath Neumark

77.	für Verpachtung	8.	10.

Weimar 27. Septb 1833.

Zahlung empfangen
Die Zeitungs-Expedition.
Krämer

Rechnung über Zeitungs-Insertionsgebühren für E. E. Stadtrath Neumark
No. der Zeitung: 77
Inhalt des Inserats: für Verpachtung
Zeilen: 8
Betrag: 10 Groschen
Zahlung empfangen Die Zeitungs-Expedition Krämer
Weimar den 27. Sept [em] b.[er] 1833.

Nr. 138

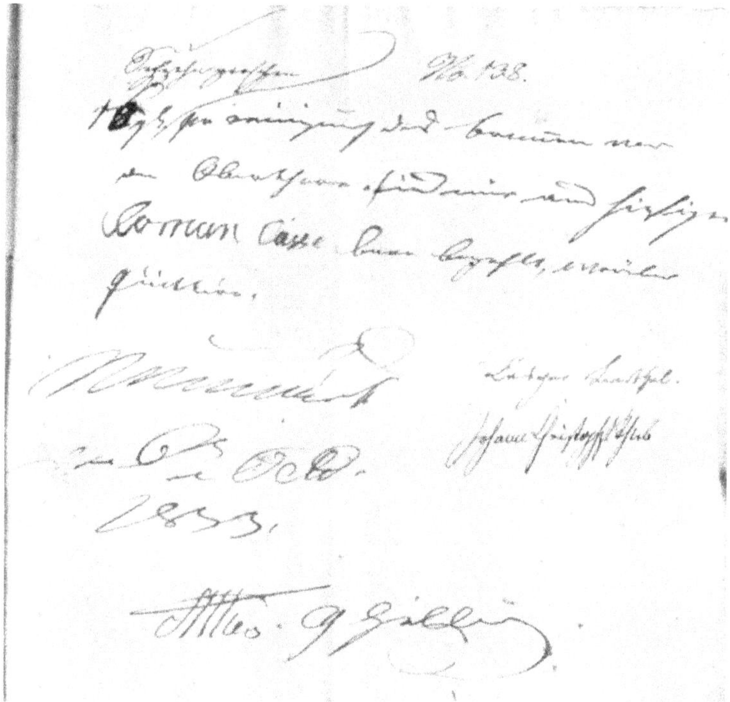

Achzehn Groschen pro reinigung des Brunnen vor den Oberthore sind mir aus hiesiger Commun Casse baar bezahlt, worüber quttire.
Neumark den 6ten October 1833.
Kaspar Barthel, Johann Christoph Schirp [?}

Nr. 139

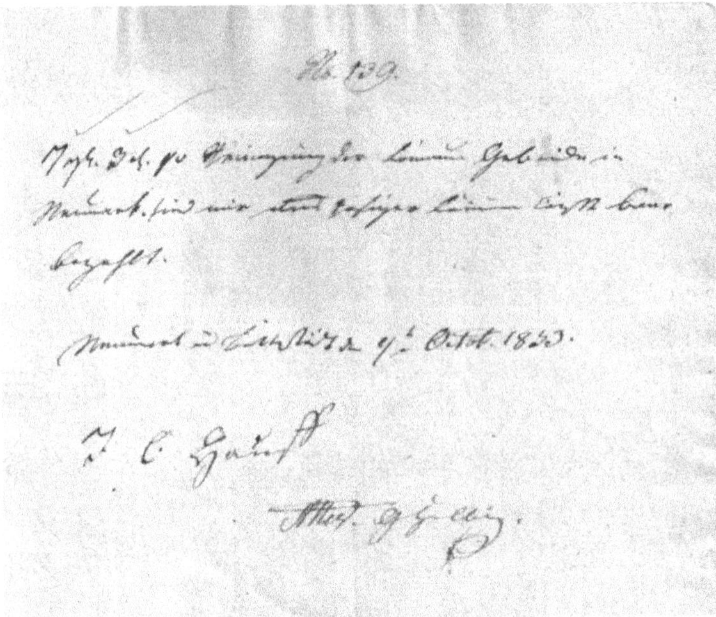

7 Groschen 3 Pfennig pro Reinigung der Commun Gebrücke [?] in Neumark sind mir aus dasiger Commun Casse baar bezahlt..

Neumark u[nd]Buttstädt den 9ten Octob.[er] 1833.

J. C. Haupt

Attestirt G. Helbig

Nr. 140

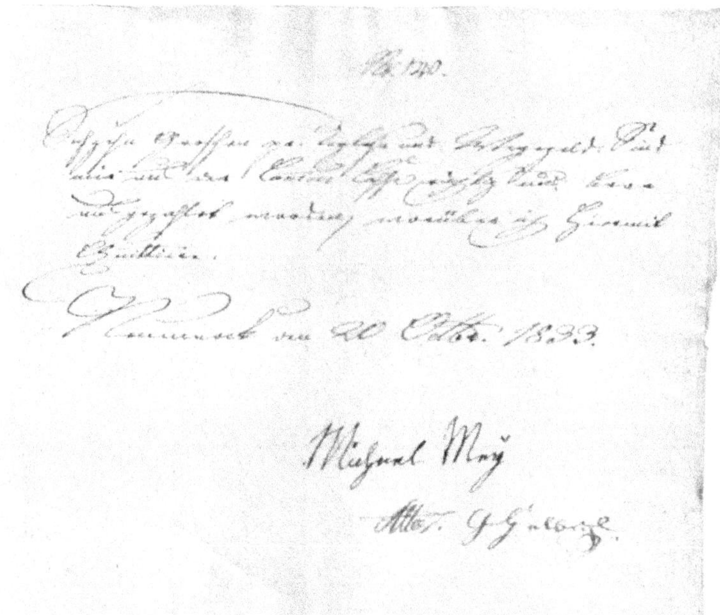

Sechzehn Groschen pro Tagelohn und Wegegeld. Sind mir aus der Commun Casse richtig und baar ausgezahlt worden, worüber ich hiermit quittiere.
Neumark den 20 Oct[o]b[e]r 1833.
Michael May
Attestirt G. Helbig

Nr. 141

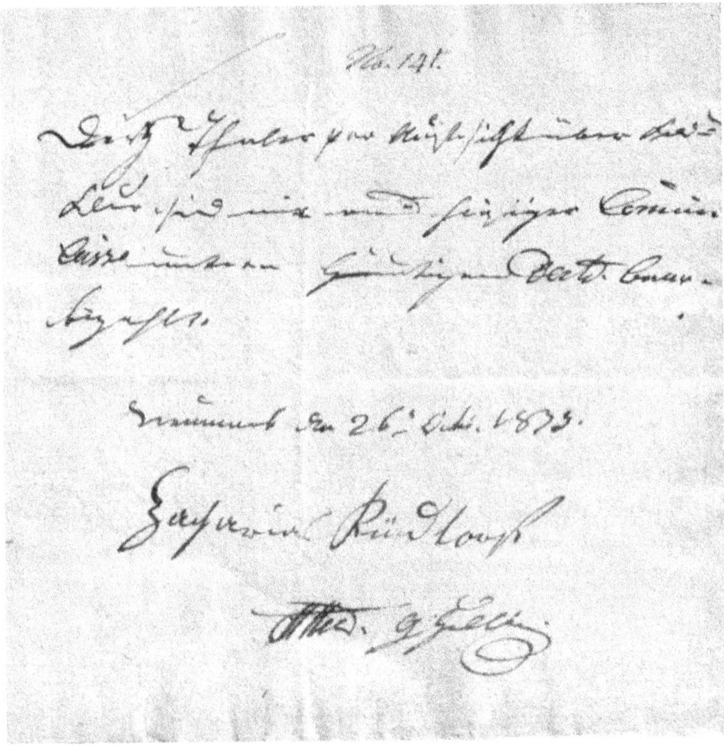

Drey Thaler pro Aufsicht über Feld-Flur sind mir aus hiesiger Commun Casse unterm heutigen Dato baar bezahlt.
Neumark den 26ten October 1833.
Zacharias Rüdlorf [?]
Attestiert G. Helbig

Nr. 142

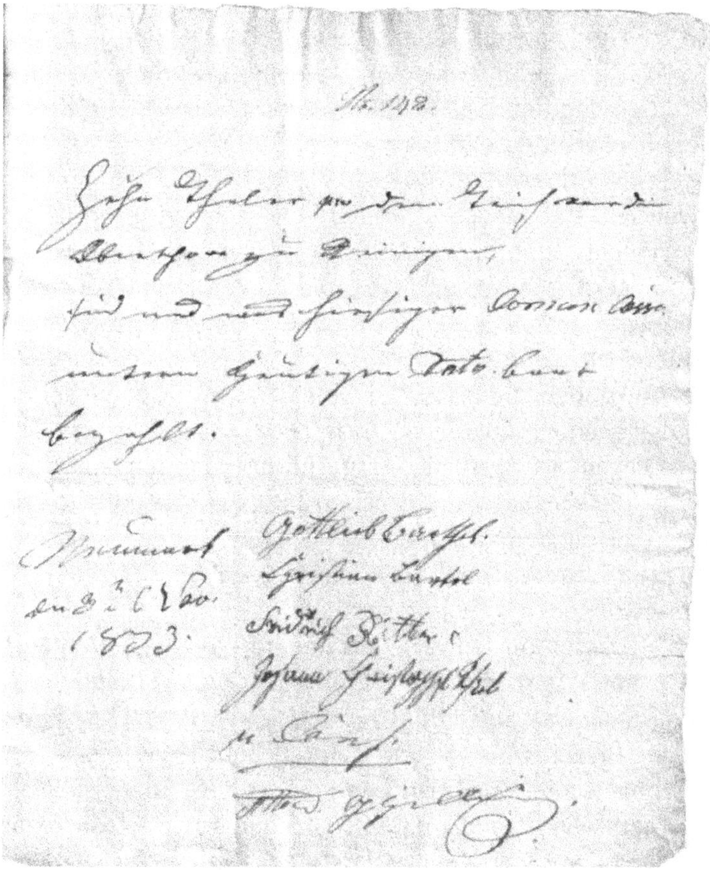

Zehn Thaler pro den Teich vor dem Oberthore zu reinigen sind uns aus hiesiger Commun Casse untern heutigen Dato baar bezahlt
Neumark den 3ten Nov.[ember] 1833.
Gottlieb Barthel, Christian Bartel, Friedrich Ritter, Johann Christoffel Thiel u[nd] Cons. [orten]
Attestiert G. Helbig

16. Die Belege 1833 im Vergleich zum Belegbuch 1881

Wie angemerkt, sind die Belege des Jahres 1833 nur teilweise auf grauem Papier in Fadenhaftung vorhanden (Nr. 1- 19 und 119-142). Die fehlenden Belege wurden sauber herausgeschnitten. Die Auktionsverzeichnisse (1-19) sind in einheitlicher Handschrift, dem Beleg 130 nach von Elisabetha Bart[h]el verfasst. Die Belege 119 bis 142 wurden von den jeweiligen Empfängern einer Auszahlung formuliert, geschrieben und unterschrieben, wobei bei mehreren Empfängern (Consorten!) für diese Veröffentlichung der Schreiber des Belegs anhand der Unterschriften nicht recherchiert wurde.

Die Auktionen umfassen sowohl die auf Gemeindeland angefallenen Produkte wie Gras (Heu), Klee, Kirschen und Zwetschgen als auch die Verpachtung von Gemeindeland, meist Riedflächen zur Grasnutzung der Steigerer, über unterschiedliche Zeiträume.

Die im Laufe der Zeit im Gedächtnis Neumarks verschwundenen topographischen Bezeichnungen konnten vom Verfasser nur teilweise aus den Belegen durch Vergleich mit der vorhandenen Flurkarte vom Ende des 19.Jahrhunderts zugeordnet werden.

Einige in den Belegen auftauchende Namen der Einwohnerschaft Neumarks oder Begriffe konnten nicht entziffert werden und werden deshalb in den Übertragungen aus der Kurrentschrift kursiv und fett gesetzt.

Beleg 132 macht die enge Verzahnung des kommunalen Schulwesens mit der Kirche deutlich: die Kosten der Vermessung eines Schulgrundstücks am Böhmerberg muss die Kirche zu einem Drittel tragen, die Commune zu zwei Dritteln.

17. Anhang

17.1 Glossar

Abgewährung	von abgewähren –1) abgeben, abliefern 2) im Gegenbuch abschreiben(http://www.rzuser.uni-heidelberg.de/-cd2/drw/e/ab/gewa/hren/abge...)
Acort	Vereinbarung; accord (http://en.wiktionary.org/wiki/acort)
Appellation	Rechtsmittel gegen ein Urteil, meist der ersten Instanz. Mit der Berufung können sowohl rechtliche als auch tatsachenbezogene Rügen verfolgt und neue Tatsachen und Beweise angeführt werden, das Berufungsverfahren hat also einen dualistischen Charakter, es ist sowohl ein Rechtsbehelfs- als auch ein Erkenntnisverfahren, Das Berufungsverfahren hat also einen dualistischen Charakter, es ist sowohl ein Rechtsbehelfs- als auch ein Erkenntnisverfahren. (de.wikipedia.org/ wiki / Berufung, Recht)
attestieren	bescheinigen, bestätigen, zugestehen (www.duden.de/Rechtschreibung/)
ausmachen	1) zur Kartoffelernte das Aushacken und Auflesen der Kartoffeln (http://www.dudenhofen.info/landwirt kartoffel.html) 2) beendigen(auch abmachen), eine Sache beendigen, ihr ein Ende machen 3) bewältigen(...)– fertig bringen: absolvere (abmachen. eine Aufgabe,Arbeit) (Karl Ernst Georges : Kleines deutsch-lateinisches Wörterbuch, Hannover und Leipzig 1910)
Avers	der, französisch(von lat. adversus), ist die Bezeichnung für die Vorderseite einer Münze, eines Ordenszeichens oder einer Medaille im Gegensatz zur Rückseite(Revers). Das lateinische Wort bedeutet „vorn, zugekehrt (Revers). Diese Vorderseite (Bild und/oder Schrift ist gewöhnlich die Hauptseite(...) (de.wikipedia.org/ wiki / Avers_Numismatik)
Böschhacke	Hacke zum Bearbeiten schräg abfallender und befestigter Seitenflächen im Gelände (Straßenbau, Bahndamm, Ufer) vgl. Böschung
Decimation	Zehntsteuer des Klerus an den Staat; Erhebung des Zehnten(Kirche an Staat
Dienstknecht	unselbständige Hilfskraft, die sich für längere Zeit verdingt und in den Haushalt des Arbeitgebers aufgenommen wird (drw-www.adw.uni-heidelberg./de/drw)
Durchschuss	durchschießen 2) beim Heften eines Buches zwischen zwei gedruckte Blätter ein Blatt weißes Schreibpapier(Durchschuß)

	heften, um etwas darauf schreiben zu können (Pierers Universal-Lexikon, Band 5, Altenburg 1858, S.480)
Fassion	Bekenntnis, Angabe (vgl. fatieren (lat.) : bekennen, angeben – besonders die zu versteuernde Summe bei der Einkommens – oder Vermögenssteuer etc.Grundlage für Katasterpläne: Erfassen von Grundbesitz nach Größe und Abgabenlast (Meyers Großes Konversations- Lexikon, Band 6, Leipzig 1906, S.350)
Feldgeschworene	Ehrenamt, Mitwirkung bei Kennzeichnung von Grundstücksgrenzen, als Grenzen und Abmarkungen im Gemeindegebiet arbeiten sie eng mit Vermessungsbeamten zusammen (Lueger, Otto: Lexikon der gesamten Technik und ihrer Hilfswissenschaften Bd.5 , Stuttgart- Leipzig 1907, S.404-409)
fiskalisch	alles, was sich auf finanzielle Angelegenheiten bezieht(insbesondere auf die staatliche Erhebung, Verwendung und Regulierung von Geldern der Besteuerung
Flachsröste	mit Wasser gefüllte Grube(auch Rottegrube), in der die Flachshalme verrotten (fermentieren), um an die Leitbündel zu kommen, die als Fasern zur Flachsgarn bzw. Leinenherstellung genutzt werden (http.//www.zeno.org/Pierer- 1857/ A/Flachs+(1)?hl=flachsröste)
Generalkommission	in Preußen die Behörden erster Instanz für Gemeinheitsteilungen und Ablösungssachen (Brockhaus` Kleines Konversations- Lexikon Band 1, Leipzig 1911,S.661)
Gosse	offene Rinne zur Abführung von Regen- und Schmutzwasser
Heberegister	(auch Heberolle) Buch für die die Leistungen, welche die Unterthanen ihrer Herrschaft schuldig sind; Ableitung von mhd. Heben (Abgaben erheben, entnehmen); vgl. auch Hebung – Entnahme von Steuern (Pierer`s Universal- Lexikon, Band 8, Altenburg 1859, S.129; http://www.hrgdigital.de/id/heberolle_heberegister/stichwort.html(Stand 25.02.2013)
Hilfsantrag	nach deutscher Zivilprozessordnung eine Prozesshandlung; wird zusätzlich zu dem Hauptantrag gestellt; echter Hilfsantrag – über den entschieden wird, wenn über den Hauptantrag negativ entschieden wurde, er also zu- rückgewiesen wurde (www.juraform.de)
Imploration	1. Römisches Recht: Gesuch an ein Gericht, welches keine Klage enthält 2. Klage , welche im summarischen Prozeß verhandelt wird (Pierer`s Universal- Lexikon, Band 8, Altenburg 1859,S.837)
Intendantur	Militärische Verwaltungsbehörde zur Versorgung der Truppen mit allen
Interesse	materiellen Bedürfnissen (außer Waffen, Munition)

	(de.wikipedia.org) Zinsen, welche vom Entleiher an den Ausleiher bezahlt werden, weil sie es sind, an welchem dem gelegen ist, der sein Geld verborgt (Brockhaus Bilder- Conversations - Lexikon, Band 2, Leipzig 1838,S.451-452)
Johannisfest	Johannistag als Gedenktag der Geburt Johannis des Täufers am 24 Juni, in einigen Gegenden auch Sommerweihnacht genannt http://kirche-mutzschen.de/jtml/johannis.html (Stand 25.02.2013)
Kaduzität	Die Kaduzität (neulateinisch) kann Hinfälligkeit, dann etwas Verfallenes, ein wüst liegendes Grundstück, von welchem die darauf haftenden Steuern nicht entrichtet werden, bezeichnen. (Meyers Großes Konversations-Lexikon, Band 10, Leipzig 1907,S.416) Kaduzität eines Außenstandes ist das Verlorengehen desselben durch Zahlungsunvermögen des Schuldners, dann die verloren gehenden und niederzuschlagenden Außenstände und Beträge selbst (http://de.wikipedia.org/wiki/Kaduzität Stand 25.02.2013)
Kameral- kommission	vgl. Kammer – befasst mit Separation Kollegium zur Erhebung und Verwaltung der fürstlichen Einkünfte und für Geschäfte der allgemeinen Landesverwaltung (Brockhaus´ Kleines Konversations-Lexikon Band 1, Leipzig 1911, S. 924)
Korps	(...) beim Militär unter einem Oberbefehl stehender Truppenverband, oft als Abkürzung für Armeekorps (Meyers Großes Konversations-Lexikon Band 11 ,Leipzig 1907, S.510-511)
Latus	(lat.) 1. Seite 2) in fortlaufenden Rechnungen die Summe einer Seite, welche auf die andere Seite transportiert (übertragen) und hier gewöhnlich die erste Post (Summe Geldes –vgl. Pierer Band 10 1860, S. 431) wird (Pierers Universal-Lexikon, Band 10, Altenburg 1860, S.150)
Legat	(von lat. legatum) Vermächtnis – Begriff des Erbrechts; die letztwillige Zuwendung eines Gegenstandes; vielfach wird der Ausdruck auch gebraucht für die meistens auf Vermächtnissen beruhenden frommen oder milden Stiftungen, die von Kirchen oder Stiftungen verwaltet werden (Meyers Großes Konversations- Lexikon Band 12,Leipzig 1908, S.321-322)
Liquidation	die Auseinandersetzung nach beendigtem Geschäft oder nach geleisteter Dienst- Verrichtung; daher liquidieren soviel wie Kosten, Gebühren etc. berechnen. auch die Rechnung selbst heißt Liquidation
Mesner	Küster, Kirchendiener
Michaelistag	29. September – Gedenktag des Erzengels Michael und aller Engel
Radehacke	plattköpfiger Nagel zum Vernieten eiserne Hacke zum Roden

	und anderen Landarbeiten(auch Rodehacke, Reuthhacke, Radehaue)
Recess	schriftlicher Vertrag über die Feststellung gewisser Rechte(z. B. Erbrecess,Grenzrecess usw.) (Brockhaus Bilder- Conversations -Lexikon, Band 3, Leipzig 1839, S.636)
Respective	(neulateinisch) beziehungsweise, beziehentlich, mißbräuchlich auch oft für „oder" gebraucht (Meyers Große Konversations-Lexikon Band 16, Leipzig 1908, S.823)
Ressort	Geschäftskreis einer Behörde
restituieren	wiederherstellen, in den vorigen Stand setzen, erstatten, ersetzen (Brockhaus` Kleines Konversations-Lexikon Band 2, Leipzig 1911, S.520)
Revision	nochmalige Durchsicht, Prüfung; im Rechtswesen ein Rechtsmittel, durch das die nochmalige Entscheidung einer Rechtsfrage in höherer Instanz veranlaßt wird (Meyers Großes Konversationslexikon Band 16, Leipzig 1908, S.851-852)
Ruthe	Längenmaß; bei Baumaterialien ist die Ruthe 12 Fuß lang, 12 Fuß breit und 1 Fuß hoch – also 144 Cubikfuß ; im Großherzogtum Sachsen-Weimar- Eisenach ist ein Fuß = 281,98 mm (Pierers Universal – Lexikon Band 14, Altenburg 1862, S.628)
Schlämmkreide	Durch Schlämmen (Wasserzusatz) gereinigte Kreideb zur schonenden Oberflächenbehandlung von Metallen und Glas
Servis	(franz. Service) Dienst, Bedienung, Dienstleistung; militärisch ist Servis die Geldvergütung für Unterkommen von Militärpersonen,- pferde etc (Meyers GrOßes Konversations-Lexikon Bd. 18, Leipzig 1909, S.378-379)
Sporteln	Entgelt der Untertanen für gerichtliche oder Amtshandlungen
Summa	(lat.) die Summe, der Betrag, Resultat der Addition; Summa summarum – Summe der Summen = Gesamtbetrag
Transport	Hier: in der Buchführung Übertragung einer Summe von einerSeite auf die nächste (Herders Conversations-Lexikon,Freiburg im Breisgau 1857, S.507)
Unterstützungs-Wohnsitz	Verband, der zur öffentlichen Unterstützung einer hilfsbedürftigen Person verpflichtet ist (Meyers Großes Konversations-Lexikon Bd.19, Leipzig 1909,S.943)
Verläge	Vorschuss, Auslagen bei irgendeinem Geschäft, sowie das vorgeschossene Geld selbst (Pierers Universal-Lexikon Bd.18, Altenburg 1864, S.486)
Zinsrente	Jedes feste Einkommen, das aus angelegtem Kapital gewonnen wird (Meyers Großes Konversations-Lexikon Bd. 16, Leipzig 1908, S.805-806)
Zuschreibgebühr	auch Abschreibgebühr, zu zahlende Gebühr bei Besitzveränderungen laut Grundbuch/ Kataster

17.2 Ortsregister

Altona 92, ***203***
Alperstedt 172

Ballstedt 113, 154, 159
Beelitz 130
Berlstedt 113, 126, 134, 136, 162, **170**
Berlin-Neukölln 79
Buttelstedt 131, 134, 172
Buttstädt 131

Crainfeld 83

Daasdorf am Berg 113
Daasdorf bei Buttelstedt 113, 158, 159
Dielsdorf 164, ***207***
Dörnsrain 181

Eckartsberga 174
Erfurt 117, 179
Ernst-Plan 180
Ettersberg 113, 172

Gaberndorf 113
Gebesee 174
Goldbach 113
Gramme 172
Granertsplan 180
Grebenau 135
Großbrembach 172
Großobringen 113
Großrudestedt 55

Halle 16
Hasenheide 79
Heichelheim 113, 158, 159
Herrenschwende 92, ***203***
Hopfgarten 91
Hottelstedt 113, 154, 158

Jena 16

Karlsruhe 113
Kassel 117
Kleinbrembach 170
Kleinobringen 113
Klitzschen 16
Kölleda 94, ***203***
Kranichborn 172, 179
Krautheim 170

Lausitz 165
Leba 139
Liebstedt 113

Magdeburg 17, 117
Marburg 16

Naumburg 174
Neußig 173
Niedergrunstedt 91

Obergrunstedt 91

Olbersleben 118
Ollendorf 134
Ottmannshausen 113, 154
159

Pennsylvania 154

Ramsla 113
Rom 40
Rudolstadt 11

Schellroda 91
Scherkonde 172
Schlevogtsplan 180
Schloßvippach 56, 127, 129, 177, ***205***
Sedan 124
Stadtilm 130
Schwarza 140
Schwerstedt 170
Sprötau 167, 170
Stedten 113

Tanna 174
Tannroda 147, 224
Teichel 11
Thalborn 154, 168, 170
Torgau 16
Tröbsdorf 113

Unstrut 140

Vippach 11, 171
Vippachedelhausen 126, 143, 162, 170, ***215***
Vogelsberg 167, 170

Weimar 131, 158
Wohlsborn 113

Zwätzen 16

17.3 Personenverzeichnis 1881

Alex, Friedrich ***189, 190***
Allerstedt (Herren von) 37

Bachmann, Friedrich (Stellmacher) 57, 66, 80, ***231***
Bär, A. ***252***
Barthel, Christian ***189***; Friedrich 153, ***189***; G. 68, 80, ***208, 209***; G. ***206***; Karl Friedrich 111, 147, ***188, 190, 252;*** Karoline ***255;*** Kaspar 111, 188, ***252***; Marie 37, 95, ***194 235;*** Wilhelm ***189, 190***
Benthin, W. 77
Berghold, Johann Christoph 39

Blumenthal, Leonard Graf Von 123
Böhlau, H. 45***, 238***
Bräutigam, Hermann 77
Braunitz, Richard ***188, 891***; Sidonie 56, 149, ***222***
Braunroth Friedrich ***255;*** Karl ***255***
Breitung, Dorothea ***255***

Eifert, Adam 129
Eitelgörge, Friedrich ***189, 191***

Färber, Hermann 92, ***203*** Johann Andreas 92, Karl Christian 92
Fiedler (Apotheker) 21, 129; Frau 21, ***236***
Förster, Heinrich ***255***
Friderici ***197***
Friedrich II (Landgraf) 173
Fulsche, Karl (Schmied) 57, 91, ***191, 208, 220***; Oskar 91, ***191***
Funke, Christian ***193, 255***; Julius 91, ***191***

Gehrhardt, Friedrich ***189, 255***
Genast 97
Geske, Friedrich (Schmied) 56, 132, 143, 148, **189, 215, 219, 224, 225**
Göllert, Wilhelmina Magdalena 92
Göring, Adalbert 46, ***249***
Granert ***189***
Gröger, Wilhelm 127, 153, ***189, 204***

Haase, Dorothea ***255***; Johanna ***190***; Karl 91, ***191***; Otto 91, ***191***
Haupt, Albert 125
Helbig, Ferdinand (Tischler) 57, 70, 129 ***206, 255;*** Gotthold ***189;*** Heinrich Wilhelm 39, Johann Andreas 39
Henklein, Rebecke Christiane 92
Herdwig, Friedrich ***189***
Heuschkel, Friedrich ***255***
Heyer 34
Heyne, Max 91, ***191***
Hirschwald, August ***240***
Höhne, Adolph ***188***
Holzhausen, Andreas ***188***
Holzheim, Dorothea ***255***
Hülle, Friedrich 20, 66, 126, 136, **142, *209***
Huschke, Alexander ***229***

Jahn, Friedrich Ludwig 78
Johannes d. Täufer 121

John, Johann Christian 39

Kahle, Andreas ***188, 190***; Christian 56, 127, ***204***; Karl 21, 44, 132, ***191 235***
Kaiser, Wilhelm 264
Karl August (Herzog) 158
Klemm, Richard (Bäcker) 37, 46, 98, 134, ***236*** (Zimmermann) 129
Kneisel (Witwe) ***255***
König, Hermann (Glockengießer) 112
Koch, Friederike ***255***; Otto 55, 120, 134, ***191***
Küfer, Friedrich ***189***

Lange, Eduard ***188, 189, 225, 226***; Christian (Gemeindediener) 49 59, 94, 151, ***189, 190, 201, 205*** (Brauer) 57, 168
Lebert(sches Armenlegat) 116
Liebermann, F. 160, ***207***
Linding, Eduard ***219***

May, Eduard ***189, 190;*** Wilhelm ***190, 192***
Meih, Ado 143, ***214***
Menge, Minna ***255;*** Susanna ***1988***
Merker ***250***
Mesmer, Gustav 71, ***229, 232, 235, 247***
Mix, Karl ***190***
Mohr, August ***178***; Karl 31, 45, 67, 131, ***100, 196, 201, 248, 250***
Müller, Friedrich (Fleischer, Gastwirt) 48, 57, 120, 123, 133***, 190, 191, 249***; Heinrich Andreas 39; Johann Gottfried (Pfarrer) 113; Otto ***255***
Müllers Erben (Witwe) ***255***

Napoleon III. (frz. Kaiser) 124
Necke, Auguste (Hebamme) 130, ***203***, ***230, 233, 235;*** Eduard 59, 132, ***180, 190, 202***, ***208;.***Hermann 59 117, ***189, 190, 210***
Niemitz, Georg 13
Nikolai (Kirchenrat) 129
Noka, Hermann 111, ***252***
Nürnberger, Eduard ***188***

Ollendorf, Christopf ***278***

Paulin, Albert ***255***

Pestalozzi 73
Petersilie ***251***; Hermann 94; Johann Heinrich 94
Pfefferkorn ***247***
Pfeiffer (Postbote) 131
Pflantz, Karl 64, 147, ***223, 224***
Preißer 131

Rang (Postang.) ***240***
Rappe (Dekorationsmaler)129
Reichmann, Heinrich 24, ***255***
Reifarth, Johann Gottlob 39
Reifarth, Michael 41, 49, 116, 161, ***212, 219, 248***; Wilhelm 57, ***190, 205***
Reifert, Friedrich ***189***
Reinhardt, Christoph Heinrich 94, ***203***
Rietesel 112
Ritzer, Christian ***189***
Rohmer, C. 137, ***197, 246***
Roser, Eduard 92, ***203***
Rothnagel (Bildhauer) 129
Rudolph, August 127
Ruppe 134

Saalfelder, Leopold 147
Schäfer, M. (Pfarrer) **71,** 109, 129, ***226, 234, 237, 238, 252***
Schäler,Theodor (Gemeindediener) 49, 149, ***202***
Scheller, Adolph 60, ***189, 191***
Schlevogt Hermann 94, 182, ***191***; Wilhelm 182, ***190***
Schlotheim, Ludwig von 123
Schmidt, Albert 120, ***191***
Schobra, F. ***238***
Schöps, Adolph 59; Wilhelm ***189***
Schreckenbach, Paul 13
Schröter 103, (-sche) Erben 99
Schumann, Johann ***190***
Seiler, Wilhelm ***230***
Seyfarth, Charlotte 125; Karl 49**,** 115**,** 149**,** 161, ***189, 202, 212, 221, 248 254;*** Richard 56, 124 130, 149, 155, ***224, 228***
Spiess Adolf 79
Surminski, Arno 139

Thiele, Emma ***255***; Ernestine 46, ***235*** Johann Gottlob 39; Theodor 41, 143, **215, 251, 256, 257;** Therese

255; Wilhelm ***189***
Töpfer, Albert 94, ***191***
Trommler, Carl ***241***

Umlauf,Johann Wilhelm (Superintendent) 113

Vitzthum, August 59, ***188 217, 232;*** Marie ***255;*** Theodor ***189***
Voigt, Albert ***254***
Voigt, Dr. (Anwalt, Notar) 63,103, ***241***
Vokkenroth, Johann Konrad 128
Vollandt, Christoph ***255***; Gustav **56**, 118, ***250*** Johann Ernst 39, Karl 46, 53, 56, 117, ***193, 196, 255;*** Karl Theodor ***255;*** Wilhelm ***189***

Wächter,Karl ***255***
Walther, Julius 56, 143, ***189, 190, 214, 221***
Weißenborn, Georg (Tüncher) 129
Weißhuhn (Lehrer) 19, 21, 49, 60,61, 70, 76, **83, *201, 227, 235, 236, 239***
Wenzel, Friedrich ***255***; Timotheus Heinrich (Diacon) 113; Rosalie 131
Werner, H. (Maurer) 53, 57, 117, 131, ***197***
Wilhelm II (Herzog) 173
Witzmann, Karl- August 130
Wunderlich (Lehrer, Steuereinnehmer) 21, 28, 31 49, 50, 55, 70, 76,134, **89, 139**, ***226, 228, 256***

Zeuner, Johann Christoph 39
Ziegler, August Rudolf ***205***

17.4 Personen- und Ortsverzeichnis 1833

Asperger, Friedrich 289

Bandel (sen.) 280
Barthel, Andreas 289; Christian 313; Christoph 301; Elisabetha 300; Gottlieb 297, 313; Kaspar 309; Ludwig 288;

[Bartel] in (sen.) 290
Beck, Christoph 262, 280
Benz, Hieronimus 280
Berlstedt 296
Böhmerberg 269
Böhmersteig 269
Bredel (sen.) 282
Breitung (Cantor) 280
Bre[ä]utigam, Joachim 298
Buk, Christoph 260
Buttstädt 312

Dietrich, Otto 297

Fischer, Zacharias 271; 278
Franck, Andreas 263
Friedrich, Andreas 166, 264, 271
Funke, Andreas 280

Gerhardt, Michael 260

Haupt, Caroline 286; David 276; J[ohannes] E. 304, 310; Karl 261; Michael 271
Helbig (Bürgerm.) 260, 264 271, 280; Christian 260, 271, 280; Christian (jun.) 269; Gotthold 263
Hinterrieth 269
Hinterm Fleck 269
Höhne, Sebald 288
Henschel Christian 288

Kahle, Georg 291
Kaiser, Wilhelm 261
Kneifel, Karl 286
Krämer (Zeitungsexp. Weimar) 307, 308
Krüger, Wilhelm 260
Kühndorf, Wilhelm 278
Künitzer, Gotthold 271, 272; Gottlob 278; Sebald 288; 293; Wilhelm 290

Lange, Andreas 288
Lenz, Hieronymus 264

Machts, Heinrich 257, 260, 261, 264, 276
May, David 261, 276, 286 Johann 301; Michael 271, 291, 294, 311; Wilhelm 260, 261, 276, 280, 284
Meister, Maria 288
Menge, Christian 288
Mohr, August 260, 276, 284
Müller, Friedrich 257, 263, 271, 278, 280, 282, 286,307; Karl 269; Karl (jun.)268, 270, 271, 286; Karl (sen.) 276, 280;

Otto 258

Nürnberger, [Johann] Heinrich 260, 276, 286, 288, 296

Ollendorf, Christoph 276

Reifarth (Reyfarth) Christian 278, 284, 286 Gotthold 257, 286, 288; Gottlieb 260, 282, 286; Heinrich 260, 286, 198, 295, 298
Riethgraben 269
Ritter, Friedrich 313
Rüdlorf [?], Zacharias 312

Saamke, Andreas 260
Schä[h]ler, August 272, 292
Schauenburg, Karl 288
Schlevogt, Andreas 271, 278, 286; Hermann 91; Wilhelm 260, 288
Seiler, Christian 260
Seyfarth, Heinrich 268, 278, 282, 286, 299
Siebert, David, 280, 286
Stöfel{?], Gottlob 280, 288

Thiele, Andreas (jun.) 276, 280, 288; Andreas (sen.) 261, 280; Christian 280, 290; Christoph 288, 315; Johann 313; Michael 306

Trieftfleck 269

Vippachedelhausen 297, 300, 305
Vollandt, Andreas (jun.) 272; Andreas (sen.) 290; Friedrich 260, 263, 271, 280, 288

Wächter, Maria 288
Wenzel, Heinrich 288
Wiegand, J. 303
Windmühlenberg 269

Unbescheid, Johann 260, 286

Zeunert, Friedrich 257, 263 ff, 284, 288

17.5 Literatur und Quellenverzeichnis

Quellen / Kartenwerke

Beyer, Carl: Urkundenbuch der Stadt Erfurt. Teil I, Halle 1889

Flurkarte von Neumark, aufgenommen und gezeichnet 1864 bis 1865 von G.Heinrici. N° 1 bis N° 180 den Ort umfassend Blatt I (Landesamt für Vermessung und Geoinformation Katasterbereich Erfurt)

Generalkarte von Neumark nach der Originalkarte über die in den Jahren 1859 bis 1873 ausgeführte Grundstückszusammenlegung reducirt und gezeichnet im Jahre 1873 von dem Geometer R.Gang (Landesamt für Vermessung und Geoinformation- Katasterbereich Erfurt)

Großherzoglich Sächsisch-Weimar-Eisenachisches Regierungs-Blatt, Nummer I,Den I.Januar 1822

Hochfürstlich S[ächsisch] Weimar-und Eisenachischer Hof- und Adreßkalender auf das Jahr 1803, Jena

Hochfürstlich S[ächsisch] Weimar- und Eisenachischer Hof- und Adreßkalender auf das Schaltjahr 1812, Jena

Journal für Prediger.Ein- und dreißigster Band erstes Stück. Halle 1796

Neues Archiv für Preußisches Recht und Verfahren sowie für Deutsches Privatrecht. 3. Jahrgang. 1.Heft. Arnsberg 1836

Overmann, Alfred: Urkundenbuch der Erfurter Stifter und Klöster. Teil I, Magdeburg 1926

Regierungsblatt für das Großherzogthum Sachsen-Weimar-Eisenach auf das Jahr 1840. 24.Jahrgang. Weimar 1840

Regierungsblatt für das Großherzogthum Sachsen-Weimar-Eisenach auf das Jahr 1880 .Weimar 1880

Sammlung landesherrlicher Edicte und Verordungen des Herzogthums Nassau. 3. Bd. enthaltend die in den Jahren 1817-1823 einschließlich erschienenen Verordnungen und Edicte. Wiesbaden 1824

Staatshandbuch für das Großherzogtum Sachsen- Weimar-Eisenach; 1855 Weimar 1855

Stieber, Dr.: Königlich-Preußisches Central-Polizei-Blatt. Jahrgang XXXVII. Berlin 1855

Taufregister der evangelischen Kirchgemeinde Herrnschwende 1859

Thüringer Vermessungs-und Geoinformationsgesetz (ThürVermGeoG) vom 16. Dezember 2008

Topographische Karte 4933 . Neumark in Thüringen.hrsg. Preußische Landesaufnahme 1905. Maßstab 1:25000

Trauregister der evangelischen Kirchgemeinde von Herrnschwende 1821

Trauregister der evangelischen Kirchgemeinde von Herrnschwende 1809

Verhandlungen der Stadtverordnetenversammlung zu Köln vom Jahre 1868 nebst den Budgets der Stadtgemeinde, der Armenverwaltung und der städtischen Elementarschulen für 1969. Hrsg. Königliches-Oberbürgermeister-Amt zu Köln

Verhandlungen der zweiten Kammer der Ständeversammlung des Königreichs Baiern. Amtlich bekannt gemacht. Bd.III. München 1819

Verordnungsblatt des Herzogthums Nassau. Bd.15

Sekundärliteratur

Bier, Rüdiger: 1500 Jahre Geschichte und Geschichten um die herrschaftlichen Sitze Kirchscheidungen und Burgscheidungen und weitere Nachrichten von Burgen, Schlössern und

Rittergütern an Saale und Unstrut vom Anbeginn des Thüringerreiches bis heute. Eigenverlag 2011

Blessing, W. K.: Allgemeine Volksbildung 1974. In: Kittel, Manfred: Provinz zwischen Reich und Republik. Politische Mentalitäten in Deutschland und Frankreich 1918-1933/36. München 2000

Brauer, W.: Thüringische Dorfverfassung und Familienforschung. In: Thüringer Bauernspiegel. 6.Jahrgang, 1929

Cachay, Christa: Die Verschulung des Turnens. Schorndorf 1980

Cachay,K.: Sport und Gesellschaft. Schorndorf 1988

Chowaniec, Elisabeth: Der Fall Dohnanyj: 1933-1945 – Widerstand, Militärjustiz, SS-Willkür. Schriftenreihe der Vierteljahreshefte für Zeitgeschichte,München 1991

Darstellung der sämmtlichen Provincil-und Statuar Rechte des Königreiches Bayern § 65, Augsburg 1836

Dedering, Heinz: Einführung in das Lernfeld Arbeitslehre.München-Wien 2000

Denecker, Dietrich: Göttingen- Geschichte einer Universitätsstdt.Bd.1, Von den Anfängen bis zum Ende des Dreißigjährigen Krieges. Göttingen 1987

Der Landkreis Weimar. Eine Heimatkunde. Städte und Gemeinden. Erarbeitet von einem Autorenkollektiv unter Leitung von Mafred Salzmann. Weimar 1982

Deutsches Städtebuch.Bd.II. Mitteldeutschland. Stuttgart-Berlin 1941

Diezel, Rudolf : Die Ämterbezirke in Sachsen-Weimar seit dem 16.Jahrhundert. Eine verwaltungsgeschichtlich-topographische Untersuchung. Jena 1943. In: Zeitschrift des

Vereins für Thüringische Geschichte und Altertumskunde, Beiheft 27

Dipper, Christof: Die Bauernbefreiung in Deutschland 1790-1850. Stuttgart 1980

Eybel, A.: Zur Geschichte des Anbaus der Kartoffel in Thüringen, Thüringen-eine Monatsschrift für alte und neue Kultur, 3.Jahrg. Januar 1928

Finanzarchiv: Zeitschrift für das gesamte Finanzwesen. Bd.21 . Hrsg.Georg Schanz.J.C.Mohr 1904

Götzinger, E.: Mittelalterliche Aufzeichnungen der Hof-und Dorfrechte. In: Reallexicon der Deutschen Alterthümer. Leipzig 1815

Grimm, Jakob/Grimm, Wilhelm: Ausgewählte Kinder- und Hausmärchen. Stuttgart 1981

Grimm, Paul: Die ur- und frühgeschichtlichen Befestigungen. In: Timpel,W. /Grimm,Paul ; Die ur-und frühgeschichtlichen Bodendenkmäler des Kreises Weimar. Weimar 1975

Hauschmidt, Alwin: 700 Jahre Rietberg 1289-1989. Beiträge zur Geschichte. Rietberg 1889

Heß, Ulrich: Geschichte der Behördenorganisation der thüringischen Staaten und des Landes Thüringen von der Mitte des 16.Jahrhunderts bis zum Jahre 1952.Jena/Stuttgart 1993

Henschel, H.: Beiträge zur Ortsgeschichte von Neumark(Kreis Weimar). In: Thüringer Bauernspiegel, 10.Jahrgang 1933

Kittel,Manfred: Provinz zwischen Reich und Republik. Politische Mentalitäten in Deutschland und Frankreich 1918-1933/36, München 2000

Kreppel, Friedrich: Der Lehrer in der Zeitgeschichte. In: Zeitgeist im Wandel.Bd.1 Das Wilhelminische Zeitalter, Stuttgart 1967

Kronfeld, C.: Landeskunde des Großherzogthums Sachsen-Weimar-Eisenach. Zweither Teil.Topographie des Landes. Weimar 1879

Lengerke, Alexander: Landwirtschaftliche Statistik der deutschen Bundesstaaten. 2.Band, Zweite Abtheilung. Braunschweig 1841

Mann, Golo: Deutsche Geschichte des 19. Und 20.Jahrhunderts. Frankfurt am Main 1958

Niemitz, Georg: Zur Geschichte der Kirche in Neumark. In: Der Heimatfreund, 7/8 1956, Weimar, S.244-247

Salzmann, Manfred: Landschaft um Scherkonde und Vippach inmitten des Thüringer Beckens. In: weimarer heimat 10/1996, Erfurt 1996

Seim, Edgar: Flachsanbau und Flachsverarbeitung- wichtige Elemente im dörflichen Leben der Vergangenheit. In: Heimatbund Thüringen- Flurnamen-Report 2, 2004

Schiffler, Horst/ Winkeler,Rolf: Tausend Jahre Schule: Eine Kulturgeschichte des Lernens in Bildern , Belser 1994

Stieber, Dr.: Königlich-Preußisches Central-Polizei-Blatt.Jahrgang XXXVII. Berlin 1855

Sturm, Heribert: Einführung in die Schriftkunde.München-Pasing 1955

Sütterlin, Ludwig: Neuer Leitfaden für den Schreibunterricht. Berlin 1926

Surminski, Arno: Jokehnen oder wie lange fährt man von Ostpreußen nach Deutschland. Reinbek bei Hamburg 1975

Timpel, W. /Grimm, Paul : Die ur- und frühgeschichtlichen Bodendenkmäler des Kreises Weimar. Weimar 1975

Tolstoj, Leo : Auferstehung. Leipzig o.J.

Tr. : Beiträge zur älteren Geschichte Neumarks(Landkreis Weimar) (mit familiengeschichtlichem Material). In: Thüringer Bauernspiegel. 6.Jahrgang 1929

Ulle, Hartmut: Neues Thüringer Wappenbuch Bd.1, Erfurt 1997

Valentin, Rudolph: Zeitbüchlein Darinnen gründtlich auffs kürtzest und einfeltigste angezogen, Was nach Christi ... Geburt 1501 bis auff das 1586 Jhar sich begeben. Erffordt 1586

Wenzel, Hartmut: „villa seu oppidum Neuwenmarckt". Über Marktflecken und kleine Städte in Thüringen. In: Entstehung und Wandel mittelalterlicher Städte in Thüringen. Erfurter Studien zur Kunst-und Baugeschichte Bd.3, Berlin 2007

Wenzel, Hartmut: Mittelalterliche Siedlungsformen in Thüringen-dargestellt am Beipiel von Wüstungen im Gebiet des Stadt- und Landkreises Weimar. In: Urgeschichte und Heimatforschung 23, Weimar1986

Lexika

Adelung: Grammatisch-kritisches Wörterbuch der Hochdeutschen Mundart. Bd.3, Leipzig 1798

Brockhaus Kleines Konversations-Lexikon Bd.1, Leipzig 1911

Brockhaus Bilder-Conversations-Lexikon Bd.2, Leipzig 1838

BrockhausBilder-Conversations-Lexikon Bd.6, Leipzig 1906

Damen Conversations-Lexikon Bd.1, Leipzig 1834

Die Religion in Geschichte und Gegenwart(RGG). Handwörterbuch fürTheologie und Religionswissenschaft. Bd.2, Tübingen 1928

Die Religion in Geschichte und Gegenwart(RGG). Handwörterbuch für Theologie und Religionswissenschaft. Bd.3, Tübingen 1929

Die Religion in Geschichte und Gegenwart (RGG). Handwörterbuch für Theologie und Religionswissenschaft. Bd.4, Tübingen 1930

Ethymologisches Wörterbuch des Deutschen Q-Z. Berlin 1989

Götzinger, E.: Reallexikon der Deutschen Altertümer. Leipzig 1885

Heyse, Johann Christian August : Allgemeines verdeutschendes und erklärendes Fremdwörterbuch. Berlin1903

Kruenitz, Johann Georg : Oekonomische Encyclopadie oder allgemeines System der Staats- Stadt- Haus- und Landwirhtschaft in alphbetischer Ordnung. 1773-1858

Meyers Großes Konversations-Lexikon Bd.6, Leipzig 1906

Meyers Großes Konversations-Lexikon Bd.9, Leipzig 1907

Meyers Großes Konversations-Lexikon Bd.10, Leipzig 1907

Meyers Großes Konversations-Lexikon Bd.12, Leipzig 1908

Meyers Großes Konversations-Lexikon Bd.15, Leipzig 1908

Meyers GroßesKonversations-Lexikon Bd.17, Leipzig 1909

Meyers GroßesKonversations-Lexikon Bd.18, Leipzig 1909

Meyers GroßesKonversations-Lexikon Bd.19, Leipzig 1909

Pierers Universal-Lexikon Bd.3, Altenburg 1857

Pierers Universal-Lexikon Bd.5, Altenburg 1858

Pierers Universal-Lexikon Bd.6, Altenburg 1858

Pierers Universal-Lexikon Bd.7, Altenburg 1859

Pierers Universal-Lexikon Bd.8, Altenburg 1859

Pierers Universal-Lexikon Bd.9, Altenburg 1860

Pierers Universal-Lexikon Bd.12, Altenburg 1861

Pierers Universal-Lexikon Bd.19, Altenburg 1865

Thüringisches Wörterbuch. Bd.I, Berlin 1999

Internet

http://archaelogie-mainz.de/html/flurnamen/Informationen-354.htm

http://www.lommersweiler.net/lommersweiler/geschichte/1858/eric...

http://www.bogdigital.de/id/heberolle_heberegister/stichwort.html

http://deutsche-schrift.beepworld.de/schriftgeschichte.htm
www.regionalgeschichte.net/Rat.html

http://peter-hug/lexika/zinsrente
www.rzuser.uniheidelberg.de/cd2/drw/e/gn/ltrb/gultbrief.htm
www.rzuser.uni-heidelberg.de/+cd2/drw/e/ab/gewa/hoen/abgewähren
drw-www.adw.uni-heidelberg.de/drw cgi/Zeige?db=drw&inde...

http://vg-berlstedt.de/pages/orte-der-vgem/Neumark/geschichte php
http://www.klg.de/unsere schule/schulgeschichte

http://www.speicher700.ch/Geschichte_speicher/_Aufstart%
Geschichte.htm

http://de.wikipedia.org/wiki/Seminar
http://de.wikipedia.org/wiki/Gemeinheitsteilung

http:www.archive.org/stream/sittenundgebruc02schmgoog
(Stand 12.11.2015)

http://de.wikipedia/wiki/Rezess

http://dejure.org/Gesetze/FamFG/358.html

http://www.juraform.de/lexikon/haupt-undhilfsantrag

http://www.sachsen-pölizeigeschichte.de/40649.html

http://de.wikipedia.org/wiki/Armenverband

http://archive-
inthueringen.de/index.php?major=archiv&acti...
Schmidt, Marcus : Thüringer Glocken –ein historischer Abriss.
In:www.turmuhren-glocken.de/download/historisches.pdf
www.regionalgeschichte.net

http://de.wikipedia.org/wiki/stammrolle

http://kirche-mutzschen.de/html/johannis.html
http://de.wikipedia.org/wiki/Sedantag

http://de.wikipedi.org/wiki/Liste_von_Orgeln_in_Hessen

www.kirche-beelitz.de/texte/Seite.php?id=86694

http://www.reiseleiter-leba.eu/de,4,2,Erinnerungen_an_Klein_Massow_Kreis_Leba

http://vhrz259.hrz.uni-marburg.de/ensubjekts/browse/page/810/rsq/...
http://www.personal.uni-jena.de/-x8wisu/dialektforschung/dialektge...

http://wikipedia.org/Geschichte_der_Beleuchtung

http://de.wikipedia.org/wiki/Kreide(Gestein)
http://klossmuseum.homepage.t-online.de/1787Statistik.htm

http://www.Burkkhart, Peter: Die Feldgeschworenen.In: vv-obernburg.de/ObernburgerGeschichten/Die Feldgeschworenen/die feldgeschworenen

http://de.wikipedia.org/wiki/Feldgeschworene

http://de.wikipedia/org/wiki/Flachsrotte
http://fiehr.de/Text/Flurnamen.htm

http://archaeologie-meinz.de/html/Flurnamen/Information-354htm

http://wiki-de.genealogy.net/GOVKUPMERJO72XI

http://woerterbuchnetz.de/DWB/?sigle=DWB&mode=Vernetzung&...

http://www,zeno.org/Pierer-1857/A/Durchschießen

http://translate.google.de/translate?he=de&sl=eu&u=http://
eu-wiktionary
de.wikipedia.org/wiki/Stadtviertel

Zeitschriften

Thueringer-allgemeine.de.vom 07.11.2011
Weimarer Allgemeine vom 11. Juni 2013

Bildnachweis

Die in der Arbeit verwendeten Photographien sind Aufnahmen des Verfassers, die abgebildeten Ansichtskarten im Besitz des Verfassers.

CPSIA information can be obtained
at www.ICGtesting.com
Printed in the USA
BVHW061000090920
588371BV00002B/207

9 783739 221694